■ 高等职业学校**公共课**系列教材

中国传统文化与艺术欣赏

ZHONGGUO CHUANTONG WENHUA YU
YISHU XINSHANG

主　编◎向秀清　黄迎春

副主编◎谭　荣　温云兰

参　编◎冯　洁　冉　政　王　宇　师　思
　　　　冯天江　杨忠祥　郎华国

重庆大学出版社

内容提要

本教材结合新时期对高职学生的要求,遵循素质教育的规律,把对学生传统文化的教育和美育结合起来,精心设计教材体例。教材由中国传统文化与艺术欣赏两大板块构成。第一大板块中的传统文化分为三章:绚丽的文学、悠久的文明、生活的味道,重点放在对高职学生的人文素质教育上,旨在让学生在优秀传统文化的潜移默化中,汲取营养,陶冶情操。第二大板块中的艺术欣赏通过对书法、绘画、雕塑、建筑、音乐、舞蹈、戏剧、影视等门类的介绍,引导学生进行艺术欣赏,培养学生欣赏美和创造美的能力。

图书在版编目(CIP)数据

中国传统文化与艺术欣赏 / 向秀清,黄迎春主编
. --重庆:重庆大学出版社,2018.3(2024.7 重印)
高等职业学校公共课系列教材
ISBN 978-7-5689-1021-7

Ⅰ.①中… Ⅱ.①向…②黄… Ⅲ.①中华文化—高
等职业教育—教材②艺术—鉴赏—高等职业教育—教材
Ⅳ.①K203②J05

中国版本图书馆 CIP 数据核字(2018)第 034487 号

高等职业学校公共课系列教材
中国传统文化与艺术欣赏
主 编 向秀清 黄迎春
副主编 谭 荣 温云兰
策划编辑:沈 静
责任编辑:陈 力 刘 刚 版式设计:沈 静
责任校对:刘志刚 责任印制:张 策
*
重庆大学出版社出版发行
出版人:陈晓阳
社址:重庆市沙坪坝区大学城西路 21 号
邮编:401331
电话:(023)88617190 88617185(中小学)
传真:(023)88617186 88617166
网址:http://www.cqup.com.cn
邮箱:fxk@ cqup.com.cn(营销中心)
全国新华书店经销
重庆正文印务有限公司印刷
*
开本:787mm×1092mm 1/16 印张:14.25 字数:340 千
2018 年 3 月第 1 版 2024 年 7 月第 15 次印刷
印数:31 001—34 000
ISBN 978-7-5689-1021-7 定价:37.00 元

前　言

　　近几年,提高高职学生人文素养的呼声此起彼伏,人文素养对学生特别是高职学生的重要性被一再强调。

　　提高高职学生的人文素养,传统文化教育的作用至关重要。2014年,教育部出台的《教育部关于印发〈完善中华优秀传统文化教育指导纲要〉的通知》(教社科〔2014〕3号)指出:"加强中华优秀传统文化教育,对于引导青少年学生更加全面准确地认识中华民族的历史传统、文化积淀、基本国情,认清中国特色社会主义的历史必然性,坚定走中国特色社会主义道路,实现中华民族伟大复兴的中国梦,具有重大而深远的历史意义。"在波澜壮阔的历史画卷中,无数文明被摧毁,偏偏中华文明历经风雨走到了今天。公元前508年,孔子带着赞许的目光收下了弟子颜回,100年后的大洋彼岸,苏格拉底才带着同样的目光收下了学生柏拉图;当亚里士多德认为城邦高于公民时,孟子早就提出了"民贵君轻";杰出的军事家亚历山大横扫亚非欧时,孙膑早已完成了《孙膑兵法》;1616年,莎士比亚和汤显祖两位戏剧大师一前一后与世长辞……作为中华儿女,我们生存和发展离不开滋生的土壤和环境,深扎在这片土地上的根必须从中吸收丰富的营养,传承并发扬中华文化,兴盛国家、支撑文明是我们的本分。

　　提高高职学生的人文素养,美育教育也不可或缺。国务院办公厅印发的《关于全面加强和改进学校美育工作的意见》指出:"美育是审美教育,也是情操教育和心灵教育,不仅能够提升人的审美素养,还能够潜移默化地影响人的情感、趣味、气质、胸襟,激励人的精神,温润人的心灵,对于立德树人具有独特而重要的作用。"当今社会,由于一定范围内社会价值取向的功利化倾向,一些学生的情感常常背负了许多成人世界中世俗的东西,比如被功利目的所支配使情感功利化、世俗化、庸俗化。苏联著名教育家苏霍姆林斯基曾说:"美是一种心灵的体操——它使我们精神正直、心地纯洁、感情和信念端正。"经过美的长期陶冶,会在不知不觉中使人感到丑恶的东西是不可容忍的。

　　本书以提高高职学生人文素质为宗旨,以培养学生的爱国主义情感和高尚的道德情操为重点,安排了绚丽的文学、悠久的文明、生活的味道、艺术的魅力几个章节。通过教学,使学生掌握专业知识以外的一些基本人文知识,提高综合修养,增强审美能力,开阔视野,丰富精神世界。

　　参加本书编写的是重庆安全技术职业学院向秀清、黄迎春、谭荣、温云兰、冯洁、冉政、王宇、师思、冯天江、杨忠祥、郎华国11位老师。第一章绚丽的文学由向秀清老师(教学任务1和教学任务2)、冯洁老师(教学任务3和教学任务4)、冉政老师(教学任务5和教学任务6)、王宇老师(教学任务7和教学任务8)、师思老师(教学任务9~教学任务12)编写;第二章悠久的文明由谭荣老师(教学任务13和教学任务14)、冯天江老师(教学任务15)编写;第三章生活的味道由温云兰老师(教学任务 16~教学任务 18)编写;第四章艺术的魅力由杨忠祥老师(教学任务 19~教学任务21)、黄迎春老师(教学任务 22~教学任务 24)、郎华国老师(教学任务 25 和教学任务 26)编写。

本书在编写过程中得到了重庆安全技术职业学院潘久正、赖勇副院长,通识教育教学部李冲主任、杨长平书记的关心和支持,在此表示感谢。

由于编者水平有限,书中难免存在不足之处,也有与教学实际不适的地方,希望专家和老师指正。

编　者

2018 年 1 月

Contents ■ 目录 ■

第一章 绚丽的文学

章前导语

　　文学是什么？简单地说，文学就是以语言文字为载体，形象地反映客观现实、表现作家心灵世界的艺术。但从更深的层面来说，文学远远不止于此。当我们翻开书本，伴着纸香，可以从字里行间尽览盛世风流、乱世悲歌。如果说哲学是处世的原则，文学便是灵魂的栖息之所。表达情感是人类的本能，而通过文学，让情感得以升华。看着窗外云卷云舒，听任笔端摩挲着纸张，借由文字，可以让我们的思想由着淡淡的笔迹延伸远方。让我们一起走进文学的世界吧！那传诵千年的文章，或婉约成韵，或燕赵高歌，点点滴滴，销魂蚀骨。相信在这一方淡墨中，必有久别重逢的朋友，必有心有灵犀的感动。

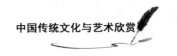

教学任务1　异彩纷呈——先秦散文

　　春秋战国时期虽然只有几百年,在中华文化发展的长河中只是短暂一瞬,但其思想开放规模之大、历史之长,为史上之少见。那个时代形成的人文思想,也成为中国哲学的支柱,是中国学术史和思想史上非常重要、辉煌的一页。中国后来两千多年的文化,多立足于此、植根于此。先秦文学也是我国文学史上光辉灿烂的一页,它为我国长期的文学发展打下了坚实的基础。其中的先秦散文在中国思想史和文学史上都作出了突出贡献。

　　先秦的散文分为历史散文和诸子散文两个部分。

一、历史散文

　　历史散文是在史官文化传统的基础上渐进产生并成熟起来的。我国史官建置甚早,周制,王朝及诸侯各国均设有史官,有大史、小史、左史、右史等职。据文献记载,古者"君举必书……左史记言,右史记事;事为《春秋》,言为《尚书》。"

　　先秦历史散文的发展大体上可分为三个阶段,第一阶段以《尚书》和《春秋》为代表,第二阶段以《左传》和《国语》为代表,第三阶段以《战国策》为代表。

（一）《尚书》《春秋》

　　《尚书》意即上古之书,从前称为"书经",是我国最早的一部历史文献汇编,后来成为儒家的重要经典之一。《尚书》多为古代官方文告,广泛反映了我国氏族社会末期到西周初期的社会面貌及历史概况,展示了当时政治、哲学、宗教、思想、法律、军事、历法等领域的具体实践与经验教训。《尚书》在中国古代散文史上具有奠基意义,它风格简朴质直,往往以当时通行之语直抒命令和意见。但同时也因时代久远,汉唐以来,人们颇感其文章艰深,古奥拙朴,晦涩难懂。

　　《春秋》是我国第一部编年体断代史,是编年体史书之祖,现今流传的鲁《春秋》是经过孔子修订的。它极其简括地记载了周王朝、鲁国及其他各国的事件,起于鲁隐公元年(前722),终于鲁哀公十四年(前481),凡二百四十二年。它的语言简练含蓄、准确谨严,选词炼句十分仔细,一字之中常"寓褒贬,别善恶",被后世尊为具有"微言大义"的"春秋笔法",其体例和笔法对后世散文都产生了经典式的影响。

（二）《左传》《国语》

　　《左传》是《春秋左氏传》的简称,又名《左氏春秋》,是我国第一部记事详备完整的编年体史书,也是先秦历史散文中思想性和艺术性最为突出的著作。《左传》记事起于鲁隐公元年(前722),终于鲁哀公二十七年(前468),系统而具体地记载了春秋列国的政治、军事、外交、文化、风俗等重大事件,较真实地反映了这一时期的社会现实。

　　《左传》同时也是一部文学价值很高的历史散文著作。它善于叙事,富于故事性和戏剧性,有紧张动人的情节,特别是一些内容复杂的事件,好像广厦千间,各成片段,而又四通八达,互有关联。既真实生动,委婉周详,又头绪清楚,重点突出,同时还注意伏线、照应,奇正变化,神妙难测。例如,"僖公二十三年""僖公二十四年"写晋公子重耳出亡及返国的经过,时间既长,故事情节又非常复杂,而选材布局均极恰当。其中"别隗""过卫""醉遣""窥浴"等段,无不富于戏剧性。作者还从正面和侧面或明或暗地描绘了许多人物形象,如故事中的主角重耳以及从亡诸臣,像曹伯、楚子、寺人披、头须、介之推等,无论是正面还是反面,都通过对话和行动一一生动表现出来。《左传》的语言简练而丰润,含蓄而畅达,曲折尽情,极富表现力,尤其是其中人物的语言,或曲折婉转,或辞令激切,均用词雅正,曲尽人情,各得其妙。如烛之武对秦伯说:"越国以鄙远,君知其难也。焉用亡郑以陪邻?邻之厚,君之薄也。"("僖公三十年")用事势必然之理来怂恿秦伯,秦兵就非撤退不可。

《左传》的文学成就及影响是先秦同时期其他历史著作无法相比的。其题材、叙事方法、写人艺术和纯熟精美的语言,都为后世史传文学、小说、诗歌、戏剧的创作提供了艺术借鉴,影响非常深远。

《国语》是我国最早的一部国别体史书,共二十一卷(篇),分周、鲁、齐、晋、郑、楚、吴、越八国记事,记事时间上起周穆王十二年(前 1000),终于鲁悼公(前 440),包括各国贵族间朝聘、宴飨、讽谏、辩说、应对之辞以及部分历史事件,反映了春秋时期经济、财政、军事、兵法、外交、教育、法律、婚姻等各方面的情况,对研究先秦时期历史非常重要。从文学上的成就来说,《国语》远不如《左传》,但作为记言为主的史书,它也有自己的特色和成就。《国语》记言多用社会上层流行的口头语、俗语及政治用语,语言通俗自然、精练,尤其外交辞令和谏对之辞更是精彩纷呈,如著名的《召公谏厉王弭谤》。

(三)《战国策》

《战国策》也是一部国别体史书,成书于西汉晚期,由史料汇编而成,西汉刘向考订整理后定名为《战国策》。它杂记西周、东周及秦、齐、楚、赵、魏、韩、燕、宋、卫、中山诸国之事。其时代上接春秋,下至秦并六国,约 240 年(前 460—前 220)。《战国策》的基本内容是战国时代谋臣、策士纵横捭阖的斗争及其有关的谋议或辞说,保存了不少纵横家的著作和言论。《战国策》是一部亦史亦文的杰作,它是战国时代基本的史料,在史学上具有不容忽视的重要意义,同时在文学上也有突出的成就。《战国策》的文章特点是长于说事,无论是个人陈述还是双方辩论,都喜欢夸张渲染,充分发挥,畅所欲言,具有很强的说服力,就历史散文的明白晓畅来说,已经达到了前所未有的高度。如苏秦游说赵王(《赵策二》),张仪游说秦王,司马错论伐蜀(《并秦策一》)。《战国策》描写人物极其生动,注重外貌描写和行动细节的刻画,采用欲扬先抑等多种手法,人物刻画成为作者的主观写作动机。如《燕策》中用全力写刺客荆轲,是一篇完整的侠义故事。特别是易水送别一段:

遂发。太子及宾客知其事者,皆白衣冠以送之,至易水上。既祖,取道。高渐离击筑,荆轲和而歌,为变徵之声,士皆垂泪涕泣。又前而为歌曰:"风萧萧兮易水寒,壮士一去兮不复还!"复为慷慨羽声。士皆瞋目,发尽上指冠。于是荆轲遂就车而去,终已不顾。

在一种悲壮淋漓的气氛中,把一个怒发冲冠、沉毅勇敢的英雄形象十分鲜明生动地表现出来。

《战国策》文风纵横恣肆,对贾谊、晁错、司马迁,以及苏洵、苏轼父子等后世作家产生了重大影响。

二、诸子散文

春秋时期,列国纷争,游士蜂起。在这社会大变革的时代,产生了新型的"士"。他们出身不同、立场不同,为了解决现实问题从代表各自阶级或阶层的利益出发,对政治提出各种不同的要求和主张,并著书立说、争辩不休,形成了百家争鸣的局面。而先秦诸子散文就是在先秦理性精神觉醒的背景下和百家争鸣的学术氛围中形成并繁荣起来的。

诸子散文的发展大体也经历了三个阶段:春秋战国之交以《论语》《老子》《墨子》为代表;战国中期以《孟子》《庄子》为代表;战国末期以《荀子》《韩非子》《吕氏春秋》为代表。

(一)《论语》《墨子》《老子》

《论语》以语录体的形式记述了孔子及其弟子的言行,比较集中地反映了早期儒家的思想和活动。孔子(前551—前479),名丘,字仲尼,春秋时鲁国人,是儒家学派的创始人,思想家和教育家,对我国思想文化的发展有巨大和深远的影响。《论语》所记孔子的思想核心是"仁","仁"的概念是从家庭出发的尊卑长幼、贵贱亲疏的差别的爱。而这个"爱"体现在孝、悌、忠、信的道德礼教以及"君君臣臣,父父子子"的秩序上。《论语》是语录体散文,主要是记言,其中多半是简短的谈话和问答,但《论语》语言简练,用意深远,有一种雍容和顺、纡徐含蓄的风格,并且能在简单的对话和行动中展示人物的形象。如《先进篇》弟子侍坐章、仲由的坦率,冉求、公西赤的谦逊,曾点的洒脱,都写得具体生动。

《论语》首创的这种语录体,作为散文的早期体裁,它的不成熟、不规范、简单化和随意性显而易见。然而,这种文体并非没有生命力,而且它对后世也产生了颇为深远的影响。

《墨子》是一部墨子及其后学者的著作汇编,反映的是墨家学派所代表的小生产者的思想。墨子名翟,鲁人,年代略后于孔子,是墨家学派的创始人。墨子从小生产者的利益出发,他的中心思想是"兼爱"。他"兼爱"和"非攻"的主张,在"强劫弱""众暴寡"的春秋战国之际,反映了人民的要求和渴望。《墨子》文章的一大特点是尚实尚质,文章质朴,文采较少,但逻辑性很强,善于运用具体的事例进行说理。从具体问题的争论进而概括性地辩难,这是说理文的一大进步。

《老子》又称《道德经》,基本上是道家创始人老子的著作。老子即李耳,字聃,故又名老聃,春秋时鲁国人,大约与孔子同时而长于孔子。老子主张绝圣弃智,忘情寡欲,无为而治。他认识到一切事物都有矛盾的对立面,而且会互相转化,所以说"祸兮福所倚,福兮祸所伏",具有朴素的辩证观点。《老子》文章的特点是玄深的哲理和精妙的、诗一般的语言相结合,显示着独特的艺术风格。

(二)《孟子》《庄子》

《孟子》是孟子及其弟子的著作,反映了战国中期儒家思想的面貌。孟子(前372—前289),名轲,邹(今山东邹县)人,受业于孔子之孙孔伋的门人,是孔子以后战国中期儒家学派最有权威的代表人物。《孟子》的中心思想是"仁义",是孔子学说的发展。孟子主张行"仁政"而王天下,具体内容是"省刑罚,薄税敛",使民有"恒产""养生送死无憾"。民本思想是孟子的重要政治思想,因此他主张"民为贵,社稷次之,君为轻"(《孟子·尽心下》),这些思想在当时是有一定的进步意义的。

《孟子》的散文体现着语录体向专题性论文的过渡,其突出的特点是气势充沛,感情强烈,笔带锋芒,富于鼓动性,有纵横家、雄辩家的气势。特别擅长于论辩,论辩中善设机巧,引人入彀,先纵后擒,使人无法躲避。同时,还恰当地运用比喻手法或穿插寓言故事,增强论辩的感染力和说服力。

《庄子》是庄周及其后学的著作,亦是道家的又一部经典。庄周(约前369—前286),战国中期宋国蒙(今河南商丘县东北)人,生平事迹不详,从《庄子》书中的一些零星记载中,可略知其一生贫困,穷居陋巷,但他鄙薄富贵,拒绝入仕,安于贫困。庄子继承了老子"天道自然无为"的思想,认为"道"是"先天地生"(《大宗师》),无始无终,实有而无形,自然而永恒。庄子的人生态度是追求绝对的精神自由和对现实社会的彻底超脱,他从齐物我、齐生死的观念出发,追求一个不受任何条件限制而绝对自由的精神境界。

庄子的散文在先秦诸子中具有独特风格。首先是吸收神话创作的精神,大量采用并虚构寓言故事,作为论证的依据,因此想象奇幻,最富于浪漫主义色彩。例如,内篇中的《逍遥游》《人间世》《大宗师》等篇,基本上是用四五个或六七个幻想出来的故事组成的。其次是善用比喻,且运用灵活,在先秦诸子散文中也是最突出的。庄子散文还有一个特点就是文中多用韵,声调铿锵,有和谐的节奏感。

《庄子》一书,特别是内篇,有时像风行水上,自然成文;有时像万斛源泉,汪洋恣肆,妙趣横生,具有浪漫主义的艺术风格。它不仅在先秦的理论文中,即使在后世的古典散文中亦罕有伦比者。

(三)《荀子》《韩非子》《吕氏春秋》

《荀子》一书多为荀子自作,少部分篇章为其学生和后学所作,是儒学的进一步发展。荀子,名况,战国末期赵国人,时人尊称荀卿,其生卒之年无从考订,大约活动于前298年—前238年。荀子生于赵,游于齐、秦,仕楚为兰陵令。其一生行事也与孔、孟相类:始则讲学,继而周游、出仕,终则著书。荀子是继孟子之后的一位儒学大师,是先秦时期一位集大成的思想家。他认为"天行有常",主张"明于天人之分",进而提出了"制天命而用之"的新观点(以上见《天论篇》),这反映了他对于天人关系的新见解。他明确指出:"人之性恶,其善者伪也。"(见《性恶篇》)与《孟子》的"性善论"针锋相对。在《非相篇》中他还表达了"法后王"的政治观,与孟子"言必称尧舜"的"尊先王"的思想相对立。这些引人注目的新观点,在诸子之文中显得异彩焕发。

荀子学问博通,他生于战国纵横之世,长于论辩,故其文多长篇大论,必发挥尽致、畅所欲言而后已。所以荀子散文大多论点明确,层次清楚,句法整练,词汇丰富。如《劝学篇》比喻层出不穷,前半篇几乎全用比喻重叠构成,辞采缤纷,令人应接不暇,而且通篇用排偶句法,也是荀子散文的特点。

诸子之文发展到《荀子》,已更趋成熟完善,不再是如《论语》《孟子》的语录或对话的连缀,而是自成体系的专题论文,它标志着我国议论散文的成熟和完善,是后世论说文体的典范。

《韩非子》是法家思想的集大成之作,主要为韩非所著。韩非(约前280—前233),是韩国的诸公子,与李斯同学于荀卿。韩王安五年(前234),韩非使秦,被李斯、姚贾谮害,次年下狱而死。韩非是战国后期法家,任法术而尚功利,信赏必罚,排斥仁爱。他坚决反对复古,主张因时制宜,认为当今之世还有赞美尧舜鲧禹汤武之道的,必为新圣所笑,这有一定的进步意义。

与此相适应,韩非在文学观上则是重质轻文,崇实反虚,因而非常强调内容和功用,排斥形式和丽辞。体现在其文章中,韩非的散文特点是锋芒锐利,议论透辟,推证事理,切中要害,同时利用大量的寓言故事和丰富的历史知识作为论证资料,以便说明问题,其篇幅长者如《五蠹》近五千言,是先秦理论文的进一步发展。

《吕氏春秋》是吕不韦及门客的集体创作,体制宏大、内容博杂、兼收并蓄,是先秦学术思想的一次大规模总结,也具有较强的文学性。吕不韦(？—前235),濮阳(今河南濮阳县西南)人,原为阳翟(今河南禹县)大商人,后为秦相。《吕氏春秋》是我国第一部有组织、有计划地集体编撰而成的百科全书式的大著。此书不仅自定书名,而且成书年代明确。此书体式新颖严整,前所未有。"八览"为八组文章,各含八篇,共六十四篇;"六论"为六组文章,各含六篇,共三十六篇;"十二纪"则按春、夏、秋、冬四季编排,各含孟、仲、季三纪,每"纪"含五篇文章,共六十篇。全书总共有一百六十篇文章,编排严整,自成系统。这种体式的创新对后世(如司马迁等)都产生了很大的影响。《吕氏春秋》的文章,现实针对性强,敢于诋訾时君,指摘时政。如《贵公》《去私》《圜道》等篇论尧、舜让贤而"不肯与其子孙",矛头显然直指当代。《吕氏春秋》虽然时有放言无惮之论,但其文风却比较平实,近似《荀子》。虽文出众手,不尽统一,但大都章法谨严,条理清晰。《吕氏春秋》还保存了丰富多彩的寓言和历史故事。此书共辑寓言故事三百余则,其数量之多,在先秦诸子中可与《韩非子》相伴。

先秦散文对后世有重大的影响。首先,从经学的角度来说,先秦时代是出"元典"的时代,儒、道及其他各种思想流派的原始经典都出自这一时代。先秦诸子多元化的思想各成体系,彼此渗透,形成了中国古代思想史以百家争鸣为开端的特点,并辐射到其他文体形式之中。其次,从文学艺术的起源,文学体裁的产生,思想体系的形成,艺术手法的探索,文学流派的开创等方面来看,先秦散文都具有创始性的意义。史传散文、诸子散文和应用散文已有明确的分界。史传散文的记言记事由分离到融合,产生了文诰、编年、国别、谱牒等多种体例。诸子散文由简短的语录体发展为论辩文,进而形成专题论文,完成了论说文的体制。先秦散文的记言、记事、写人以及议论、抒情等,由自然到自觉,手法逐渐成熟。

拓展阅读

1.作品赏析

(1)

子曰:"吾十有[1]五而志于学,三十而立[2],四十不惑[3],五十而知天命[4],六十而耳顺[5],七十而从心所欲不逾矩[6]。"

【注释】

[1]有:同"又"。

[2]立:站得住的意思。

[3]不惑:掌握了知识,不被外界事物所迷惑。

[4]天命：指不能为人力所支配的事情。

[5]耳顺：对此有多重解释。一般而言，指能够对那些于己不利的意见也加以理性对待。

[6]从：遵从。逾：越过。矩：规矩。

【评析】

本节选自《论语》。在本章里，孔子自述了他学习和修养的过程。这一过程是一个随着年龄的增长，思想境界逐步提高的过程。整个过程分为三个阶段：十五岁到四十岁是学习领会的阶段；五十岁到六十岁是安身立命的阶段，也就是不受环境左右的阶段；七十岁是主观意识和做人的规则融合为一的阶段，此时，道德修养达到了最高境界。孔子看到了人的道德修养不是一朝一夕的事，不能一下子完成，要经过长时间的学习和锻炼，有一个循序渐进的过程；同时，道德的最高境界是思想和言行的融合，自觉地遵守道德规范，而不是勉强去做，这两点对任何人都是适用的。

（2）

无恻隐[1]之心，非人也；无羞恶之心，非人也；无辞让之心，非人也；无是非之心，非人也。恻隐之心，仁之端[2]也；羞恶之心，义之端也；辞让之心，礼之端也；是非之心，智之端也。人之有是四端也，犹其有四体也。

【注释】

[1]恻隐：哀痛，同情。

[2]端：开端，起源，源头。

【评析】

本节选自《孟子·公孙丑上》。孟子认为"人皆有不忍人之心"，并在此基础上提出"仁、义、礼、智"都发端于这种"不忍人之心"，这成了中国古代哲学中"性善论"的理论基础和支柱。"不忍人之心"是人所固有的，没有它，简直就不是人。他认为"不忍人之心"包含四个方面，即"恻隐、羞恶、辞让、是非"之心，简称"四心"。而这"四心"只是"仁、义、礼、智"这四种道德范畴的发端，或者说"四端"。这"四端"就像刚刚燃烧的火或刚刚流出的泉水一样，还需要"扩而充之"才能够发扬光大。不然的话，就会熄灭或枯竭。"扩而充之"也就是后天的培养，也就是"习相远"。

（3）

上善若水。水善利万物而不争；处众人之所恶[1]，故几[2]于道。居善地，心善渊[3]，与[4]善仁，言善信，政善治[5]，事善能[6]，动善时[7]。夫唯不争，故无尤[8]。

【注释】

[1]恶（wù）：厌恶。

[2]几（jǐ）：近。

[3]渊：形容心态沉静。

[4]与：与人相交注。

[5]治：治绩。

[6]能：长处。

[7]时：时机。

[8]尤：过错。

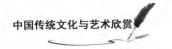

【评析】

本节选自《老子》。老子用水性来比喻上德的人格,他认为水是天地间最有善性、最有道德的事物,他所追求的处世之道也是与水之德相契合的。水最显著的特性和作用:①柔;②停留在卑下的地方;③滋润万物而不与之相争。老子对"上善若水"进行了详尽的描述,列举了水的七种善性与"处世原则":"居善地,心善渊,与善仁,言善信,政善治,事善能,动善时。"在老子看来,人立身处世应像水一样安于谦下、甘于处后(居善地);心境应像水一样善于容纳百川的深沉渊默(心善渊);品格应像水一样助长万物生命(与善仁);说话应像水一样汛期而至、准确有信(言善信);立身处世应像水一样持平正衡(政善治);做事应像水一样调剂融合(事善能);善于把握机会,做到如水一样应时而动,应时而止。只有这样,才能"夫唯不争,故无尤"。老子认为,为人处世就应是这种心态和行为。"上善若水",这是老子的人生态度,也是老子所倡导的处世哲学。

2.佳句欣赏

厚者不毁人以自益也,仁者不危人以要名。

——《战国策·燕策三》

不为轩冕肆志,不为穷约趋俗。

——《庄子·善性》

奢则不孙,俭则固。与其不孙,宁固。

——《论语·述而》

太上有立德,其次有立功,其次有立言;虽久不废,此之谓不朽。

——《左传·襄公二十四年》

善学者尽其理,善行者究其难,君子立志如穷。

——《荀子·大略篇》

志不强者智不达,言不信者行不果。

——《墨子·修身》

古之人,得志,泽加于民;不得志,修身见于世。穷则独善其身,达则兼善天下。

——《孟子·尽心上》

道私者乱,道法者治。

——《韩非子·诡使》

探究思考

1.诸子散文的发展经历了哪几个阶段?其代表作分别是什么?

2.翻译"佳句欣赏"中的句子,并就其中的1~2条谈谈自己的见解。

3.推荐阅读:于丹《论语心得》、冯友兰《中国哲学简史》。

知识链接

论中西文明比较（节选）
［英］伯特兰·亚瑟·威廉·罗素

中西文明之间存在着一种密切的交流。这种交流能孕育出一种比目前中西文明更好的新文明呢，还是仅仅毁坏中国本民族的文化，并用美国式的文明取而代之？这依然是一个令人怀疑的问题。不同文明之间的交流，过去常常被证明是人类文明进步的里程碑。希腊向埃及学习，罗马向希腊学习，阿拉伯向罗马帝国学习，中世纪的欧洲向阿拉伯学习，而文艺复兴的欧洲又向拜占庭帝国学习。许多这样的交流表明，作为落后国家的学生能超过作为先进国家的老师。对于目前中国发生的情形，如果我们把中国人看作学生，那么中国人一定能再次超过我们西方人。事实上，如同他们向我们学习一样，我们也能从他们那里学到许多东西。但是，我们向中国学习的机会显然是太少了。假如我把中国人当作学生，而不是把西方人当作学生，只是因为我担心我们西方人不可教化。

……

中国在其开化的历史始端，便属于人类历史文明发展的洪流。在这条巨流中的埃及和巴比伦文化，影响了希腊人和犹太人，从而为我们西方文化的形成作出了贡献。正如埃及和巴比伦的文明是尼罗河、幼发拉底河和底格里斯河流域富庶土壤的奉献一样，中国自身的文明是黄河的奉献。甚至在孔子的时代，中华帝国的疆域还主要在黄河流域一带。虽然自然地理环境和经济条件相同，中国人的精神观念和埃及人、巴比伦人的精神观念的共同点却微乎其微。老子和孔子都是公元前世纪的人，但他俩都已经具备了我们所认为的现代中国人的显著特性。把任何东西都归因于经济的人，将难以解释古代中国人与中代埃及人和巴比伦人之间的区别……

我必须承认，我不能够正确地评价孔子的功过。他的著作大量地表述了日常生活烦琐的礼仪观，他主要关心的事是教导人们在各种各样的场合举止得当。即使孔子的许多学说具有消极的因素，然而当你将孔子的学说与其他时代和其他民族的某些宗教学说比较，你必须承认孔子学说具有巨大的优点。孔子及其追随者发展起来的理论体系，是一种没有宗教教条的纯粹伦理学说。孔子学说无疑在培养整个民族高雅的举止风度和良好礼貌方面获得了成功。中国人的礼仪并非仅仅局限在言谈举止和人际交往方面，即使没有前人的规定，他们在许多情况下都能恪守自己的礼仪。中国的礼仪并不仅仅局限在某一个阶层，它甚至存在于社会地位最卑下的苦力中。具有一种平静的自我尊严感的中国人，在与白种人交往时，看到他们蛮横无礼就感到是一种耻辱，因为中国人不愿降低自己的人格，用无礼去对待无礼。欧洲人总把这看作中国人的弱点，但殊不知这是一种真正的力量。迄今为止，中国人正是依靠这种力量战胜了一切企图征服中华民族的外国征服者。

……

当代中国人以极大的热情渴望学得西方的知识，不仅仅是为了富国强民，抵抗西方人的侵略，而且是由于相当多的人希望从西方文化本身学到有价值的东西。崇尚知识的价值，是中国的传统。但是过去只重视古典文学，现在，人们普遍认识到西方的知识更加实用。每年有许多学生到欧洲上大学,更多的人仍然是去美国,他们到那里去学习科学、经济、法律和政治理论。这些留学欧美的人归国后,大多数人成为教师、政府官员、记者或政治家。他们加速了中国人思想观念的现代化,特别是加速了中国知识分子阶层思想观念的现代化。

……

尽管迄今为止中国文明在科学方面有缺陷,但它从来没有包含任何敌视科学的东西。因此,科学知识在中国的普及,将不会遇到像教会在欧洲科学发展中设置的障碍。我敢断言,假如中国人有一个稳定的政府和充裕的资金,那么,在未来的 30 年内,他们将会在科学上创造出引人注目的成就。他们很可能会超过我们,因为他们具有勤奋向上的精神,具有民族复兴的热情。富有希望的中国表现出来的这种学习热忱,确实使人回想起 15 世纪意大利不朽的文艺复兴精神。

我想指出,我们西方文明的显著优点是科学的方法;中国人的显著优点是对生活的目标持有一种正确的观念。人们必将期望这两种因素能真正逐渐结合起来。

【注释】

伯特兰·亚瑟·威廉·罗素(1872—1970),英国哲学家、数学家、逻辑学家、历史学家、无神论或不可知论者,是 20 世纪西方非常著名、影响非常大的学者与和平主义社会活动家之一,1950 年获得诺贝尔文学奖。1920 年 8 月,罗素应邀到中国讲学,古老悠久的中国文化给他留下了极为深刻的印象,他写下这篇文章,表达了对中国文化的深刻认识与尊敬,同时也对中国社会的发展给予了热切的期待。

教学任务 2　各领风骚——《诗经》《离骚》

"江山代有才人出,各领风骚数百年",清人赵翼《论诗》中的"风骚"是指在文学上有成就的"才人"的崇高地位和深远影响。"风骚"在古代实际上指的是两部书:《诗经》(因为《诗经》最好的篇章是《国风》,所以可以用"风"来代表《诗经》)和《离骚》。到后来"风骚"变成了学问的代名词,"文人"也就可以称为"骚客"。而"风骚"传统则是在《诗经》和《楚辞》的影响下发展形成的我国古代诗歌的两种优良传统,即代表《诗经》的《国风》所形成的"风"诗传统和代表《楚辞》的《离骚》所形成的"骚"诗传统。

一、《诗经》

"死生契阔,与子成说。执子之手,与子偕老。"我愿意同你一起到老,在将你手握住的开始就不再松开,到老到死。2000 多年前,一个被迫参加战争戍守边疆的士兵含泪唱出的爱情誓约,一个庶民对妻子的誓约。这甜美而坚定的誓言,来自我们祖先留给我们的最早的一部诗歌总集——《诗经》。

《诗经》是我国文学的光辉起点,是我国第一部诗歌总集。《诗经》本名《诗》,所辑多是周初至春秋中叶的作品。春秋末期,经孔子整理删订,共收录诗 311 篇,其中 6 篇为有题目而无文词的"笙诗",实际收录诗歌 305 篇,举其成数,故又称《诗三百》。《诗经》在先秦典籍中只称为《诗》,汉代学者奉为经典,这才称作《诗经》,并沿袭至今。

《诗经》共分风、雅、颂三个部分，各篇都是可以合乐歌唱的，风、雅、颂的划分也是由于音乐的不同。

"风"是带有地方色彩的音乐，是有诸侯各国地方特色的乐歌，这一部分共选了周南（今陕西、河南之间）、召南（今河南、湖北之间）、邶、鄘、卫、王、郑、齐、魏、唐、秦、陈、桧、曹、豳十五个地方的土风歌谣，称十五国风，共160篇，内容都是民歌。

"国风"保留了不少劳动人民的口头创作，具有浓厚的民歌特色，表达了劳动人民的思想感情和他们对社会生活的认识，同时也显示了他们的艺术创造才能。它们是《诗经》中的精华，是我国古代文艺宝库中耀眼的瑰宝。

以婚姻恋爱为主题的民歌在"国风"中占有较高的比例。婚姻制度是社会制度的有机组成部分，在当时的社会环境下，由于妇女特定的社会地位，不合理的婚姻带给她们的痛苦更深，因此这类诗歌多从女子方面来抒写，"国风"中保留下来的弃妇诗，就反映了妇女们悲惨的遭遇。像《卫风·氓》，诗中的女主人公以纯洁诚挚的心追求爱情和幸福，但她没有得到，负心的男子骗取了她的财物，也骗取了她的爱情，结婚才三年，她就被遗弃了，这个无辜的、被遗弃的妇女竟然在自己兄弟那里都得不到同情，因此，对于自己的过去，不仅有悔，还有着满腔的恨。这类诗篇还有像《邶风·谷风》《郑风·遵大路》等。

"国风"中还有不少恋歌，大都呈现出健康、乐观的基调，是其中写得最为精彩的部分。这些诗，无论是写男子悦爱女子，还是写女子悦爱男子，或表追求，言思慕，叙幽会，或寄怀念，丰富多彩，生动活泼，情谊真挚，感人肺腑。像《周南·关雎》，写一个男子对一个美丽姑娘的单恋，热烈而坦率；《郑风·溱洧》表现了在河水涣涣的春天里，青年男女群游嬉戏的欢乐；《邶风·静女》《卫风·木瓜》等小诗则表现了爱情生活的和谐与喜悦；即使是那些表现爱情生活曲折的，像"郑风"中的《狡童》《褰裳》，它们或表现内心的苦闷，或表现欢乐的嘲戏，也都显得那么直率大胆，而绝不忸怩作态。而在"一日不见，如三秋兮"的相思中，在"风雨如晦，鸡鸣不已"的昏夜会见中，可以想见他们爱情的真挚，在"谷则异室，死则同穴。谓予不信，有如曒日"的誓言中，可见任何力量也摧毁不了他们相爱的决心。

"国风"中的周代民歌以鲜明的画面，反映了劳动人民的生活处境，表达了他们对剥削、压迫的不平和争取美好生活的信念，是我国最早的现实主义诗篇。像《豳风·七月》在不很长的篇幅里反映了当时奴隶充满血泪的生活，是那个时代社会的一个缩影，从中可以看到当时劳动人民无冬无夏地劳动，而仍旧过着衣食不得温饱、房屋不得抵御风寒的悲惨生活。《魏风·伐檀》更以鲜明的事实启发了被剥削者的阶级意识的觉醒，点燃了他们仇恨的火焰。虽然"国风"中没有保存反映人民与统治阶级直接斗争的诗篇，但《魏风·硕鼠》中描写了人民由于不堪沉重的剥削而想逃亡，这在当时社会里是带有反抗意义的。

"国风"中还有大量反映劳动人民在沉重的兵役、徭役负担下所遭受的痛苦和折磨。兵役和徭役不仅给被役者本身带来深重的痛苦，还破坏了正常的生产和家庭生活，使他们的父母无人奉养，夫妻不能团聚。如《邶风·式微》《邶风·击鼓》《王风·君子于役》等都是这一类的诗篇。

"雅"是周王朝直接统治地区的音乐，旧训"雅"为"正"，谓诗歌之正声。《诗大序》："雅者,正也,言王政之所废兴也。政有小大,故有《小雅》焉,有《大雅》焉。"

"大雅"有诗31篇,作品大部分作于西周前期,作者大都是贵族,主要歌颂周王室祖先乃至武王、宣王等的功绩,有些诗篇也反映了厉王、幽王的暴虐昏乱及其统治危机,也写出了一些反映人民愿望的讽刺诗,主要作品有《文王》《卷阿》《民劳》等。

"小雅"有诗七十四篇,创作于西周初年至末年,以西周末年厉、宣、幽王时期为多。"小雅"中一部分诗歌与"国风"类似,其中最突出的是关于战争和劳役的作品。主要作品有《鹿鸣》《采薇》《斯干》等。

"颂"是一种宗庙祭祀用的舞曲,"颂"有形容的意思,分"周颂""鲁颂""商颂",有诗四十篇。

"周颂"共31篇,全部是西周初年的作品。它们是周王朝祭祀宗庙的舞曲,具有浓厚的宗教气氛。它们用板滞的形式和典重的语言,歌颂周王朝祖先的"功德"。像颂扬武王灭商的"大武舞"乐章就在"周颂"中,即《武》《桓》《赉》等篇。"周颂"中还有一部分春夏祈谷、秋冬报赛(答谢神佑)的祭歌,其中写到当时农业生产的情况和规模,如《臣工》《噫嘻》《载芟》《良耜》等,是我们了解西周初年农业生产和人民生活的重要资料。

"鲁颂"和"商颂"是春秋前期鲁国和宋国用于朝廷、宗庙的乐章,其中除"鲁颂"的《泮水》和《閟宫》是臣下对国君的歌颂外,其余的则都是宗庙的祭歌。

雅、颂中的诗歌,对于考察早期历史、宗教与社会有很大价值。

《诗经》是中国最早的一部诗歌选集,它在中国文学史上保持着崇高的地位,对后代文学产生了重大的影响。主要表现在以下几个方面:

现实主义精神。《诗经》最大的特色,是在诗歌创作上初步建立了现实主义的优良传统。《诗经》中的许多诗篇反映了当代社会生活和人民的思绪感情,有的是对劳动与爱情的歌唱,有的是对被压迫阶级困苦生活的描写,有的是对黑暗现实的讽刺与批评,有的是对神权的怀疑和反抗,这些作品的思想内容都富于现实性和人民性。

《诗经》的形式。《诗经》中的许多优秀作品,不仅在思想内容方面有积极意义,也在形式上有特点,对于后代诗歌产生了很大的影响。《诗经》保存了浓厚的民歌特色,大都用重叠反复的章法、朴素和谐的语言反映现实生活。其形式虽以四言为主,但有各种长短不齐的句子,错综变化,出于自然,使得诗歌的形式活泼自由,不受拘束。《诗经》产生在几千年前,那时还没有人为的严密韵律,但声音的和美是《诗经》的特征。隔句用韵,但并不拘泥于此,富于变化。

《诗经》的语言。其语言准确、优美,富于形象性,特别是由于它们的作者根据汉语音韵配合的特点,运用了双音(如"参差""玄黄""踟蹰")、叠韵(如"崔嵬""窈窕")、叠字(如"夭夭""忡忡""苍苍")的语词来描摹细致、曲折的感情和自然景色的特征,收到了较好的艺术效果。

赋、比、兴的艺术表现手法。赋、比、兴最早见于《周礼》,它们与风、雅、颂合称"六义"。"赋"就是陈述铺叙的意思;"比"就是比喻或比拟,用形象的事物打比方,从而使形象更加鲜明;"兴"就是托物起兴,借助其他事物作为诗歌的开头,有的起兴只是为了引起下文,与后面诗句没有任何意义上的联系,使诗歌曲折委婉,而不给人突兀的感觉,但也有的起兴和下文有联系,大抵起着比喻的作用。比兴手法的运用,大大丰富了诗歌的表现手法,它可以在极短的篇章里塑造极其动人的境界和形象。比兴手法在我国诗歌创作中一直被继承着、被发展着,这是周代民歌对后代文学有重大影响的一个方面。

孔子曾概括《诗经》宗旨为"无邪",并教育弟子读《诗经》以作为立言、立行的标准。先秦诸子中,引用《诗经》者颇多,如孟子、荀子、墨子、庄子、韩非子等人在说理论证时,多引述《诗经》中的句子以增强说服力。总之,《诗经》是中国诗歌乃至中国文学的重要源头,它的内容、思想、意象、语言、创作方法对后世的影响是难以估量的。在整个封建时代,作为"五经"之首,《诗经》对人们的影响无处不在。

二、《离骚》

屈原是我国文学史上第一个伟大的爱国诗人,他开创了诗人从集体歌唱到个人独立创作的新时代。屈原以他爱祖国、爱人民的高贵品格,以他创作的光辉灿烂的诗篇,对我国人民的精神面貌和我国文学优秀传统的形成都产生了极大的影响,在我国文学的发展史上有着崇高的地位。他的不朽杰作《离骚》是现存历史上最早、最长的抒情长诗,也是一篇光耀千古的浪漫主义杰作。屈原和《离骚》,无愧为耸立在中国文学史上的巍峨丰碑。

屈原(前340?—前278?),名平,字原,出身于楚国贵族,与楚王同姓。祖先屈瑕,为楚武王熊通之子,受封于"屈"地,乃以"屈"为氏。屈原才高学博,明于治乱,善于应对,具有远大的政治抱负。

屈原写作《离骚》时已经度过了大半生,且再被放逐,到了救国无路的地步;而楚国也由一个有希望的国家,沦落到了濒临危亡的绝境。诗人思前想后,感慨万千,他把坚持奋斗而不能实现爱国理想的沉痛感情,熔成了这篇激动人心的诗歌。

《离骚》是屈原心灵的歌唱。它展现了诗人"存君兴国"的"美政"理想,深沉执着的爱国感情,放言无惮的批评精神和独立不迁的峻洁人格。全诗的字里行间闪耀着诗人灿烂的思想光芒。

屈原"美政"理想的崇高目标就是把祖国推上富强的道路,甚至由它来统一中国。他列举历史上兴国的圣君和乱亡的昏君,希望楚王以"尊道得路"的尧舜为榜样,以"捷径窘步"的桀纣为戒鉴,把楚国建设成为强大的国家。诗人为了真正达到这一目的,提出了革新政治的主张:"举贤而授能兮,循绳墨而不颇。"所谓"举贤而授能兮",即不分贵贱选用贤能来治理国家,突破了贵族阶级的局限;所谓"循绳墨而不颇",即修明法度,严格按法度办事。可以说,祖国富强是诗人理想的目标,进行政治革新则是达到这一目标的手段。

《离骚》还反映了屈原深沉而执着的爱国情感,他以一颗赤子之心,眷恋着多难的祖国。诗人从早年起就汲汲自修,锻炼品质和才能,并决心把这一切献给祖国的富强事业。但是,诗人这一热爱祖国和人民的愿望,却因为触犯了贵族集团的利益,招来了重重迫害和打击。楚王也听信谗言,不仅不信任他,反而放逐了他。然而,诗人宁肯承受迫害,也不变志从俗:"宁溘死以流亡兮,余不忍为此态!"楚国不能容他,而他却离不开楚国,诗人宁肯一死来殉自己的理想，"既莫足与美政兮，我将从彭咸之所居。"这是何等坚贞、崇高的爱国感情啊！

屈原经受了战国时代精神的洗礼，故《离骚》放言无惮，"为前人所不敢言"（鲁迅《摩罗诗力说》）。他斥责楚王的昏庸，不辨忠邪："荃不察余之中情，反信谗而齌怒。"他还大胆地指责楚王反复无常："初既与余成言兮，后悔遁而有他。余既不难夫离别兮，伤灵脩之数化。"他痛斥贵族群小"竞进以贪婪""兴心而嫉妒"，指出他们蝇营狗苟，把祖国引向危亡的绝境："惟夫党人之偷乐兮，路幽昧以险隘。"

《离骚》全长 373 句，2490 字，是中国文学史上第一首由诗人自觉创作、独立完成的长篇抒情诗。诗人屈原的出现和《离骚》的产生，为文学自觉时代的来临开了先路。

《离骚》的艺术造诣极高，无论是形象塑造、创作方法、表现手法，还是形式、语言诸方面，都有开拓创新，取得了辉煌的成就。

《离骚》是一篇具有深刻现实性的浪漫主义作品。它继承并发展了《诗经》、神话的优良传统，以现实主义为基调，以浪漫主义为特色，两者的完美结合标志着创作方法的突破和发展，也证明了屈原不愧为一位伟大的艺术家。《离骚》的现实主义基调体现为诗人以极富个性的笔触，真实而深刻地揭示了战国后期楚国政治的黑暗和社会的混浊，直率地抒发了诗人的理想和感情。《离骚》同时更富有浓厚的浪漫主义特色，这突出地表现在诗人驰骋想象，糅合神话传说、历史人物和自然现象编织幻想的境界。

《离骚》的另一个艺术特色是比兴手法的广泛运用，它继承了《诗经》的比兴传统，而又进一步发展了它。《诗经》的比兴大都比较单纯，用以起兴和比喻的事物还是独立存在的客体。《离骚》的比兴却与所表现的内容合二为一，具有象征的性质，如诗中用香草象征诗人的高洁。《诗经》中的比兴往往只是一首诗中的片段，《离骚》则在鸿篇巨制中以系统的一个接一个的比兴表现了它的内容。如诗人自比为女子，由此出发，以男女关系比君臣关系，以众女妒美比群小嫉贤，以婚约比君臣遇合等。比兴手法的运用，使全诗显得生动形象、丰富多彩。

在篇章结构上，《离骚》基本上是四句为一章，字数不等，亦多偶句，形成了错落中见整齐，整齐中又富有变化的特点。《离骚》的语言十分精练，并大量地吸收了楚国的方言，虚字也运用得十分灵活，又常以状词冠于句首，造句也颇有特点。此外，《离骚》除了诗人内心独白外，还设为主客问答，又有大段的铺张描写，绘声绘色。所有这些也都表现了《离骚》的艺术特点与成就。

总之，《离骚》通过对诗人一生不懈的斗争和身殉理想的坚贞行动的描写，表现了诗人为崇高理想而献身祖国的战斗精神，表现了与祖国同休戚、共存亡的深挚的爱国主义精神，也表现了他热爱进步、憎恶黑暗的光辉峻洁的人格。它虽是一首抒情诗，却反映了丰富的社会现实内容，不愧为我国文学史上伟大的诗篇。

拓展阅读

1.作品赏析

（1）

邶风·击鼓

击鼓其镗[1]，踊跃[2]用兵。

土国城漕[3]，我独南行。

从孙子仲[4]，平[5]陈与宋。

不我以归[6]，忧心有忡[7]。

爰居爰[8]处？爰丧其马？

于以[9]求之？于林之下。

死生契阔[10]，与子成说[11]。

执子之手，与子偕老。

于嗟[12]阔兮，不我活[13]兮。

于嗟洵[14]兮，不我信[15]兮。

【注释】

[1]镗（tāng）：鼓声。其镗，即"镗镗"。

[2]踊跃：双声联绵词，犹言鼓舞。兵：武器，刀枪之类。

[3]土国城漕：土：挖土。国：指都城。城：修城。漕：卫国的城市。

[4]孙子仲：即公孙文仲，字子仲，邶国将领。

[5]平：平定两国纠纷。谓救陈以调和陈宋关系。陈、宋：诸侯国名。

[6]不我以归：是不以我归的倒装，有家不让回。

[7]有忡：忡忡，忧虑不安的样子。

[8]爰（yuán）：哪里。丧：丧失，此处言跑失。爰居爰处？爰丧其马：哪里可以住，我的马丢在哪里。

[9]于以：在哪里。

[10]契阔：聚散、离合的意思。契，合；阔，离。

[11]成说（yuè）：约定、成议、盟约。

[12]于嗟：叹词。

[13]活：借为"佸"，相会。

[14]洵：久远。

[15]信：守信，守约。

【评析】

《击鼓》是一首和战争有关的诗，但其重点不是描述战争，而是抒写战争背景下，征兵长期不能归家从而产生的对战争的怨恨和对家中妻子的无比思念，从而道出百姓渴望安定、平静的生活和对战争的厌恶之情。

《击鼓》共五章，第一章从出征开始写起，战事已起，安定的生活马上就被打乱了，无数的男丁就要被迫离开家乡前往战场浴血奋战了。第二章继续介绍出征的基本情况，主人公交代了他们的将领是孙子仲，此次征战的地方是陈国和宋国，这也说明了他将长期戍守在异地他乡，有家回不得，这样的归期无望，怎能不忧心忡忡。第三章介绍出征过程中发生的一些事情。第四章开始由叙述战争转到对往事的深情追忆。第五章为感情的一个升华，战争把往昔拉回现实，和妻子执手偕老的誓言还犹在耳，不想被突如其来的战争粉碎。

全诗前三章征人自叙出征情景，承接绵密，已经如怨如慕、如泣如诉。后两章转到夫妻分别时的信誓旦旦，谁料到归期无望，信誓无凭，上下紧扣，词情激烈，更是哭声干霄了。写士卒长期征战之悲，无以复加。

（2）

橘 颂[1]

屈 原

后皇[2]嘉树，橘徕服兮。受命不迁，生南国兮。
深固难徙，更壹志兮[3]。绿叶素荣[4]，纷其可喜兮。
曾枝[5]剡棘，圆果抟兮。青黄杂糅，文章[6]烂兮。
精色内白，类可任兮。纷缊宜修[7]，姱而不丑兮。

嗟尔幼志，有以异兮。独立不迁，岂不可喜兮！
深固难徙，廓其无求兮。苏[8]世独立，横而不流兮。
闭心自慎，终不失过兮。秉德无私，参天地兮。
愿岁并谢，与长友兮。淑离[9]不淫，梗其有理兮。
年岁虽少，可师长兮。行比伯夷[10]，置以为像兮。

【注释】

[1]选自《楚辞·九章》。

[2]后皇：皇天后土。徕：通"来"。服：习惯，指橘树适合在楚地生长。

[3]橘树最初生于长江流域，据传被移植到淮北就会变成枳树，果实失去橘味，故有"橘不逾淮"的说法。

[4]素荣：白花。

[5]曾枝：繁茂的枝条。剡（yǎn）棘：尖利的刺。抟（tuán）：通"团"，圆圆的。

[6]文章：纹理色彩，这里指橘子的皮色。烂：灿烂的样子。

[7]修：修长美好。姱（kuā）：美好。

[8]苏：苏醒。

[9]淑离：善良美丽。淑，善良。离，通"丽"。

[10]伯夷：商代孤竹君的长子。武王伐纣，曾与弟叔夷扣马谏阻。后不食周粟，饿死于首阳山下。

【评析】

从现在所能见到的诗作来看，《橘颂》堪称中国诗歌史上第一首咏物诗。全诗可分为两个部分，大体上说，前半部分缘情咏物，以描写为主；后半部分缘物抒情，以抒情为主。屈原巧妙地抓住橘树的生态和习性，运用类比联想、双关等艺术手法，将它与人的精神、品格联系起来,给予热烈的赞美。借物抒志,以物写人,既沟通物我,又融汇古今,由此营造出了清人林云铭所赞扬的"看来两段中句句是颂橘,句句不是颂橘,但见(屈)原与橘分不得是一是二,波此互映,有镜花水月之妙"(《楚辞灯》)的奇特境界。从此以后,南国之橘便蕴含了志士仁人"独立不迁"、热爱祖国的丰富文化内涵,而永远为人们所歌咏和效法了。这一独特的贡献,无疑仅属于屈原,所以宋刘辰翁又称屈原为千古"咏物之祖"。

2.佳句欣赏

昔我往矣,杨柳依依。今我来思,雨雪霏霏。

——《诗经·采薇》

知我者,谓我心忧;不知我者,谓我何求。

——《诗经·黍离》

溥天之下,莫非王土;率土之滨,莫非王臣。

——《诗经·北山》

桃之夭夭,灼灼其华;之子于归,宜其室家。

——《诗经·桃夭》

彼采萧兮,一日不见,如三秋兮。

——《诗经·采葛》

他山之石,可以攻玉。

——《诗经·鹤鸣》

呦呦鹿鸣,食野之萍。我有嘉宾,鼓瑟吹笙。

——《诗经·鹿鸣》

路漫漫其修远兮,吾将上下而求索。

——《离骚》

探究思考

1.简述《诗经》作为中国最早的一部诗歌选集,它对中国后世文学的影响主要表现在哪些方面。

2.屈原作为中国历史上已知最早的诗人,你是怎样评价他的?

3.推荐阅读:钱穆《晚学盲言》。

知识链接

人民的诗人——屈原
闻一多

古今没有第二个诗人像屈原那样曾经被人民热爱的。我说"曾经",因为今天过着端午节的中国人民,知道屈原这样一个人的实在太少,而知道《离骚》这篇文章的更有限。但这并不妨碍屈原是一个人民的诗人。我们也不否认端午这个节日,远在屈原出世以前,已经存在,而它变为屈原的纪念日,又远在屈原死去以后。也许正因如此,才足以证明屈原是一个真正的人民诗人。惟其端午是一个古老的节日,"和中国人民同样的古老",足见它和中国人

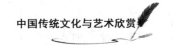
民的生活如何不可分离,惟其中国人民愿意把他们这样一个重要的节日转让给屈原,足见屈原的人格,在他们生活中,起着如何重大的作用。也惟其远在屈原死后,中国人民还要把他的名字,嵌进一个原来与他无关的节日里,才足见人民的生活里,是如何的不能缺少他。端午是一个人民的节日,屈原与端午的结合,便证明了过去屈原是与人民结合着的,也保证了未来屈原与人民还要永远结合着。

是什么使得屈原成为人民的屈原呢?

第一,说来奇怪,屈原是楚王的同姓,却不是一个贵族。战国是一个封建阶级大大混乱的时期,在这混乱中,屈原从封建贵族阶级,早被打落下来,变成一个作为宫廷弄臣的卑贱的伶官,所以,官爵尽管很高,生活尽管和王公们很贴近,他,屈原,依然和人民一样,是在王公们脚下被践踏着的一个。这样,首先在身份上,屈原是属于广大人民群众的。

第二,屈原最主要的作品——《离骚》的形式,是人民的艺术形式,"一篇题材和秦始皇命博士所唱的《仙真人诗》一样的歌舞剧"。虽则它可能是在宫廷中演出的。至于他的次要的作品——《九歌》,是民歌,那更是明显,而为历来多数的评论家所公认的。

第三,在内容上,《离骚》"怨恨怀王,讥刺椒兰",无情地揭露了统治阶层的罪行,严正地宣判了他们的罪状,这对于当时那在水深火热中敢怒而不敢言的人民,是一个安慰,也是一个兴奋。用人民的形式,喊出了人民的愤怒,《离骚》的成功不仅是艺术的,而且是政治的,不,它的政治的成功,甚至超过了艺术的成功,因为人民是最富于正义感的。

第四,最使屈原成为人民热爱与崇敬的对象的,是他的"行义",不是他的"文采"。如果对于当时那在暴风雨前窒息得奄奄待毙的楚国人民,屈原的《离骚》唤醒了他们的反抗情绪,那么,屈原的死更把那反抗情绪提高到爆炸的边沿,只等秦国的大军一来,就用那溃退和叛变的方式来向他们万恶的统治者,实行报复性的反击(楚亡于农民革命,不亡于秦兵,而楚国农民的革命性的优良传统,在此后陈胜、吴广对秦政府的那一著上,表现得尤其清楚)。历史决定了暴风雨的时代必然要来到,屈原一再地给这时代执行了"催生"的任务,屈原的言行无一不是与人民相配合的,虽则也许是不自觉的。有人说他的死是"匹夫匹妇自经于沟壑",对极了,匹夫匹妇的作风,不正是人民革命的方式吗?

以上各条件,若缺少了一个,便不能成为真正的人民诗人。尽管陶渊明歌颂过农村,农民不要他,李太白歌颂过酒肆,小市民不要他,因为他们既不属于人民,也不是为着人民的。杜甫是真心为着人民的,然而人民听不懂他的话。屈原虽没写人民的生活,诉人民的痛苦,然而实质上等于领导了一次人民革命,替人民报了一次仇。屈原是中国历史上唯一有充分条件称为人民诗人的人。

教学任务3 五言之宗——《古诗十九首》

诗歌发展到汉代,开始告别四言(诗经)和楚语骚体,汲取乐府诗的精粹,艰难缓慢地朝五言诗的方向迈进。汉代主要推崇的文学样式是汉大赋而不是诗歌,当时从帝王到文人,都只欣赏体式宏伟、气势磅礴、语言华丽的汉大赋。汉代的五言诗始终在大赋、乐府和四言诗的压迫下艰难地成长,可以说它是一股无声无息的潜流。另外,五言诗不但要摆脱四言诗和楚语骚体的旧外衣,还要摆脱先秦战国儒家经典的不断纠缠。所以五言诗要成熟起来,要变成热点,要变成钟嵘《诗品序》中所说的"人人终朝点缀,昼夜吟咏"的新形势,还要等上漫长的时间。

到了东汉末年,产生了数量不少的无名氏的"古诗",其中一部分代表了那时文人五言诗的最高艺术成就,也标志着东汉文人五言诗成熟的新阶段。这些无名氏"古诗",可以《古诗十九首》为代表。

《古诗十九首》的名称,最早见于萧统的《文选》。在两晋南北朝时期,人们把汉魏时代流传下来的一些无主名的古代诗歌称为"古诗"。萧统编写《文选》时,从中选择了十九首,编在一起,题为《古诗十九首》。

《古诗十九首》的作者和创作时代,一直以来争论不断。现在一般认为《古诗十九首》作于东汉末年的桓帝、灵帝之时,而它的作者,从诗作的思想内容和感情表达来分析,应该是一些生活在社会中下层的人。总之,《古诗十九首》不是一人一时一地之作。

《古诗十九首》习惯上以首句为标题,依次为:《行行重行行》《青青河畔草》《青青陵上柏》《今日良宴会》《西北有高楼》《涉江采芙蓉》《明月皎夜光》《冉冉孤生竹》《庭中有奇树》《迢迢牵牛星》《回车驾言迈》《东城高且长》《驱车上东门》《去者日以疏》《生年不满百》《凛凛岁月暮》《孟冬寒气至》《客从远方来》《明月何皎皎》。

《古诗十九首》与汉乐府之间是既有联系又有区别的,中国的五言诗是在与通俗音乐密切相关的汉乐府的母体中逐渐孕育,并在文人的诗歌创作中诞生的。它的"不必一人之辞,一时之作"的无主名的集体创作特点,还明显带有汉乐府的痕迹,显示了由民歌到文人创作过渡的过程。这种影响和过渡,还没有能够成熟到形成一个自己的有名字的创作集体。而到了东汉以后,特别是建安时期的诗人,他们作为一个时代的文化存在,首先影响了文人阶层的一部分,这部分文人具有相似的生活经历,相似的人生感悟,于是他们从当时最流行的乐府民歌中受到启发,经过再创造,就产生了我们熟悉的五言诗。当然,汉乐府一经文人的改造,就从里到外发生了变化。比如思想内涵和审美情趣就和民歌大相径庭。文人们不再是"饥者歌其食,劳者歌其事",而是更多地表现自我,表现羁旅他乡的哀愁,以及人生苦短、及时行乐等。总之,《古诗十九首》在艺术上比之汉乐府有了长足的进步,它最终成功地走出了汉乐府的"母体"。

《古诗十九首》产生于东汉末年的桓帝、灵帝时代,它的作者是中下层文人。东汉末年,中下层知识分子为了仕进,必须告妻别子,背井离乡,游学游宦,获取名望。而桓帝、灵帝时,政治极端腐败,外戚、宦官交替把持政权,卖官鬻爵的现象很严重,正直的知识分子失去了进身之路。《古诗十九首》正是这些背井离乡、游学游宦的知识分子的苦闷悲歌,反映的是他们漂泊他乡、仕进无路的生活和思想感情,它们的主要内容是:

一、离别相思的痛苦

背井离乡、抛弃妻子的离别相思是《古诗十九首》表现的一个重要内容,有《行行重行行》《青青河畔草》《涉江采芙蓉》《冉冉孤生竹》《庭中有奇树》《迢迢牵牛星》《凛凛岁月暮》《孟冬寒气至》《客从远方来》《明月皎夜光》10篇。其中既有游子之辞,也有思妇之辞,思妇

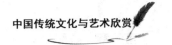

之辞又占其中的多数。如《涉江采芙蓉》：

涉江采芙蓉，兰泽多芳草。采之欲遗谁？所思在远道。还顾望旧乡，长路漫浩浩。同心而离居，忧伤以终老。

这首诗写的是一位妇女思念远行的丈夫，她要采花相赠，可是所思之人在远方，欲赠不能，欲罢不忍，所以忧伤满怀。关于这首诗的主人公是游子还是思妇，曾有很多争论。元人刘履《古诗十九首旨意》说："客居远方，思亲友而不得见。虽然欲采花以为赠，而路长莫至，徒以忧伤终老而已。"他以为是游子之辞。

比较起来，《古诗十九首》中的游子之辞较少，《明月何皎皎》写道：

明月何皎皎，照我罗床帏。忧愁不能寐，揽衣起徘徊。客行虽云乐，不如早旋归。出户独彷徨，愁思当告谁？引领还入房，泪下沾裳衣。

这是游子久客他乡思归故里之作。明月照床，忧愁不寐，故起而徘徊，心中思归，但归路何在？出户入房体现出他内心的矛盾和彷徨。诗歌里并没有写他思念故乡的具体内容，但我们可以理解，真正牵动他情思的是远方的闺中也正有一个"引领遥相睎"的人。

游子和思妇之辞是那个社会里外有旷夫、内有怨女的现实的反映，有重要的社会意义。

二、伤时失志的悲哀

中下层知识分子伤时失志的悲哀也是《古诗十九首》表现的一个重要主题。东汉末年腐朽的社会政治使广大知识分子失去了进身之路，前途无望。他们苦闷、彷徨、愤慨。《今日良宴会》《西北有高楼》《明月皎夜光》《去者日以疏》都表现了这种思想感情。《明月皎夜光》写道：

明月皎夜光，促织鸣东壁。玉衡指孟冬，众星何历历。白露沾野草，时节忽复易。秋蝉鸣树间，玄鸟逝安适？昔我同门友，高举振六翮。不念携手好，弃我如遗迹。南箕北有斗，牵牛不负轭。良无盘石固，虚名复何益？

这首诗表达的是对"昔日同门友"的怨愤。那"同门友"现在已经"高举振六翮"了，但世态炎凉，人情浅薄，他已"不念携手好，弃我如遗迹"。因此，同门之情已如"南箕北有斗，牵牛不负轭"那样，只是徒有虚名。"良无盘石固，虚名复何益？"恰好表达了诗人对那个社会里世态炎凉的愤愤不平！

三、人生无常的慨叹

社会的黑暗和腐朽使广大知识分子失去了正常的仕进之路，他们伤时失志，进而引起了对人生无常的慨叹。《青青陵上柏》《回车驾言迈》《驱车上东门》和《生年不满百》就表现了这样的主题。在这些诗歌里，他们常慨叹："人生天地间，忽如远行客。""生年不满百，常怀千岁忧。"正是怀着这种消极心理，他们追求人生的享乐："斗酒相娱乐，聊厚不为薄。""服食求神仙，多为药所误。不如饮美酒，被服纨与素。"透过这种醉生梦死、消极颓废的生活态度，读者可以看到当时社会的黑暗和腐朽，看到知识分子在那个社会里的绝望心境。

《古诗十九首》的艺术成就是很突出的，在我国早期的五言抒情诗中，这样优秀的作品也是比较少见的。

《古诗十九首》的主要艺术特点是长于抒情,它善于通过某种生活情景抒写作者的内心活动,抒情中带有叙事意味,使诗中主人公的形象更鲜明突出。例如,《凛凛岁月暮》描写的就是一个思妇怀念良人,梦醒后惆怅感伤的情绪。这是一个蟋蟀悲鸣、寒风凛冽的冬夜,诗中的女主人思念着她的丈夫睡不着觉。她想到天气已寒,而游子还没有寒衣,想到寄锦衾,路途又是如此遥远。想来想去,忽然笃念旧好的良人枉驾来迎,她喜出望外地想,从此携手同归,长相厮守,这是多么的快乐呀!谁料那良人"既来不须臾,又不赴重闱",竟自无情地走了。心里十分懊恼,原来是一梦。她当时恨不得飞到良人那边。引颈遥望,好像良人还走得不远。此时的这位女主人似梦非梦,似醒非醒,只觉得寒风拂面,蟋蟀之声满耳,潮水般的眼泪直涌出来,沾湿了双颊。写到这里,一个孤独无聊的思妇形象就如在眼前。这样抒情叙事双管齐下的写法还很多,《西北有高楼》《孟冬寒气至》《客从远方来》都是如此。

《古诗十九首》在抒情上的另一个特点是用事物来烘托,融情入景,寓景于情,两者密切结合,达到天衣无缝、水乳交融的境界。例如《迢迢牵牛星》写道:

迢迢牵牛星,皎皎河汉女。纤纤擢素手,札札弄机杼。终日不成章,泣涕零如雨。河汉清且浅,相去复几许?盈盈一水间,脉脉不得语。

作者通过对假想的牛郎、织女形象的描绘,书写男女离别之情,通篇全是写景,而情在其中。这关键就在"终日不成章,泣涕零如雨"及"盈盈一水间,脉脉不得语"等句,因为这几句仍然是紧扣织女的形象和现实的景物来描写的,所以读者只觉得是泛泛写景,而织女的离愁却轻轻地点了出来。其余的还有《明月何皎皎》等。

在艺术上,《古诗十九首》还以文风绮丽、意悲而远的风格被誉为"一字千金"和"五言冠冕"。这两种因素结合在一起加上运用的是当时新兴的五言形式,使《古诗十九首》成为自《诗经》之后又一个新的经典。首先是它善于用浅显的语言表现人物的典型感情,在表达方式和效果上,突出一个"真"——祖露式的"真情",白描式的"真景",对久违的朋友推心置腹说的"真话",记载的"真事",即所谓的"情真、景真、事真、意真"是《古诗十九首》的风格特征。它不仅是对场景、事实作客观真切的描写,更是诗人精诚所至,从内心流露出的真情实感。其次是委婉曲折的表达方式以及从《诗经》发展而来的重章叠句的更迭形式。《古诗十九首》善用叠字,如《青青河畔草》中的"青青""郁郁""盈盈""皎皎""娥娥""纤纤"等系列叠字的运用,与《诗经·卫风》"和水洋洋"一样连用六个叠字也十分自然,有异曲同工之妙。再次是结构上转折自然巧妙,故刘勰《文心雕龙·明诗》赞美说:"观其结体散文,直而不野,婉转附物,怊怅切情,实五言冠冕也。"

《古诗十九首》的语言不假雕琢,浅近自然,但又异常精练,含义丰富,十分耐人寻味,这也是一个特点。谢榛《四溟诗话》曾对此作过生动的比喻:"平平道出,且无用工字面,若秀才对朋友诉说家常,略不作意。"例如,"相去日已远,衣带日已缓"(《行行重行行》),"同心而离居,忧伤以终老"(《涉江采芙蓉》),"置书怀袖中,三岁字不灭。一心抱区区,惧君不识察"(《孟冬寒气至》),一种真挚深厚的感情可以想见。"不念携手好,弃我如遗迹"(《明月皎夜光》),失望的心情可以想见。写景如"四顾何茫茫,东风摇百草"(《回车驾言迈》),"回

风动地起,秋草萋已绿"(《东城高且长》)等。

《古诗十九首》的高度艺术成就是五言诗已经达到成熟阶段的标志,就其成就和在诗歌创作上所产生的影响来说,它在我国文学发展过程中占有相当重要的地位。

拓展阅读

1.作品赏析

(1)

行行重行行

行行重行行[1],与君生别离[2]。

相去万余里,各在天一涯[3]。

道路阻且长[4],会面安可知?

胡马依北风,越鸟巢南枝[5]。

相去日已远,衣带日已缓[6]。

浮云蔽白日[7],游子不顾反[8]。

思君令人老[9],岁月忽已晚[10]。

弃捐勿复道[11],努力加餐饭[12]!

【注释】

[1]重行行:行了又行,走个不停。

[2]生别离:是"生离死别"的意思。屈原《九歌·少司命》:"悲莫悲兮生别离。"

[3]天一涯:天各一方。意思是两人各在天之一方,相距遥远,无法相见。

[4]阻且长:艰险而且遥远。

[5]胡马依北风,越鸟巢南枝:胡马南来后仍依恋于北风,越鸟北飞后仍筑巢于南向的树枝。意思是鸟兽尚且眷恋故土,何况人呢?胡马,泛指北方的马,古时称北方少数民族为胡。越鸟,指南方的鸟,越指南方的百越。这两句是思妇对游子说的,意思是人应该有念乡之情。

[6]相去日已远,衣带日已缓:相离越来越远,衣带也越来越松了。意思是人由于相思而消瘦了。缓:宽松。

[7]浮云蔽白日:这是比喻,大致是以浮云喻邪,以白日喻正。想象游子在外被人所惑。蔽:遮掩。

[8]不顾反:不想回家。顾,念。"反"通"返"。

[9]思君令人老:由于思念你,使我变得老多了。老,指老态、老相。

[10]岁月忽已晚:一年倏忽又将过完,年纪越来越大,还要等到什么时候呢?岁月已晚,指秋冬之际岁月无多的时候。

[11]弃捐勿复道:什么都撇开不必再说了。捐,弃。

[12]努力加餐饭:有两说,一说此话是对游子说,希望他在外努力加餐,多加保重;另一说此话是思妇自我安慰,我还是努力加餐,保养好身体,也许将来还有相见的机会。

【评析】

　　这首诗写的是一个妇女思念离家远行的丈夫。她咏叹别离的痛苦、相隔的遥远和见面的艰难,把自己的刻骨相思和丈夫的一去不复返相对照,但还是自我宽解,只希望远行的人自己保重。全诗长于抒情,韵味深长,语言朴素自然又精练生动,风格接近民歌。

　　本篇可分作两部分:前三句为第一部分,后五句为第二部分。第一部分,追叙初别,着重描写路远相见之难。开头两句"行行重行行,与君生别离"是全诗的纲,总领下文。第二部分,着重刻画思妇相思之苦。"胡马""越鸟"二句是说鸟兽还懂得依恋故乡,何况人呢? 以鸟兽和人作比,是从好的方面揣度游子的心理。随着时间的飞逝,游子越走越远,思妇的相思之情也越来越深切。"衣带日已缓"形象地揭示了思妇的这种心情,她日益消瘦、衰老和"游子不顾反"形成对比。"浮云蔽白日,游子不顾反",是从坏的方面怀疑游子薄幸,不过不愿直说,而是委婉地通过比喻表达心里的想法。最后两句是强作宽慰,实际上这种心情是很难"弃捐"勿"道"的,心绪不佳,"餐饭"也是很难"加"的。相思之苦本来是一种抽象的心理状态,可是作者通过胡马、越鸟、浮云、白日等恰切的比喻,带缓、人老等细致的描写,把悲苦的心情刻画得生动具体、淋漓尽致。

（2）

西北有高楼

西北有高楼,上与浮云齐。

交疏[1]结绮[2]窗,阿阁[3]三重阶。

上有弦歌声[4],音响一何悲!

谁能为此曲? 无乃[5]杞梁妻。

清商[6]随风发,中曲[7]正徘徊。

一弹再三叹,慷慨[8]有余哀。

不惜[9]歌者苦,但伤知音[10]稀。

愿为双鸿鹄[11],奋翅起高飞[12]。

【注释】

[1]疏:镂刻。

[2]绮:有花纹的丝织物。这句是说刻镂交错成雕花格子的窗。

[3]阿阁:四面有曲檐的楼阁。这句是说阿阁建在有三层阶梯的高台上。

[4]弦歌声:歌声中有琴弦伴奏。

[5]无乃:是"莫非""大概"的意思。杞梁妻:杞梁妻的故事,最早见于《左传·襄公二十三年》,后来许多书都有记载。据说齐国大夫杞梁,出征莒国,战死在莒国城下。其妻临尸痛哭,一连哭了十个日夜,连城也被她哭塌了。《琴曲》有《杞梁妻叹》《琴操》说是杞梁妻作,《古今注》说是杞梁妻妹朝日所作。这两句是说,楼上谁在弹唱如此凄婉的歌曲呢? 莫非是像杞梁妻那样的人吗?

[6]清商:乐曲名,声情悲怨。清商曲音清越,宜于表现哀怨的情绪。

[7]中曲:乐曲的中段。徘徊:指乐曲旋津回环往复。

[8]慷慨:感慨、悲叹的意思。《说文》:"壮士不得志于心也。"

[9]惜:痛。

[10]知音:识曲的人,借指知心的人。相传俞伯牙善鼓琴,钟子期善听琴,子期死后,伯牙再不弹琴,因为再没有知音的人。这两句是说,我难过的不只是歌者心有痛苦,而是他内心的痛苦没有人理解。

[11]鸿鹄:据朱骏声《说文通训定声》说:"凡鸿鹄连文者即鹄。"鹄,就是"天鹅",一作"鸣鹤"。此二句以双鸿鹄比喻情志相通的人,意谓愿与歌者同心,如双鹄高飞,一起追求美好的理想。

[12]高飞:远飞。这两句是说愿我们像一双鸿鹄,展翅高飞,自由翱翔。

【评析】

这是一首写知音难觅的诗。从诗意看,诗中的主人公是一位在生活中因失意而彷徨的人。凄凉的弦歌声从重门紧锁的高楼上隐隐传来,其声调的悲凉深深地感染了楼下听歌的人。从那清婉悠扬、感慨哀伤而又一唱三叹的歌声中,诗人清晰地感受到了歌者经历的惨痛和被压抑的内心痛苦。这令人不禁要推想,歌者是谁?莫非是杞梁妻那样的忧伤女子?可是,最值得忧伤的不是歌者的哀痛,而是没有人能够理解她个中的伤感,知音难觅可能才是她感伤叹息的真正原因。诗人借高楼上的歌者之悲抒写的是自己的人生感受,"但伤知音稀"是一种具有广泛社会性的苦闷、悲伤和期待。

作者将所抒之情融于幻景之中。对于声音的描写细腻生动,歌者与听者遥相呼应,把失意之人的徘徊、悲切、希冀全面地展现出来了。阅读时,要细细体会诗中那种若隐若现、缥缈空灵的意境。

2.佳句欣赏

人生天地间,忽如远行客。

——《青青陵上柏》

人生寄一世,奄忽若飙尘。

——《今日良宴会》

愿为双鸿鹄,奋翅起高飞。

——《西北有高楼》

同心而离居,忧伤以终老。

——《涉江采芙蓉》

盈盈一水间,脉脉不得语。

——《迢迢牵牛星》

思为双飞燕,衔泥巢君屋。

——《东城高且长》

白杨多悲风,萧萧愁杀人。

——《去者日已疏》

生年不满百,常怀千岁忧。

——《生年不满百》

以胶投漆中,谁能别离此。

——《客从远方来》

探究思考

1.简述《古诗十九首》在中国诗歌史上的地位和作用。

2.比较阅读《迢迢牵牛星》与秦观的《鹊桥仙》,说一说你的感受。

3.推荐阅读:《今日良宴会》《青青河畔草》《生年不满百》。

知识链接

思君令人老　轩车来何迟
安意如

读到"思君令人老,轩车来何迟"这两句时,对你的思念像碧绿的春水一样涨满了空荡的江。波心盈盈,荡荡无极却只是一秒钟的事。

思君令人老,可以是一生,又或者只是一瞬之间,头发花白了。

《古诗十九首》里的句子。它是一根针,在一刹那,不,比刹那还要短的转念之间,就戳破了我的心。然后,思念如我身上激溅的血,涌出来,缠绵如春水。

思君令人老,有民歌的朴直。你知道,我素爱词淡意深的句子,它让我想起你的时候,变得毫不费力。

《古诗十九首》多写游子思妇之情,是一个五言古诗的结集,由南朝昭明太子萧统选编十九首入《昭明文选》。萧统是个有情人,身上不受那么多礼教的桎梏;他亦是个眼明的人,看出这些诗的真好处。由于萧统选择精当,《古诗十九首》也同《文选》一起流传深广,成为公认的"古诗"代表作。这组诗大约是东汉后期安、顺、桓、灵四帝年间的作品,虽不是一个人写的,然而先后不过数十年间所作,是一个时代的。

这些诗,在魏末晋初的时候,突然流行起来。西晋的陆机曾经逐首逐句地模仿了其中的十四首,总题目就叫《拟古诗》。东晋的陶渊明,也都有学习"古诗"手法风格作的《拟古诗》。其实每一种流行都是有原因的,就像弗洛伊德所说,人的每个举动都不是无端做出。

《古诗十九首》流行的原因,如衣上酒痕诗里字,点点滴滴都是凄凉意。

东汉桓帝、灵帝时,宦官外戚勾结擅权,官僚集团垄断仕路。上层士流结党标榜,中下层士子为了谋求前程,只得奔走交游。他们离乡背井,辞别父母,"亲戚隔绝,闺门分离,无罪无辜,而亡命是效",然而往往一事无成,落得满腹牢骚和乡愁。

魏晋的时候,这种景况有坏无好,繁花似锦中掩不住的是荒凉。世族的阀门紧闭,连潘岳那样的才子,也要"望尘而拜",落尽风骨,才拜得仕途一线天开。春光已老,佳期如梦,点点滴滴地疏狂放纵,也只是那遮不了的思愁满眼,盖不住的隐痛如山。离思如雨,一声声,空阶滴到明。于是古时抒写游子失意的《古诗十九首》再次归来,东汉末年的古风吹得魏晋新人不尽萧瑟。

因为它是当时清寒的文士、底层士人作的文章,以男女思情为主题,所以就有人说,这是游子荡妇之思,品格不高。可是,只要人放低所谓的格调,丢开不必要的清高,读了,就能感觉它真的好,像晴天落白雨似的明亮缠绵,让人忍不住爱到心里去。

"燕赵多佳人,美者颜如玉。被服罗裳衣,当户理清曲。"——游子荡妇之思亦是贞亲。

非常爱的时候,谁敢说杜十娘怒沉百宝箱是虚假?

　　然而这又果真是荡子与荡妇之间才有的问、才有的怨。"轩车来何迟?"这种幽切而大胆的指责,不是"荡妇"不敢问。寻常闺阁女,后来被礼教勒紧了脖子的女人,连怨也是小心翼翼的,讲究矜持,要"哀而不伤"。似那杜丽娘,在牡丹亭里游游荡荡,罗袖曳地,也只敢唱:"如花美眷,似水流年,似这般,都付与断瓦颓垣。"

　　游园,梦中的片时春色使她日渐瘦损,在幽闺自伤自怜,画下自己的容貌。寂寂地如一株植物死去。

　　惊梦,如果不是惊了梦,她只是荒园、青冢、白骨一堆,断瓦、残垣。

　　所以,做荡子与荡妇也有叛逆的痛快!这诗里荡子与荡妇俱是真诚的,对爱不虚伪,对爱恭敬谦卑,只是并不纵容背叛。他们叫现在人喜悦,会心一笑。我们开始了解,在爱里,清楚的诉求和沉默的承担同样值得尊重。

　　你听她怨那可恶的男人。他是个荡子,已经订婚了,却依旧轩车来迟,何必讲究什么高风亮节,遵循古礼?可知,一再的蹉跎,会错了花好月圆的好时节?辜负了我,待嫁女心如蕙兰。我是这样寂寞地、微弱地开放着,单等你来娶。

　　花开堪折直须折,莫待无花空折枝。你若不来,就像这花开你不采,过时了,我的心也将随秋草一起萎谢。

　　有时候,爱是坚韧的东西。可是有时候,它只是一池碧水,一榭春花,一陌杨柳,一窗月光。天明了,就要干涸,萎谢,褪色,消失。

　　短暂到,不能用手指写完,等——待。

　　思君使人老呵,百年修得同船渡,可是,还要千世才可修到共枕眠。突然,没有欲望再等待了。

　　就让轩车来迟吧。爱的错手,只是个瞬间。然后我们黯淡下去,在彼此的眼底看见沉沦。

　　可是,我看见你来,我问"轩车来何迟"时忍不住仍是淡淡的惊喜。你没有来迟,对不对?

　　有一个人,你来了,就好了。

　　遇上那个人时——似露珠在花叶上,轻轻颤抖的喜悦卑微。这样的轻佻,我们,无人幸免。

——选自《人生若只如初见》　人民文学出版社 2013 年版

教学任务 4　慷慨悲凉——建安风骨

　　建安(196—219)是东汉末代皇帝汉献帝刘协的年号,文学史上的建安时期从黄巾起义到魏明帝景初末年,大约五十年时间。

　　建安时代,政治动荡,战事连年。在东汉末群雄并峙逐鹿中原的争夺兼并中,曹操完成了统一北方的大业,并吸引大批文士,形成了以曹氏父子为核心的邺下文人集团。建安时代的文学创作,特别是诗歌空前繁荣,成为了我国文学史上的一个黄金时代。

　　"世积乱离,风衰俗怨"的时代特征,建安文人开阔博大的胸襟、追求理想的远大抱负、积极通脱的人生态度,直抒胸臆、质朴刚健的抒情风格,形成了建安诗歌所特有的梗概多气、慷慨悲凉的风貌,为中国诗歌开创了一个新的局面,并确立了"建安风骨"这一诗歌美学风范。政治理想的高扬、人生短暂的哀叹、强烈的个性、浓郁的悲剧色彩,这些特点构成了"建安风骨"(也叫"汉魏风骨"),对后世诗歌的发展有着深远的影响,因此李白有"蓬莱文章建安骨"之句。

建安文学的代表人物是"三曹"和"七子",而以"三曹"为核心。

一、曹操和曹丕

曹操(155—220),字孟德,是当时的大政治家、大军事家,也是一个卓有成就的诗人,沛国谯县人(今安徽亳州谯城区)。东汉末在镇压黄巾起义中逐渐强大,遂统一北方,封魏王。其子曹丕称帝后,追尊为武帝。他的诗作现存二十多首,几乎全部是乐府体。

曹操的诗往往以政治家的眼光去审时度势,评论政治。他的《薤露行》和《蒿里行》真实地记录了汉末的政治现实,对统治者的政治得失作了恰当的批评。明代人钟惺《古诗归》称它是"汉末实录,真诗史也"。

作为一个政治家,曹操在诗歌中也表达了自己的政治理想。如《短歌行》("对酒当歌")、《步出夏门行》之《观沧海》《龟虽寿》等。《龟虽寿》是建安十二年(207)曹操北征乌桓凯旋途中所写,抒发了"烈士暮年,壮心不已"的豪情壮志,整首诗歌慷慨激昂,洋溢着乐观主义精神。宋人敖陶孙《诗评》说"魏武帝如幽燕老将,气韵沉雄",指的就是这些作品。

曹操还写了一些游仙诗和写景诗。游仙诗在曹操诗中占一定比重,如《气出唱》《精列》《秋胡行》《陌上桑》等。有的在游仙描写中寄托着人世的感慨(如《精列》),有的内容玄虚荒诞,艺术上无可取之处。其写景诗名作是《步出夏门行》之《观沧海》。

曹操在诗歌创作方法上不仅学习汉乐府民歌,而且以乐府来写时事,这对后世拟乐府的现实主义传统有一定影响。更可贵的是,他对乐府的题材内容多有开拓,像《薤露行》《蒿里行》均是汉乐府古题,是丧葬的挽歌,他却用来写汉末时事;《陌上桑》在汉乐府中是写秦罗敷的故事,他却用来写游仙,完全脱离了汉乐府旧题内容的束缚,为后世诗人运用旧题来抒写时事树立了榜样。

曹操诗歌的语言质朴,不尚华饰,有很多明白如话的诗句,如"对酒当歌,人生几何"等,把生活中的口语稍加修整入诗,这正是他学习汉乐府民歌的表现。他的诗有杂言、四言和五言。特别是四言诗到了曹操手里似乎又有了生气,他的几首最为人称赞的作品都是四言体,如《短歌行》("对酒当歌")、《步出夏门行》四首等。其原因在于曹操不刻意模仿《雅》《颂》,不追求庄重典雅的假古董的形式,所以能随心所欲地驱使语言表情达意,情真意切。

曹丕(187—226),字子桓,是曹操的次子。曹操死后不久废汉自立,建魏国,史称魏文帝。

曹丕的诗歌创作成就比不上曹操和曹植,但也自有他的特点和成就。曹丕的诗在反映社会现实方面不够广泛,但一些写游子思妇的诗往往写得深婉悲切,反映了社会动乱的一个侧面。如《杂诗》二首,其一写一个游子在漫长的秋夜中思念故乡,哀切动人,很得《古诗十九首》的遗意;其二写游子滞留他乡的思想感情,"客子常畏人",很真切地道出了游子的心理状态。《见挽船士兄弟辞别诗》写一个纤夫向兄嫂托付妻子的情形,也反映了当时人民抛妻别子、背井离乡的社会现实。

曹丕的不少诗表现了对不幸妇女的同情,《燕歌行》二首都是写妇女思念远行丈夫的诗,其一曰:

秋风萧瑟天气凉,草木摇落露为霜。群燕辞归雁南翔,念君客游思断肠。慊慊思归恋故乡,君何淹留寄他方。贱妾茕茕守空房,忧来思君不敢忘,不觉泪下沾衣裳。援琴鸣弦发清商,短歌微吟不能长。明月皎皎照我床,星汉西流夜未央。牵牛织女遥相望,尔独何辜限河梁!

诗人抓住秋天的物象特征,极力营造了一派萧索悲凉的环境气氛,衬托思妇落寞、孤寂的心境。王夫之推崇它"倾情、倾度、倾色、倾声,古今无两"(《古诗评选》第一卷)。

曹丕的诗在艺术风格上秀丽婉约、含蓄曲折、情随文移,如上面的《燕歌行》其一就是如此。沈德潜《古诗源》卷五说:"子桓诗有文士气,一变乃父悲壮之习矣。要其便娟婉约,能移人情。"在语言上,曹丕的诗如家常对话,细声细语,平心静气,形成了他的独特风格。他在诗歌语言形式上最先运用完整七言形式,这是文学史上的创举,对我国诗歌七言形式的形成作出了重要的贡献。他的《燕歌行二首》就是我国目前现存最早的完整七言诗。曹丕还著有文学批评专论《典论·论文》。

曹丕是建安文坛的实际领导者,对繁荣建安文学起了重大作用,他自己的创作也取得了独特的成就。

二、曹植

曹植(192—232),字子建,曹操第四子,曹丕同母弟。

曹植的一生有前后两个截然不同的时期,其分界线在黄初元年(220)。在此之前,他是曹操的爱子,过的是公子王孙的优游生活。曹植在早年就是一个有政治抱负的人,曹操曾几次打算立他为太子,但是他毕竟文人气太重,而他的对手曹丕则颇会玩弄权术,所以在与曹丕争夺帝位的斗争中以失败告终。曹操死后,他失去了保护,曹丕对他因嫉恨而进行一系列迫害,几次遭遇杀身之祸。后期他名为王侯,实为囚徒,郁郁寡欢中于魏明帝曹叡太和六年(232)去世,享年四十一岁。

曹植是个早熟的天才,才思敏捷。《三国志·陈思王传》记载,他十岁余"诵读诗论及辞赋十万言"。十九岁时,父亲曹操建铜雀台成,曹植"援笔立成《登台赋》"。相传曹丕曾想借口杀他,命他七步作诗,曹植立即成诗一首,就是后来的《七步诗》,诗里用萁豆相煎比喻兄弟相残,真实反映了曹植后期的政治处境。

曹植是个全才的作家,但以诗歌的成就最高。曹植诗现存近百首,有比较广泛的内容。

曹植描写社会现实的诗虽不多,却真实深刻地反映了建安时代的社会面貌。如《送应氏二首》,它与曹操的《蒿里行》、王粲的《七哀诗》其一同为"汉末实录"的诗史。同时他也在诗歌中对广大人民的痛苦寄予深深的同情,如《泰山梁甫行》("八方各异气")通过对边海人民苦难生活情景的描写,表达了诗人深挚的同情之心。

在另外的一些诗中,诗人通过对游子思妇的离别相思的描写,反映了时代的动乱。《杂诗六首》是写游子思妇的典型作品。《门有万里客行》是一首叙事诗,写一个漂泊四方的游子萍踪不定,万里作客。从诗人与他的对话中,可以感受到诗人对"万里客"的深切同情。

曹植是个典型的诗人,有着丰富的热烈情感。在他的作品中,有不少是写朋友、兄弟之情的,如《赠徐幹》《送应氏》《野田黄雀行》等,其中《赠白马王彪》是最突出的一篇,哀哀相诉,令人几欲一洒同情之泪!

曹植有不少关涉男女爱情的诗歌。《美女篇》写美女盛年不嫁,好像是写婚姻问题,但最后几句慨叹:"媒氏何所营,玉帛不时安。佳人慕高义,求贤良独难。众人徒嗷嗷,安知彼所观。盛年处房室,中夜起长叹。"其感慨之深,似是以美女求嫁无媒比喻自己报国无路。但是像另外一些诗歌,如《七哀》《闺情》("揽女出中闺")等,完全是哀怨缠绵的情诗。

曹植的诗歌中,有许多诗人直抒其志向的作品。在早期,诗人有建功立业的远大志向,希望干一番轰轰烈烈的大事业。他常说:"君子通大道,无愿为世儒""闲居非吾志,甘心赴国忧""国仇亮不塞,甘心思丧元"。在《白马篇》里他塑造了一个爱国的幽并游侠的英雄形象,在《名都篇》里,诗人对"京洛少年"的"骑射之妙,游骋之乐,而无忧国之心"(《乐府诗集》卷六三)作了深切的批判,表现了诗人自己的爱国激情。但在后期同样表现自己志向理想的作品中,前期那种乐观豪迈的情绪已经荡然无存,取而代之的是壮志难酬的哀怨情调和悲愤难平的心情。《杂诗》其五就是这样的诗。诗人向往着"赴国忧",驰骋万里,去平定东吴,但是渡江无舟,报国无门。一方面是心怀报国之志;另一方面不得不"闲居",这就是诗人晚年时的矛盾,所以他愤愤不平地说:"烈士多悲心,小人偷自闲。"(《杂诗》其六)诗人就是在这种心情中结束了自己壮志未酬的一生。

曹植是建安诗坛上最杰出的诗人,他的诗歌给读者最深刻的印象就是"骨气奇高"和"词采华茂"。所谓"骨气奇高",就是指他的作品有着刚健雄奇的艺术风格,即有所谓的"建安风骨"。例如他的名作《白马篇》,全诗笔力雄健,人物形象鲜明生动,极富感染力。再如《杂诗》其五("仆夫早严驾"),诗中主人公一往无前、义无反顾的形象极为感人。曹植诗歌"词采华茂"在建安诗人中是很明显的。他的《公宴诗》用极其浓丽的句子写出了西园的美景,中间"明月澄清影"以下八句渐趋对偶,"澄""冒""跃""鸣"几个动词也用得十分恰切,提振了全篇的精神力量,体现了曹植诗歌语言修整华丽的特点。

至于曹植的乐府诗,更是在向汉乐府民歌学习的基础上,大大地文人化了。如《美女篇》,就有汉乐府《陌上桑》的影响,但是辞藻华丽,描写手法上也更加讲究章法层次,这些就说明曹植把乐府诗大大地文人化了。

曹植的诗歌还喜欢用比兴,往往借比兴来托寓自己的政治处境,有时全诗用比体。《美女篇》是借美女盛年不嫁比喻自己报国无门;《野田黄雀行》用少年救黄雀比喻自己企图求援临难的友人;《吁嗟篇》以"转蓬"的漂泊无定,比喻自己不得安定的政治处境,都十分贴切。

曹植还写有著名的辞赋《洛神赋》。总之,曹植诗歌的成就是杰出的,其辞藻的华丽和风格的刚健在建安诗坛上无人能比。这两方面对后世诗坛的影响各有不同,辞藻的华丽增强了诗歌的美感,为晋以后诗人追求辞采的形式主义作出了榜样;风格的刚健则激起了后代诗人追慕建安风骨的热情。

三、"建安七子"和女诗人蔡琰

(一)建安七子

"七子"之称初见于曹丕《典论·论文》,指孔融(153—208)、王粲(177—217)、刘桢

（？—217）、阮瑀（约165—212）、陈琳（？—217）、应玚（？—217）和徐幹（171—218）。"七子"之中，孔融年辈较高，政治上反对曹操，在父子的伦理上他公然大反孔孟儒家旧说，被曹操冠以"败伦乱理"的罪名而杀害。其余六人则都是曹氏父子的僚属和邺下文人集团的重要作家。他们都亲身经历了汉末动乱，有一定的政治抱负，因此在创作上表现出一些共同特征。"七子"中以王粲、刘桢成就最为突出。

"七子"的不少诗歌反映了社会的动乱、诗人的理想抱负和遭遇。反映动乱的代表作如王粲的《七哀诗》其一：

西京乱无象，豺虎方遘患。复弃中国去，委身适荆蛮。亲戚对我悲，朋友相追攀。出门无所见，白骨蔽平原。路有饥妇人，抱子弃草间。顾闻号泣声，挥涕独不还："未知身死处，何能两相完？"驱马弃之去，不忍听此言。南登霸陵岸，回首望长安，悟彼下泉人，喟然伤心肝！

清人沈德潜说这首诗是"杜少陵《无家别》《垂老别》诸篇之祖"（《古诗源》卷六）。其他如陈琳的《饮马长城窟行》、阮瑀的《驾出北郭门行》都是有现实性的作品。

表现理想和抱负的，如刘桢的《赠从弟》三首其二：

亭亭山上松，瑟瑟谷中风。风声一何盛，松枝一何劲！冰霜正惨凄，终岁常端正。岂不罹凝寒，松柏有本性。

诗歌托物言志，松柏不怕严寒的品格象征着诗人自己美好刚正的品格，正好看出他"真骨凌霜，高风跨俗"（钟嵘《诗品》）的风格。

（二）蔡琰

蔡琰（177—？），字文姬，陈留圉（今河南杞县）人，汉末著名文学家蔡邕的女儿。自幼博学多才，精通音律，擅长书法。幼年曾随被陷获罪的父亲度过一段亡命流离的岁月。十六岁嫁河东卫仲道，不久，夫死，无子，回娘家居住。汉末军阀混战当中，她被董卓部下所掳，流落到南匈奴，为左贤王妻。在胡生活十二年，生二子。建安十二年（207），曹操统一北方后，派人把她赎回，并令改嫁同郡董祀。蔡琰"感伤乱离，追怀悲愤"，作《悲愤诗》。全诗字字血、声声泪，展示了一幅触目惊心、惨绝人寰的情景，令读者不忍卒读：

卓众来东下，金甲耀日光。平土人脆弱，来兵皆胡羌。猎野围城邑，所向悉破亡。斩截无孑遗，尸骸相撑拒。马边悬男头，马后载妇女。……或有骨肉俱，欲言不敢语。失意机微间，辄言毙降虏。要当以亭刃，我曹不活汝。……欲死不能得，欲生无一可。彼苍者何辜？乃遭此厄祸。

作品以自己亲身经历的悲惨遭遇，深刻揭示了汉末动乱中广大人民特别是妇女的不幸命运。全诗叙事波澜曲折，抒情如泣如诉，有强烈的感染力和隽永的艺术魅力。这是中国诗史上文人创作的第一首自传体长篇五言叙事诗。

另有骚体《悲愤诗》和《胡笳十八拍》均署名蔡琰，疑是后世伪托。

总之，建安文学是文学史上一个辉煌的时代，当然也是诗歌史上一个辉煌的时代。在这个时代里，诗歌、辞赋以及散文都取得了长足的发展。尤其是诗歌，掀起了中国文学史上第一次文人诗的高潮，从此奠定了文人诗的主导地位。

建安文学的辉煌成就，对后来文学艺术的发展也产生了深远的影响。南北朝刘勰和钟嵘反复推崇建安时期的文风；唐陈子昂盛赞"汉魏风骨"，李白有"蓬莱文章建安骨"的诗句；

当代鲁迅先生赞誉道："建安是文学的自觉时代,从这个时候起,人们开始认识到文学有它自身的价值和独立的地位。"

拓展阅读

1.作品赏析

洛神赋（节选）

曹　植

余告之曰:其形也,翩若惊鸿,婉若游龙[1]。荣曜秋菊,华茂春松[2]。髣髴兮若轻云之蔽月,飘飖兮若流风之回雪[3]。远而望之,皎若太阳升朝霞[4];迫而察之,灼若芙蕖出渌波[5]。秾纤得中[6],修短合度[7]。肩若削成,腰如约素[8]。延颈秀项[9],皓质呈露[10]。芳泽无加,铅华不御[11]。云髻峨峨[12],修眉联娟[13]。丹唇外朗,皓齿内鲜[14]。明眸善睐[15],靥辅承权[16]。瓌姿艳逸[17],仪静体闲[18]。柔情绰态[19],媚于语言。奇服旷世[20],骨像应图[21]。披罗衣之璀粲兮[22],珥瑶碧之华琚[23]。戴金翠之首饰[24],缀明珠以耀躯。践远游之文履[25],曳雾绡之轻裾[26]。微幽兰之芳蔼兮[27],步踟蹰于山隅[28]。于是忽焉纵体,以遨以嬉[29]。左倚采旄[30],右荫桂旗[31]。攘皓腕于神浒兮[32],采湍濑之玄芝[33]。

【注释】

[1]"翩若"二句:翩然若惊飞的鸿雁,蜿蜒如游动的蛟龙。翩,鸟疾飞的样子,此处指飘忽摇曳的样子。惊鸿:惊飞的鸿雁。婉:蜿蜒曲折。这两句是写洛神的体态轻盈、婉转。

[2]"荣曜(yào)"二句:容光焕发如秋日下的菊花,体态丰茂如春风中的松树。荣:丰盛。曜:日光照耀。华茂:华美茂盛。这两句是写洛神容光焕发、充满生气。

[3]"髣髴"二句:时隐时现像轻云遮住月亮,浮动飘忽似回风旋舞雪花。髣髴:若隐若现的样子。飘飖:飞翔貌。回:回旋,旋转。这两句是写洛神的体态婀娜,行动飘忽。

[4]皎:洁白光亮。太阳升朝霞:太阳升起于朝霞之中。

[5]迫:靠近。灼:鲜明,鲜艳。芙蕖:一作"芙蓉",荷花。渌(lù):水清貌。以上两句是说,不论远远凝望还是靠近观看,洛神都是姿容绝艳。

[6]秾:花木繁盛,此处指人体丰腴。纤:细小,此处指人体苗条。

[7]修短:长短,高矮。以上两句是说洛神的高矮肥瘦都恰到好处。

[8]"肩若"二句:肩窄如削,腰细如束。削成:形容两肩瘦削下垂的样子。约素:一束白绢。素:白细丝织品。这两句是写洛神的肩膀和腰肢线条圆美。

[9]延、秀:均指长。颈:脖子的前部。项:脖子的后部。

[10]皓:洁白。呈露:显现,外露。

[11]"芳泽"二句:既不施脂,也不敷粉。泽:润肤的油脂。铅华:粉。古代烧铅成粉,故称铅华。不御:不施。御:用。

[12]云髻:发髻如云。峨峨:高耸貌。

[13]联娟:微曲貌。

[14]"丹唇"二句:红唇鲜润,牙齿洁白。朗:明润。鲜:光洁。

[15]眸:目中瞳子。睐(lài):顾盼。

[16]靥(yè):酒窝。辅:面颊。承权:在颧骨之下。权,颧骨。

[17]瑰:同"瑰",奇妙。艳逸:艳丽飘逸。

[18]仪:仪态。闲:娴雅。

[19]绰:绰约,美好。

[20]奇服:奇丽的服饰。旷世:举世唯有。旷:空。

[21]骨像:骨骼形貌。应图:指与画中人相当。

[22]璀粲:鲜明貌。一说为衣动的声音。

[23]珥:珠玉耳饰,此处用作动词,作佩戴解。瑶、碧:均为美玉。华琚:刻有花纹的佩玉。琚:佩玉名。

[24]翠:翡翠。首饰:指钗簪一类饰物。

[25]践:穿,着。远游:鞋名。文履:饰有花纹图案的鞋。

[26]曳:拖。雾绡:轻薄如雾的绡。绡:生丝。裙:裙边。

[27]微:轻微。芳蔼:香气。

[28]踟蹰:徘徊。隅:角。

[29]"于是"二句:忽然又飘然轻举,且行且戏。纵体:身体轻举貌。遨:游。

[30]采旄(máo):彩旗。采:同"彩"。旄:旗杆上的旄牛尾饰物,此处指旗。

[31]桂旗:以桂木做旗杆的旗,形容旗的华美。

[32]攘:此指挽袖伸出。神浒:为神所游之水边之地。浒:水边泽畔。

[33]湍濑:石上急流。玄芝:黑色芝草,相传为神草。

【评析】

《洛神赋》为曹植辞赋中的杰出作品。作者以浪漫主义的手法,通过梦幻的境界,描写人神之间的真挚爱情,但终因"人神殊途"无从结合而惆怅分离。

选段以一连串生动奇逸的比喻,对洛神初临时的情状作了精彩纷呈的形容:"其形也,翩若惊鸿,婉若游龙,荣曜秋菊,华茂春松。仿佛兮若轻云之蔽月,飘飖兮若流风之回雪。远而望之,皎若太阳升朝霞;迫而察之,灼若芙蓉出渌波。"其形象之鲜明、色彩之艳丽,令人目不暇接。其中,"翩若惊鸿,婉若游龙"尤为传神地展现了洛神飘然而至的风姿神韵。它与下面的"轻云之蔽月"和"流风之回雪",都从姿态方面给人以轻盈、飘逸、流转、绰约的动感;而"秋菊""春松"与"太阳升朝霞"和"芙蓉出渌波",则从容貌方面给人以明丽、清朗、华艳、妖冶的色感。这种动感与色感彼此交错和互相渗透,织成了一幅流光溢彩的神奇景象。在这种由反复比喻营造的强烈艺术效果的基础上,作者进一步使用传统手法,对洛神的体态、容貌、服饰和举止进行了细致的刻画。这位宓羲氏之女身材适中,垂肩束腰,丽质天生,不假粉饰;她云髻修眉,唇齿鲜润,明眸隐靥,容光焕发;加之罗衣灿烂,佩玉凝碧,明珠闪烁,轻裾拂动,更显得"瑰姿艳逸,仪静体闲"。作者的这些描绘,使人联想起《诗经》中对卫庄公夫人庄姜的赞美:"手如柔荑,肤如凝脂,领如蝤蛴,齿如瓠犀,螓首蛾眉,巧笑倩兮,美目盼兮"(《卫风·硕人》);也使人联想起宋玉对东邻女的称道:"增之一分则太长,减之一分则太短,著粉则太白,施朱则太赤"(《登徒子好色赋》)。作者显然受了他们的影响,但是他比前人更重视表现人物的动态美。

2.佳句欣赏

秋风萧瑟天气凉,草木摇落露为霜。

——曹丕《燕歌行》

男儿宁当格斗死,何能怫郁筑长城。

——陈琳《饮马长城窟行》

征夫心多怀,凄凄令吾悲。

——王粲《从军诗》

亭亭山上松,瑟瑟谷中风。风声一何盛,松枝一何劲!

——刘桢《赠从弟》

老骥伏枥,志在千里。烈士暮年,壮心不已。

——曹操《龟虽寿》

白骨露于野,千里无鸡鸣。

——曹操《蒿里行》

丹霞夹明月,华星出云间。

——曹丕《芙蓉池》

顾盼遗光彩,长啸气若兰。行徒用息驾,休者以忘餐。

——曹植《美女篇》

控弦破左的,右发摧月支。仰手接飞猱,俯身散马蹄。

——曹植《白马篇》

迅风拂裳袂,白露沾衣襟。独夜不能寐,摄衣起抚琴。丝桐感人情,为我发悲音。

——王粲《七哀诗》

探究思考

1.简述"建安风骨"的特点。

2.简述建安文学的成就。

3.推荐阅读:曹丕《燕歌行》、曹植《白马篇》、蔡琰《悲愤诗》。

知识链接

遥远的绝响(节选)

余秋雨

(1)

对于那个时代、那些人物,我一直不敢动笔。

岂止不敢动笔,我甚至不敢逼视,不敢谛听。有时,我怀疑他们是否真的存在过。如果不予怀疑,那么我就必须怀疑其他许多时代的许多人物。我曾暗自判断,倘若他们真的存在过,也不能代表中国。但当我每次面对世界文明史上那些让我们汗颜的篇章时,却总想把有关他们的那些故事告诉异邦朋友。异邦朋友能真正听懂这些故事吗?好像很难。因此也唯有这些故事能代表中国。能代表中国却又在中国显得奇罕和落寞,这是他们的毛病还是中

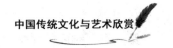

国的毛病? 我不知道。

像一阵怪异的风,早就吹过去了,却让整个大地保留着对它的惊恐和记忆。连历代语言学家赠送给它的词汇都少不了一个"风"字:风流、风度、风神、风情、风姿……确实,那是一阵怪异的风。

说到这里读者已经明白,我是在讲魏晋。

我之所以一直躲避着它,是因为它太伤我的精神。那是另外一个心灵世界和人格天地,即便仅仅是仰望一下,也会对比出我们所习惯的一切的平庸。平庸既然已经习惯也就会带来安定,安安定定地谈论着自己的心力能够驾驭的各种文化现象似乎已成为我们的职业和使命。有时也疑惑,既然自己的心力能够驾驭,再谈来谈去又有什么意义? 但真要让我进入一种震惊和陌生,依我的脾性和年龄,毕竟会却步、迟疑。

半年前与一位研究生闲谈,不期然地谈到了中国文化中堪称"风流"的一脉,我突然向他提起前人的一种说法:能称得上真风流的,是"魏晋人物晚唐诗"。这位研究生眼睛一亮,似深有所悟。我带的研究生,有好几位在报考前就是大学教师,文化功底不薄,因此以后几次见面,魏晋人物就成了一个甩不开的话题。每次谈到,心中总有一种异样的涌动,但每次都谈不透。

前不久收到台湾某大学副教授唐冀明博士赐赠的大作《魏晋清谈》,唐先生在书的扉页上写道,他在台北读到我的一本书,"惊喜异常,以为正始之音复闻于今"。唐先生所谓"正始之音",便是指魏晋名士在正始年间的淋漓玄谈。唐先生当然是过奖,但我捧着他的题词不禁呆想:或许不知什么时候,我们已经与自己所惊恐的对象产生了默默的交流。

那么,干脆让我们稍稍进入一下吧。我在书桌前直了直腰,定定神,轻轻铺开稿纸。没有哪一篇文章使我如此拘谨过。

(2)

这是一个真正的乱世。

出现过一批名副其实的铁血英雄,播扬过一种烈烈扬扬的生命意志,普及过"成者为王,败者为寇"的政治逻辑,即便是再冷僻的陋巷荒陌,也因震慑、崇拜、窥测、兴奋而变得炯炯有神。突然,英雄们相继谢世了,英雄和英雄之间龙争虎斗了大半辈子,他们的年龄大致相仿,因此也总是在差不多的时间离开人间。像骤然挣脱了条条绷紧的绳索,历史一下子变得轻松,却又剧烈摇晃起来。英雄们留下的激情还在,后代还在,部下还在,亲信还在,但统制这一切的巨手却已在阴暗的墓穴里枯萎;与此同时,过去被英雄们的伟力所掩盖和制服着的各种社会力量又猛然涌起,为自己争夺权力和地位。这两种力量的冲撞,与过去英雄们的威严抗衡相比,低了好几个社会价值等级。于是,宏谋远图不见了,壮丽的鏖战不见了,历史的诗情不见了,代之以明争暗斗、上下其手、投机取巧,代之以权术、策反、谋害。当初的英雄们也会玩弄这一切,但玩弄仅止于玩弄,他们的奋斗主题仍然是响亮而富于人格魅力的。当英雄们逝去之后,手段性的一切成了主题,历史失去了放得到桌面上来的精神魂魄,进入到一种无序状态。专制的有序会酿造黑暗,混乱的无序也会酿造黑暗。我们习惯所说的乱世,就是指无序的黑暗。

魏晋,就是这样一个无序和黑暗的"后英雄时期"。

曹操总算是个强悍的英雄了吧,但正如他自己所说:"神龟虽寿,犹有竟时,腾蛇乘雾,终为土灰"，六十六岁便撒手尘寰。照理，他有二十五个儿子，其中包括才华横溢的曹丕和曹植，应该可以放心地延续一代代的曹氏基业了，但众所周知，事情刚到曹丕、曹植两位亲兄弟身上就已经闹得连旁人看了也十分心酸的地步，哪有更多的力量来对付家族外部的政治对手？没隔多久，司马氏集团战胜了曹氏集团，曹操的功业完全灰飞烟灭。这中间，最可怜的是那些或多或少有点政治热情的文人名士了，他们最容易被英雄人格所吸引，何况这些英雄及他们的家族中有一些人本身就是文采斐然的大知识分子，在周围自然而然地形成了文人集团，等到政治斗争一激烈，这些文人名士便纷纷成了刀下之鬼，比政治家死得更多、更惨。

我一直在想，为什么在魏晋乱世，文人名士的生命会如此不值钱。思考的结果是：看似不值钱恰恰是因为太值钱。当时的文人名士，有很大一部分人承袭了春秋战国和秦汉以来的哲学、社会学、政治学、军事学思想，无论在实际的智能水平还是在广泛的社会声望上都能有力地辅佐各个政治集团。因此，争取他们，往往关及政治集团的品位和成败；杀戮他们，则是因为确确实实地害怕他们，提防他们为其他政治集团效力。

相比之下，当初被秦始皇所坑的儒生，作为知识分子的个体人格形象还比较模糊，而到了魏晋时期被杀的知识分子，无论在哪一个方面都不一样了。他们早已是真正的名人，姓氏、事迹、品格、声誉，都随着他们的鲜血，渗入中华大地，渗入文明史册。文化的惨痛，莫过于此；历史的恐怖，莫过于此。

何晏，玄学的创始人、哲学家、诗人、谋士，被杀；

张华，政治家、诗人、《博物志》的作者，被杀；

潘岳，与陆机齐名的诗人，中国古代最著名的美男子，被杀；

谢灵运，中国古代山水诗的鼻祖，直到今天还有很多名句活在人们口边的横跨千年的第一流诗人，被杀；

范晔，写成了煌煌史学巨著《后汉书》的杰出历史学家，被杀；

……

这个名单可以开得很长。置他们于死地的罪名很多，而能够解救他们、为他们辩护的人却一个也找不到。对他们的死，大家都十分漠然，也许有几天曾成为谈资，但浓重的杀气压在四周，谁也不敢多谈。待到事过境迁，新的纷乱又杂陈在人们眼前，翻旧账的兴趣早已索然。于是，在中国古代，文化名人的成批被杀历来引不起太大的社会波澜，连后代史册写到这些事情时的笔调也平静得如古井静水。

真正无法平静的，是血泊边上低眉躲开的那些侥幸存活的名士。吓坏了一批，吓得庸俗了，胆怯了，圆滑了，变节了，噤口了，这是自然的，人很脆弱，从肢体结构到神经系统都是这样，不能深责；但毕竟还有一些人从惊吓中回过神来，重新思考哲学、历史以及生命的存在方式，于是，一种独特的人生风范，便从黑暗、混乱、血腥的挤压中飘然而出。

……

然而，为什么这个时代、这批人物、这些绝响，老是让我们割舍不下？我想，这些在生命的边界线上艰难跋涉的人物似乎为整部中国文化史作了某种悲剧性的人格奠基。他们追慕宁静而浑身焦灼，他们力求圆通而处处分裂，他们以昂贵的生命代价，第一次标示出一种自觉的文化人格。在他们的血统系列上，未必有直接的传代者，但中国的审美文化从他们的精神酷刑中开始屹然自立。在嵇康、阮籍去世之后的百年间，大书法家王羲之、大画家顾恺之、大诗人陶渊明相继出现,两百年后,大文论家刘勰、钟嵘也相继诞生,如果把视野再拓宽一点,这期间,化学家葛洪、天文学家兼数学家祖冲之、地理学家郦道元等大科学家也一一涌现,这些人,在各自的领域几乎都称得上是开天辟地的巨匠。魏晋名士们的焦灼挣扎,开拓了中国知识分子自在而又自为的一方心灵秘土,文明的成果就是从这方心灵秘土中蓬勃地生长出来的。以后各个门类的千年传代,也都与此有关。但是,当文明的成果逐代繁衍之后,当年精神开拓者们的奇异形象却难以复见。嵇康、阮籍他们在后代眼中越来越显得陌生和乖戾,陌生得像非人,乖戾得像神怪。

有过他们,是中国文化的幸运,失落他们,是中国文化的遗憾。

一切都难以弥补了。

我想,时至今日,我们勉强能对他们说的亲近话只有一句当代熟语:不在乎天长地久,只在乎曾经拥有。

我们,曾经拥有!

教学任务5　田园山水——陶、谢之诗

《诗经》和《楚辞》作为秦汉前汉族诗歌的两座高峰,已有大量自然景象描写,如"关雎""桃花"(《诗经》)、"薄荷""挚鸟"(《楚辞》)等,它们或者是作为比兴之媒介,或是作为比德之物,本身并不具备审美的价值。诸如"昔我往矣,杨柳依依;今我来思,雨雪霏霏""袅袅兮秋风,洞庭波兮木叶下"这样的写景佳句,也只是作为人事活动的一种背景而出现,起的是艺术媒介的作用,自身还不是一种独立的审美对象。在《诗经》《楚辞》所经历的漫长年代,还没有出现一首以专门描写自然山水为主要内容的诗篇。两汉数百年,乐府五言诗,特别是"铺采摘文"的辞赋,也有了较多的自然风光描写。但魏晋之前,汉族诗歌的内容都是与人本身有关的生存、欲望、政治、战争等,自然风光还是未被人识的一块天然璞玉。

真正将自然山水作为一种独立的审美对象,诗人以自然山水为题材写诗,则始于魏晋六朝。魏晋六朝,一个干戈纷扰,政治紊乱,经学衰落,玄学盛行,思想开放,人性觉醒的时代,走马灯似的王朝更迭和杀夺,人命危浅、朝不保夕的恐怖和悲哀,使得许多具有觉醒意识的诗人,包括公卿身份的诗人,产生了"膏火自煎熬,多财为患害,布衣可终身,宠禄焉足赖"(阮籍《咏怀》)这样的认识。他们为了全身远祸,不得不离开动荡的政治,藏身匿迹于山泉林木之间,希企逸隐之风一时大炽。魏末晋初诗坛,山水田园诗已逐渐增多,在嵇康、张华、左思、郭璞等人的诗篇中,便出现了"白云停阴冈,丹葩曜阳林。石泉漱琼瑶,纤鳞亦浮沉"(左思《拈隐诗》)。山水田园诗又经过了五言诗的曲折经历,到了晋宋时代,终以陶渊明、谢灵运这两位大诗人的出现而在诗国确立了自己的地位。

陶渊明等诗人形成东晋田园诗派,谢灵运等诗人形成南朝山水诗派。诗人们以山水田园为审美对象,把细腻的笔触投向静谧的山林,悠闲的田野,创造出一种田园牧歌式的生活,借以表达对现实的不满,对宁静平和生活的向往。

一、田园诗宗——陶渊明

陶渊明(352或365—427),字元亮,又名潜,私谥"靖节",世称靖节先生。浔阳柴桑人,东晋末至南朝宋初期伟大的诗人、辞赋家。曾任江州祭酒、建威参军、镇军参军、彭泽县令等职，最末一次出仕为彭泽县令，八十多天后便弃职而去，从此归隐田园。他是中国第一位田园诗人，被称为"古今隐逸诗人之宗"，著有《陶渊明集》，相关作品如《饮酒》《归园田居》《桃花源记》《五柳先生传》《归去来兮辞》等都脍炙人口。

图 1-5-1　陶渊明

陶渊明作为山水田园派开宗立派的诗人，深受玄学思潮的影响。陶诗中的玄旨和理趣，不只表现在诗中多有饱含人生经验的理悟，更重要的是那种玄旨就渗透在诗中"此中有真意"的田园画面上。陶诗以自然为审美对象，并崇尚自然，但是追求的不是外物自身，而是心灵之趣。他的诗，是写意，而不是摹象。陶渊明原本是飞翔于田园的慧鸟，至情至性，自由自在是他的本性。因性真直率，故做不了污浊世态下的好官，一旦脱离樊笼，复返自然，喜庆之情，不能自已。《归园田居》(五首)、《移居》(二首)活脱脱勾勒出一个超然物外，悠闲、适性的伟大诗人。透过晨雾暮霭，他葛衣芒鞋，荷锄走来。简朴的居处，平常的村落，作者却以十分欣赏的口吻一一道来，甘于淡泊，守拙归真。诗人率真的心性和卓尔的气节，犹如芰荷滚露，月白风清。他的田园诗，是他人格精神的外化，所以，他写景物重在写意，只追求平和悠闲的心境与冲淡朴素的物境的融合，显露着浑然天成的大境界。写诗，对他来说只是那种"旷而且真"的情怀的自然流露。苏东坡说："陶渊明意不在诗，诗以寄其意耳。"元好问也说："此翁岂作诗，直写胸中天。"

陶渊明的田园诗数量最多，成就最高。这类诗充分表现了诗人守志不阿的高尚节操；充分表现了诗人对淳朴的田园生活的热爱，对劳动的认识和对劳动人民的友好感情；充分表现了诗人对理想世界的追求和向往。作为一个文人士大夫，这样的思想感情，这样的内容，出现在文学史上，是前所未有的，尤其是在门阀制度和观念森严的社会里显得特别可贵。陶渊明的田园诗中也有一些是反映自己晚年困顿状况的，可使读者间接地了解到当时农民阶级的悲惨生活。

陶渊明是田园诗的开创者。他的田园诗以纯朴自然的语言、高远拔俗的意境，为中国诗坛开辟了新天地，并直接影响到唐代田园诗派。在他的田园诗中，随处可见的是他对污浊现实的厌烦和对恬静的田园生活的热爱。因为有实际劳动经验，所以他的诗中洋溢着劳动者的喜悦，表现出只有劳动者才能感受到的思想感情，如《归园田居》第三首就是有力的证明，这也正是他的田园诗的进步之处。

陶渊明的田园诗善于以白描及写意手法勾勒景物、点染环境，意境浑融高远又富含理趣。语言精工本色，朴素真率，笔调疏淡，风韵深厚。对后来的唐宋诗人有很大的影响。杜甫诗云："宽心应是酒，遣兴莫过诗，此意陶潜解，吾生后汝期。"宋代诗人苏东坡对陶潜有很高的评价："渊明诗初看似散缓，熟看有奇句。……大率才高意远，则所寓得其妙，造语精到之至，遂能如此。似大匠运斤，不见斧凿之痕。"苏东坡更作《和陶止酒》《和陶连雨独饮二首》等 109 篇和陶诗，可见陶渊明对苏东坡影响之深。

二、山水诗祖——谢灵运

谢灵运(385—433)，原名公义，字灵运，小名客儿，世称谢客，以字行于世。南北朝时期

图 1-5-2　谢灵运

杰出的诗人、文学家、旅行家。祖籍陈郡阳夏(今河南太康县),生于会稽始宁(今绍兴市嵊州市)。出身陈郡谢氏,为东晋名将谢玄之孙、秘书郎谢瑍之子。东晋时世袭为康乐公,世称谢康乐。曾出任大司马行军参军、抚军将军记室参军、太尉参军等职。刘宋代晋后,降封康乐侯,历任永嘉太守、秘书监、临川内史,元嘉十年(433)被宋文帝刘义隆以"叛逆"罪名杀害,时年四十九岁。

谢灵运少即好学,博览群书,工诗善文。其诗与颜延之齐名,并称"颜谢",开创了中国文学史上的山水诗派。他还兼通史学,擅书法,曾翻译外来佛经,并奉诏撰《晋书》。最著名的作品是《山居赋》,明人辑有《谢康乐集》。

如果说陶渊明开寄意田园山水之先河,与陶同时代而稍后的谢灵运则开模山范水、雕镂字句的先河,创南朝的一代新风。谢灵运的山水诗,把自然界的美景引进诗中,使山水成为独立的审美对象。他的创作,不仅把诗歌从"淡乎寡味"的玄理中解放了出来,而且加强了诗歌的艺术技巧和表现力,并影响了一代诗风。

谢诗大部分是他任永嘉太守以后所写。这些诗,以富丽精工的语言,生动细致地描绘了永嘉、会稽、彭蠡湖等地的自然景色。其主要特点是鲜丽清新,如《南史·颜延之传》载:"延之尝问鲍照己与灵运优劣,照曰:'谢五言如初发芙蓉,自然可爱;君诗若铺锦列绣,亦雕缋满眼。'"此外,汤惠休说:"谢诗如芙蓉出水,颜如错采镂金";钟嵘说谢诗"名章迥句,处处间起;典丽新声,络绎奔会";萧纲也说:"谢客吐语天拔,出于自然。"

同时山姿水态在谢诗中占据了主要的地位,"极貌以写物"(刘勰《文心雕龙·明诗》)和"尚巧似"(钟嵘《诗品》上)成为其主要的艺术追求。他尽量捕捉山水景物的客观美,不肯放过寓目的每一个细节,并不遗余力地勾勒描绘,力图把它们一一真实地再现出来。如其《入彭蠡湖口》,对自然景物的观察与体验十分细致,刻画也相当精妙,描摹动态的"回合""崩奔"、月下哀狁的悲鸣之声、"绿野秀"与"白云屯"那鲜丽的色彩搭配,无不给人以深刻的印象。其《于南山往北山经湖中瞻眺》一诗,关于山水景物的描摹更是细致入微。

谢灵运的山水诗句秀辞巧,如善于调度语言的匠师,往往一字而传山水情态,在提炼诗意,感悟语言方面有过人的才气,这一点连李白也佩服之至。特别是谢灵运的那些垂范后世的佳句,无不显示着高超的描摹技巧,其语言工整精练,境界清新自然,犹如一幅幅鲜明的图画,从不同的角度向人们展示着大自然的美。如"林壑敛暝色,云霞收夕霏"(《石壁精舍还湖中作》)"乱流趋正绝,孤屿媚中川"(《登江山孤屿》)"白云抱幽石,绿篠媚清连"(《过始宁墅》)"春晚绿野秀,岩高白云屯"(《入澎蠡湖口》)"野旷河岸净,天高秋月明"(《初去郡》),尤其是"池塘生春草"更是意象清新,浑然天成,深得后人激赏。从这一点上看,谢灵运是绝对灵慧的,观察事物十分精微,驾驭语言的能力十分高超,山水风光,经他妙手剪辑,即刻制成了流光溢彩的清丽画面,因而在魏晋时代汉族诗歌中独树一帜,令后人有"谢诗如新发芙蓉,自然可爱"之说。

从陶渊明到谢灵运的诗风转变,正是反映了两代诗风的嬗递。如果说陶渊明是结束了一代诗风的集大成者的话,那么谢灵运就是开启了一代新诗风的首创者。在谢灵运大力创作山水诗的过程中,为了适应表现新的题材内容和新的审美情趣,出现了"情必极貌以写物,辞必穷力而追新"和"性情渐隐,声色大开"的新特征。这一新的特征乃是伴随着山水诗的发展而出现的创新现象。这新的特征成为"诗运转关"的关键因素,它深深地影响着南朝一代诗风,成为南朝诗风的主流。而且这种诗风对后来盛唐诗风的形成也有着十分积极的意义。自谢灵运之后,山水诗在南朝成为一种独立的诗歌题材,并日渐兴盛。

拓展阅读

1.作品赏析

（1）

时运 并序

陶渊明

时运,游暮春也。春服既成[1],景物斯和[2]。偶景独游[3],欣慨交心[4]。

迈迈时运[5],穆穆良朝[6]。袭我春服[7],薄言东郊[8]。山涤馀霭,宇暧微霄[9]。有风自南,翼彼新苗[10]。

洋洋平泽,乃漱乃濯[11]。邈邈遐景,载欣载瞩[12]。称心而言,人亦易足[13]。挥兹一觞[14],陶然自乐。

延目中流,悠悠清沂[15]。童冠齐业[16],闲咏以归。我爱其静,寤寐交挥[17]。但恨殊世[18],邈不可追[19]。

斯晨斯夕,言息其庐。花药分列,林竹翳如[20]。清琴横床,浊酒半壶。黄唐莫逮,慨独在余[21]。

【题解】

"时运",指春、夏、秋、冬四季之运行。《庄子·知北游》:"阴阳四时运行,各得其序。"《大戴礼》:"故仰则观天文,俯则察地理,前视则睹鸾和之声,侧听则观四时之运。""时运"二字本此。此诗仿《诗》体例,取首句中二字为题。

【注释】

[1]春服既成:春服已经穿定,气候确已转暖。《论语·先进》:"暮春者,春服既成。冠者五六人,童子六七人,浴乎沂,风乎舞雩,咏而归。"成:定。《国语·吴语》:"吴晋争长未成。"注:"成,定也。"

[2]斯:句中连词。和:和睦。

[3]景:同"影"。偶景:以自己的身影为伴,表示孤独。张华《相风赋》:"超无返而特存,差偶景而为邻。"王胡之《赠庾翼》诗:"回驾蓬庐,独游偶影。"

[4]欣慨交心:欣喜与慨叹两种感情交汇于心。王胡之《释奠表》:"仰望云汉,俯枕欣慨。"

[5]迈迈:行而复行,此言四时不断运行。夏侯湛《庄周赞》:"迈迈庄周,腾世独游。"

图 1-5-3 《时运 并序》

[6]穆穆：和美的样子。嵇康《赠秀才入军》："穆穆惠风,扇波轻尘。"

[7]袭：衣加于外。《文选》潘岳《籍田赋》："袭春服之蓑蓑兮。"

[8]薄：迫,近。《左传·文公十二年》："薄诸河。"言：语气助词。郗昙《兰亭诗》："薄言游近郊。"

[9]山涤馀霭,宇暧微霄：意为青山从朝雾中显现,天空罩上了一层薄云。霭：云翳。宇：《淮南子·齐俗训》："四方上下谓之宇。"暧：遮蔽。霄：云气。

[10]翼波新苗：意为南风吹拂新苗,宛若使之张开翅膀。翼：名词用作动词。

[11]洋洋：水盛大貌。《诗经·卫风·硕人》："河水洋洋。"平泽：涨满水的湖泊。漱、濯：洗涤。《孟子·离娄》："有孺子歌曰：'沧浪之水清兮,可以濯我缨;沧浪之水浊兮,可以濯我足。'"

[12]邈邈遐景,载欣载瞩：意为眺望远景心里感到欣喜。邈邈：远貌。遐景：远景。载：语气助词。

[13]称(chèn)心而言,人亦易足：意为就本心而论,人的需求也容易满足。称：相适应,符合。《国语·晋语六》："称晋之德",韦昭注："称,副也。"《左传·襄公二十七年》："服美不称,必以恶终。"称心：犹与心相副。此犹《庄子·逍遥游》所谓："鹪鹩巢于深林,不过一枝;偃鼠饮河,不过满腹。"

[14]挥兹一觞：意为举觞饮酒。《还旧居》："一觞聊可挥",义同。

[15]延目中流,悠悠清沂：意为当此延目中流之际,平泽忽如鲁地之沂水。言外之意,向注曾点所言之生活。延目：放眼远望。中流：此指平泽的中央。沂：河名,源出山东东南部。悠悠：形容水流之悠长。

[16]童冠：童子与冠者,未成年者与年满二十者。齐业：课业完成。齐,通"济"。《荀子·王霸》："以国齐义,一日而白,汤武是也。"杨倞注："齐,当为济,以一国皆取济于义。"《尔雅·释言》："济,成也。"

[17]我爱其静,寤寐交挥：意为我爱曾点之静,不论日夜皆向注不已,奋而求之也。"静"乃儒家所谓仁者之性格。《论语·雍也》："子曰：'知者乐水,仁者乐山。知者动,仁者静。知者乐,仁者寿。'"汤汉注："静之为言,谓其无外慕也,亦庶乎知浴沂者之心矣。"寤：醒时。寐：睡时。《诗经·周南·关雎》："寤寐求之。"交：《小尔雅·广言》："俱也。"挥：《说文》："奋也。"

[18]殊世：不同时代。

[19]追：追随。

[20]翳(yì)如：犹翳然,隐蔽貌。

[21]黄：黄帝。唐：尧。莫逮：未及。渊明《赠羊长史》："愚生三季后,慨然念黄虞。"

【评析】

这首诗模仿《诗经》的格式,用四言体,诗题取首句中的两个字,诗前有小序,点明全篇的宗旨。诗前小序的大意是：暮春时节,景物融合,独自出游,唯有身影相伴,欣喜感慨,交杂于心。全诗四章,一章出游,二章所见,三章所思,四章归庐。恰是前二章说欣喜之情,后二章叙感伤之意。独游时心与景融,陶然自乐;乐中又有不得与古人相交之慨叹。暮春之景,隐居之乐,怀古之情,浑然交融,渊明之性情与人格毕现。

这首诗表现的情绪、蕴含的内容是复杂而深厚的。诗人从寄情自然中获得欣慰,但仍不能忘怀世情,摆脱现实的压迫。他幻想一个太平社会,一个灵魂没有负荷的世界,却又明知道不可能得到,所以说到底他还是痛苦的。但无论是欢欣还是痛苦,诗中表现得都很平淡,语言也毫无着意雕饰之处。陶渊明追求的人格,是真诚冲和,不喜不惧;所追求的社会,是各得其所,怡然自乐,因而在他的诗歌中,就形成了一种冲淡自然、平和闲远的独特风格。任何过于夸张,过于强烈的表现,都会破坏这种纯和的美,这是陶渊明所不取的。

(2)

石壁精舍还湖中作
谢灵运

昏旦[1]变气候,山水含清晖。

清晖能娱人[2],游子憺忘归。

出谷日尚早,入舟阳已微[3]。

林壑[4]敛暝色,云霞收夕霏。

芰[5]荷迭映蔚,蒲稗[6]相因依。

披拂[7]趋南径,愉悦偃东扉。

虑澹[8]物自轻,意惬[9]理无违。

寄言摄生客[10],试用此道推。

图 1-5-4　石壁精舍还湖中作

【注释】

[1]昏旦:傍晚和清晨。清晖:指山光水色。

[2]娱人:使人喜悦。憺(dàn):安闲舒适。这两句出于屈原《九歌·东君》:"羌声色兮娱人,观者憺兮忘归",意思是说山光水色使诗人心旷神怡,以至乐而忘返。

[3]入舟阳已微:是说乘舟渡湖时天色已晚。

[4]林壑:树林和山谷。敛:收拢、聚集。暝色:暮色。霏:云飞貌。这两句是说森林山谷之间到处是一片暮色,飞动的云霞已经不见了。

[5]芰(jì):菱。这句是说湖中芰荷绿叶繁盛、互相映照着。

[6]蒲稗(bài):菖蒲和稗草。这句是说水边菖蒲和稗草很茂密,交杂生长在一起。

[7]披拂:用手拨开草木。偃(yǎn):仰卧。扉(fēi):门。"愉悦"句的意思是:愉快地偃息在东轩之内。

[8]澹(dàn):同"淡"。这句是说个人得失的考虑淡泊了,自然就会把一切都看得很轻。

[9]意惬(qiè):心满意足。理:指养生的道理。这句是说内心感到满足,就不违背养生之道。

[10]摄生客:探求养生之道的人。此道:指上面"虑澹""意惬"两句所讲的道理。

【评析】

宋少帝景平元年(423)秋,诗人辞去了永嘉太守的职务,回到故乡始宁县的庄园中。这首诗就是描写诗人徜徉于故乡山水间的情景。诗人从早出至晚归,游赏山水终日,景然变化甚多,却总结为"清晖"二字。其后便着力描写黄昏时分湖光山色的景致:落日斜辉、暮色苍茫、晚霞聚集,万物生命在此柔和与朦胧的光照下顺然生长。

首先，全诗结构绵密，紧扣题中一个"还"字，写一天的行踪，从石壁—湖中—家中，秩序井然。但工笔重点描绘的是傍晚湖景，因而前面几句只从总体上虚写感受。尽管时空跨度很大，但因虚实详略得当，故毫无流水账的累赘之感。其次，全诗熔情、景、理于一炉，前两层虽是写景，但皆能寓情于景，景中含情。结尾议论，正是"愉悦"之情的理性升华，仿佛水到渠成，势所必然。前人赞其"舒情缀景，畅达理旨，三者兼长，洵堪睥睨一世"（黄子云《野鸿诗的》），信非溢美。全诗充满了明朗奔放的喜悦情调，确如"东海扬帆，风日流丽"（《敖陶孙诗评》）。难怪连大诗人李白也喜欢引用此诗佳句："故人赠我我不违，著令山水含清晖。顿惊谢康乐，诗兴生我衣。襟前林壑敛暝色，袖上云霞收夕霏"（《酬殷明佐见赠五云裘歌》），即此亦可见其影响之一斑。

2.佳句欣赏

丈夫志四海，我愿不知老。

——陶渊明《杂诗·丈夫志四海》

盛年不重来，一日难再晨。及时当勉励，岁月不待人。

——陶渊明《杂诗一》

好读书，不求甚解；每有会意，便欣然忘食。

——陶渊明《五柳先生传》

春秋满四泽，夏云多奇峰，秋月扬明辉，冬岭秀孤松。

——陶渊明《四季》

池塘生春草，园柳变鸣禽。

——谢灵运《登池上楼》

野旷沙岸净，天高秋月明。

——谢灵运《初去郡》

春晚绿野秀，岩高白云屯。

——谢灵运《入彭蠡湖口》

明月照积雪，朔风劲且哀。

——谢灵运《岁暮》

密林含余清，远峰隐半规。

——谢灵运《游南亭》

探究思考

1.陶渊明的许多作品当中都出现了菊花这一意象，请同学们课后查阅相关资料找找陶渊明诗中写到菊花的句子。

2.谢灵运的山水诗体现出"情必极貌以写物，辞必穷力而追新"的特点，请同学们试着去体味谢诗中的这种新特征。

3.推荐阅读：陶渊明《归园田居五首》。

知识链接

玄学

　　玄学，中国魏晋时期出现的一种崇尚老庄的思潮，一般特指魏晋玄学。玄学又称新道家，是对《老子》《庄子》和《周易》的研究和解说，产生于魏晋。其思潮持续时间自汉末起至宋朝中叶结束。与世俗所谓玄学、玄虚实有不同。"玄"这一概念，最早出现于《老子》："玄之又玄，众妙之门。"扬雄也讲玄，他在《太玄·玄摛》中说："玄者，幽摛万类，不见形者也。"王弼《老子指略》说："玄，谓之深者也。"玄学即是研究幽深玄远问题的学说。魏晋时人推崇《老子》《庄子》和《周易》，称之为"三玄"。玄学以《老子》的"无为"之论，《庄子》蔑视礼法的态度和《周易》的神秘主义合为主旨，以道解易又符合先秦两汉道家易思想。《老子》又称《道德经》，《庄子》又称《南华经》，此二书又被称为"玄宗"。

　　魏晋之际，玄学的含义是指立言与行事两个方面，并多以立言玄妙，行事雅远为玄远旷达。"玄远"，指远离具体事物，专门讨论"超言绝象"的本体论问题。因此，浮虚、玄虚、玄远之学可通称为玄学。魏晋玄学的主要代表人物有何晏、王弼、阮籍、嵇康、向秀、郭象等。它是在汉代儒学（经学）衰落的基础上，由汉代道家思想、黄老之学演变发展而来的，是汉末魏初的清谈直接演化的产物。

　　魏晋玄学指魏晋时期以老庄（或三玄）思想为骨架，从两汉烦琐的经学解放出来，企图调和"自然"与"名教"的一种特定的哲学思潮。它讨论的中心问题是"本末有无"问题，即用思辨的方法讨论关于天地万物存在的依据的问题。它是中国哲学史上第一次企图使中国哲学在老庄思想基础上建构把儒道两大家结合起来极有意义的哲学尝试。在哲学上，主要以有无问题为中心，形成玄学上的贵无与崇有两派。

　　玄学就其哲学范畴来讲，可称其为形而上学，"形而上"简单来说即是抽象出来的意思，玄学也便是对一些抽象内容以生动的方式方法进行解说和发展。而就其盛行时代玄学亦可称为魏晋玄学。玄学产生于魏晋盛行于隋唐，这和当时的社会有着密切的联系。魏晋就是三国演义那段时间，天下大乱，所以文化上比较繁荣。一般天下大乱时思想百家争鸣。有一句话可以概括玄学的特色：隋唐精神，魏晋风骨。这两方面原因加在一起，注定玄学既带有神秘深奥的一面，同时也有着满足精神世界慰藉心灵的作用，对中华文化产生了深远影响，是中国先秦之后又一次思想碰撞融合。

教学任务6　风格各异——南北朝文学

　　文学史上所说的魏晋南北朝时期，是指从东汉建安时期（196）到隋统一（589）这一历史阶段，约近400年的时间。南北朝文学是中国文学发展史上一个充满活力的创新期，诗、赋、小说等体裁在这一时期都出现了新的时代特点，并奠定了它们此后的发展方向。文学的自觉和文学创作的个性化，是这一时期文学的最主要特征。

　　南北朝文学很大程度上是对两汉文学的继承与演化。文人在学习汉乐府的过程中将五言古诗推向高峰；抒情小赋及其所采取的骈俪形式，也使汉赋在新的条件下得到发展；文言小说在这一时期也得到快速发展，作品数量相当可观。南北朝时期被认为是中国文学的自觉时期，南北朝文学自觉的标志体现在从人物品评到文学品评，从文体辨析到文学理论体系的建立，刘勰的《文心雕龙》、钟嵘的《诗品》、萧统的《文选》以及徐陵的《玉台新咏》等文学总集的出现，形成了文学理论和文学批评的高峰。

南北朝文学上的主要成就体现在以下几个方面：

一、永明体

永明是齐武帝萧赜的年号，"永明体"是这一时期形成的新诗体，而声律论的提出是新诗体产生的关键。当时的音韵学家周颙发现并创立以平、上、去、入制韵的四声说，沈约等人根据四声和双声叠韵来研究诗的声、韵、调的配合，提出了八病（平头、上尾、蜂腰、鹤膝、大韵、小韵、正纽、旁纽）必须避免之说。《南齐书·陆厥传》载：

永明末，盛为文章，吴兴沈约、陈郡谢朓、琅琊王融以气类相推毂；汝南周颙，善识声韵。约等文皆用宫商，以平上去入为四声，以此制韵，不可增减，世呼为"永明体"。

可见，发现四声，并将它运用到诗歌创作之中而成为一种人为规定的声韵，这就是永明体产生的过程。所谓永明体，即一种以讲究四声、避免八病、强调声韵格律和对偶为主要特征的诗歌体裁。对偶的诗句在《诗经》中就已经有了，魏晋以来渐渐增多；宋齐之际，诗人更着意追求，形成了"俪采百字之偶"（刘勰《文心雕龙·明诗》）的风气。

南朝齐竟陵王萧子良门下的八位文学家：谢朓、沈约、王融、萧衍、萧琛、范云、任昉、陆倕（合称"竟陵八友"），都是永明体诗歌的作家。其代表人物历来认为是谢朓、沈约和王融。从齐永明至梁陈100余年间新体诗得到不断的发展，使中国古典诗歌在完善艺术形式美的进程中向前迈进了一大步，从而为唐代格律诗的产生和发展奠定了基础。

二、齐梁诗坛

至齐、梁之世，以皇室成员为中心的文学集团蓬勃发展，其对文学尤其是诗歌发展的影响更加深刻。其中规模最大、影响最著者，主要有三大文学集团：南齐竟陵王萧子良文学集团，梁代萧衍、萧统文学集团，萧纲文学集团。

竟陵王萧子良，礼才好士，倾意宾客，故一时天下文士纷纷归附其鸡笼山西邸，形成彬彬之盛的局面。其中文学成就较为突出，在当时名声最高的无疑是"竟陵八友"。《梁书·武帝本纪》："竟陵王子良开西邸，招文学，高祖（即后来的梁武帝萧衍）与沈约、谢朓、王融、萧琛、范云、任昉、陆倕等并游焉，号曰'八友'。"他们和周颙等人在创制"永明体"和推动新诗风的发展方面功不可没。

以梁武帝萧衍和昭明太子萧统为中心的文学集团，对梁代文学的繁荣起过重要的促进作用。尤其是《文选》三十卷的编纂，对文学创作的影响相当深远。萧统等人提出的"丽而不浮，典而不野，文质彬彬"等文学主张在当时具有积极意义。

梁代后期，以萧纲为中心的文学集团的诗歌创作最为繁荣，其影响亦更为深远，最突出的特征就是大力创作宫体诗。"宫体"之名，始于萧纲。《梁书·简文帝纪》说："（萧纲）雅好题诗，其序云：'余七岁有诗癖，长而不倦。'然伤于轻靡，当时号曰'宫体'。"这类诗，以宫廷生活为描写对象，专写男女之情，以及女子的容貌、举止、情态、服饰乃至生活环境、所使用的

图 1-6-1 梁代宫体诗人

器物等。所谓"清辞巧制,止乎衽席之间;雕琢蔓藻,思极闺闱之内"(《隋书·经籍志》),因此在体裁和内容上具有一定的局限性。但宫体诗辞采浓艳、描写细腻、注重对偶、音律谐和,在格律化方面比永明体有进一步的发展。

三、南北朝民歌

南北朝民歌是继周民歌和汉乐府民歌之后以比较集中的方式出现的又一批人民口头创作文学作品,是中国诗歌史上又一新的发展。它不仅反映了新的社会现实,而且创造了新的艺术形式和风格。一般来说,它篇制短小,抒情多于叙事。南北朝民歌虽是同一时代的产物,但由于南北的长期对峙,北朝又受鲜卑贵族统治,政治、经济、文化以及民族风尚、自然环境等都大不相同,因而南北民歌也呈现出不同的色彩和情调。南朝民歌清丽缠绵,更多地反映了人民真挚纯洁的爱情生活;北朝民歌粗犷豪放,广泛地反映了北方动乱不安的社会现实和人民的生活风习。《乐府诗集》所谓的"艳曲兴于南朝,胡音生于北俗",正扼要地说明了这种不同。主要作品有南歌的抒情长诗《西洲曲》和北歌的叙事长诗《木兰诗》等。

四、志怪志人小说

志怪小说:所谓"志怪",就是记录怪异,诸如绝域殊方的山川物产、神仙方术、鬼怪妖魅、佛法灵异等。志怪小说是中国古典小说形式之一,以记叙神异鬼怪故事传说为主体内容,产生和流行于魏晋南北朝。魏晋南北朝时期,社会动荡、战争频仍的现实,灾祸和死亡的威胁,使宗教迷信思想和社会上侈谈鬼神、称道灵异风气得以流行,加上战国以来就有的怪异之风被当作真事流传的传统,造成了志怪小说的兴盛。志怪小说的内容很庞杂,大致可分为三类:炫耀地理博物的琐闻,如托名东方朔的《神异经》、张华的《博物志》;记述正史以外的历史传闻故事,如托名班固的《汉武故事》《汉武帝内传》;讲述鬼神怪异的迷信故事,如东晋干宝的《搜神记》、葛洪的《神仙传》等。志怪小说对唐代传奇产生了直接的影响。

志人小说是中国古典小说的一种,指魏晋六朝流行的专记人物言行和历史人物的奇闻逸事的一种杂录体小说,又称清谈小说、逸事小说。数量上仅次于志怪小说,是在品藻人物的社会风气影响之下形成的。志人小说有以下几方面的艺术特点:一是以真人真事为描写对象;二是以"丛残小语"、尺幅短书为主要形式;三是善于运用典型细节描写和对比衬托手法,突出刻画人物某一方面的性格特征;四是语言简练朴素、生动优美、言约旨丰。这些艺术特点对后世小说产生了很大影响。著名的志人小说有《笑林》《世说新语》等。

志人小说和志怪小说一起,开启了后世小说的先河。

五、世说新语

《世说新语》是南朝宋出版的图书，作者是刘义庆等人。《世说新语》又名《世语》，内容主要是记录魏晋名士的奇闻逸事和玄言清谈，也可以说这是一部记录魏晋风流的故事集，是

中国魏晋南北朝时期"笔记小说"的代表作，是我国最早的一部文言志人小说集。全书原八卷，刘峻注本分为十卷，今传本皆作上、中、下三卷，分为德行、言语、政事、文学、方正、雅量等三十六门，共一千多则，每则文字长短不一，有的数行，有的三言两语，由此可见笔记小说"随手而记"的诉求及特性。《世说新语》及刘孝标注涉及各类人物共一千五百多个，魏晋两朝主要的人物，无论帝王、将相，还是隐士、僧侣，都包括在内。它对人物的描写有的重在形貌，有的重在才学，有的重在心理，但都集中到一点，就是重在表现人物的特点，通过独特的言谈举止写出了独特人物的独特性格，使之气韵生动、活灵活现、跃然纸上。

图 1-6-2　世说新语

其语言精练含蓄，隽永传神，明胡应麟说"读其语言，晋人面目气韵，恍然生动，而简约玄澹，真致不穷"可谓确评。有许多广泛应用的成语便是出自此书，例如：难兄难弟、拾人牙慧、咄咄怪事、一往情深、卿卿我我等。此外，《世说新语》善用对照、比喻、夸张与描绘的文学技巧，不仅使它保留下许多脍炙人口的佳言名句，更为全书增添了无限光彩。

六、文心雕龙

《文心雕龙》是中国南朝文学理论家刘勰创作的一部理论系统、结构严密、论述细致的文学理论专著，成书于公元 501—502 年（南朝齐和帝中兴元年、二年）。它是中国文学理论批评史上第一部有严密体系的、"体大而虑周"（章学诚《文史通义·诗话篇》）的文学理论专著。刘勰《文心雕龙》的命名来自于黄老道家环渊的著作《琴心》。其解《序志》云："夫文心者言为文之用心也，昔涓子（环渊）《琴心》，王孙巧心，心哉美矣，故用之焉。"

全书共十卷，五十篇（原分上、下部，各二十五篇），以孔子美学思想为基础，兼采道家思想，认为道是文学的本源，圣人是文人学习的楷模，"经书"是文章的典范。把作家创作个性的形成归结为"才""气""学""习"四个方面。《文心雕龙》还系统论述了文学的形式和

图 1-6-3　文心雕龙

内容、继承和革新的关系，又在探索研究文学创作构思的过程中，强调指出了艺术思维活动的具体形象性这一基本特征，并初步提出了艺术创作中的形象思维问题；对文学的艺术本质及其特征有较自觉的认识，开研究文学形象思维的先河；全面总结了齐梁时代以前的美学成果，细致地探索和论述了语言文学的审美本质及其创造、鉴赏的美学规律。

拓展阅读

1.作品赏析

（1）

西洲曲[1]

忆梅下西洲，折梅寄江北[2]。

单衫杏子红，双鬓鸦雏色[3]。

西洲在何处？两桨桥头渡[4]。

日暮伯劳[5]飞，风吹乌臼[6]树。

树下即门前，门中露翠钿[7]。

开门郎不至，出门采红莲。

采莲南塘秋，莲花过人头。

低头弄莲子[8]，莲子青如水[9]。

置莲怀袖中，莲心[10]彻底红。

忆郎郎不至，仰首望飞鸿[11]。

鸿飞满西洲，望郎上青楼[12]。

楼高望不见，尽日[13]栏杆头。

栏杆十二曲，垂手明如玉。

卷帘天自高，海水摇空绿[14]。

海水梦悠悠[15]，君愁我亦愁。

南风知我意，吹梦到西洲。

【注释】

[1]《西洲曲》：选自《乐府诗集·杂曲歌辞》。这首诗是南朝民歌。西洲曲，乐府曲调名。

[2]忆梅下西洲，折梅寄江北：意思是说，女子见到梅花又开了，回忆起以前曾和情人在梅下相会的情景，因而想到西洲去折一枝梅花寄给在江北的情人。下，注。西洲，当是在女子住处附近。江北，当指男子所在的地方。

[3]鸦雏色：像小乌鸦一样的颜色，形容女子的头发乌黑发亮。

[4]两桨桥头渡：从桥头划船过去，划两桨就到了。

[5]伯劳：鸟名，仲夏始鸣，喜欢单栖。这里一方面用来表示季节；另一方面暗喻女子孤单的处境。

[6]乌臼：现在写作"乌桕"。

[7]翠钿：用翠玉做成或镶嵌的首饰。

[8]莲子：和"怜子"谐音双关。

[9]青如水：和"清如水"谐音，隐喻爱情的纯洁。

[10]莲心：和"怜心"谐音，即爱情之心。

[11]望飞鸿：这里暗含有望书信的意思，因为古代有鸿雁传书的传说。

[12]青楼：油漆成青色的楼。唐朝以前的诗中一般用来指女子的住处。

[13]尽日：整天。

[14]卷帘天自高，海水摇空绿：意思是说，卷帘眺望，只看见高高的天空和不断荡漾着碧波的江水。海水，这里指浩荡的江水。

[15]海水梦悠悠：梦境像海水一样悠长。

【评析】

《西洲曲》，五言三十二句，是南朝乐府民歌中少见的长篇。全文感情十分细腻，"充满了曼丽宛曲的情调，清辞俊语，联翩不绝，令人'情灵摇荡'。"《西洲曲》可谓这一时期民歌中非常成熟、精致的代表作之一。

首句由"梅"而唤起女子对昔日与情人在西洲游乐的美好回忆以及对情人的思念。自此，纵然时空流转，然而思念却从未停歇。接下来是几幅场景的描写：西洲游乐，女子杏红的衣衫与乌黑的鬓发相映生辉、光彩照人；开门迎郎，满怀希望继而失望，心情跌宕；出门采莲，借采莲来表达对情人的爱慕与思念；登楼望郎，凭栏苦候，寄情南风与幽梦，盼望与情人相聚。随着时空变化，心情也多变，时而焦虑，时而温情，时而甜蜜，时而惆怅，全篇无论是文字还是情感都流动缠绵。

《西洲曲》在艺术上有以下三点值得注意：

第一是善于在动态中表达人物的思想感情。比如"门中露翠钿"一句，生动形象地通过动作表达出了人物的心情，而"采莲南塘秋"六句，是全篇的精华所在，它集中笔墨描写主人公的含情姿态，借物抒情，通过"采莲""弄莲""置莲"三个动作，极有层次地写出人物感情的变化，动作心理描写细致入微，真情感人。

第二是叠字和顶真的运用。"开门迎郎"场景中，四个"门"字的叠用，强化了女子急切盼望心上人的到来，而不时从门缝向外张望的焦虑心情。"出门采莲"场景中，又连用七个"莲"字，着意渲染女子缠绵的情思，而顶真的运用使得句子灵活生动，朗朗上口。

第三是双关隐语的运用。双关隐语，是南朝乐府民歌中一个鲜明的特征，它在诗经时代的民歌和汉魏乐府民歌中很少见。一说"莲"与"怜"字谐音双关，而"怜"又是"爱"的意思，隐语极言女子对情人的爱恋。同时，"莲子青如水"暗示感情的纯洁，而"莲心彻底红"是说感情的浓烈。这些双关隐语的运用使诗歌显得含蓄多情。

另外值得一提的是，此诗以"难解"著称，有研究者将其称为南朝文学研究的"哥德巴赫猜想"。比如关于此诗的叙述视角就有不同解读，多数人从女子的视角来理解，也有人从男子的视角入手，认为"忆梅下西洲"中的"梅"指代男主角所寄情的心上人。常言道，诗无达诂，我们在解读的时候也可以尝试多种新的视角，从而使诗歌的意蕴更加丰富。

（2）

拟咏怀[1]二十七首·其七

庾　信[2]

榆关[3]断音信，汉使绝经过。

胡笳落泪曲，羌笛断肠歌。

纤腰减束素[4]，别泪损横波[5]。

恨心终不歇，红颜无复多。

枯木期填海[6]，青山望断河[7]。

【注释】

[1]《拟咏怀》共有 27 首,反映诗人后期生活的思想感情。

[2]庾信(513 — 581),名子山,南阳新野(今河南新野县)人。父庾肩吾,是梁代著名宫廷诗人。庾信 15 岁入梁朝宫廷,与同在东宫的涂陵写了许多绮丽的宫体诗赋,世称涂庾体。他的诗长于用典,讲究对仗和声调色彩,有些诗已暗合唐代五言律诗和绝句的格律,对唐代诗歌的发展起了一定的作用。

[3]榆关,犹"榆塞"。古时于边塞植榆树,故称榆塞。这里泛指边地关塞。

[4]减束素:言腰部渐渐瘦细。

[5]横波:指眼。

[6]填海:精卫填海。精卫是古代神话中的鸟。它本是炎帝的小女,名女娃,溺死于东海。死后化为鸟,名精卫,常衔西山木石以填东海。

[7]青山望断河:希望青山崩塌,塞断河流。末二句言虽抱希望但实际是无聊的空想。

【评析】

本篇写诗人远在异国怀念故国故君的思想感情。此诗塑造了一个为乡国离恨折磨而消瘦憔悴、悲痛欲绝的抒情主人公形象,栩栩如生。感情强烈激楚而又悲回婉转,风格苍凉老成而又清新绮丽,诚所谓"绮而有质,艳而有骨,清而不薄,新而不尖"(《升庵诗话》),又通篇对仗句称工整。用典除末尾两句是明典("精卫填海"和《水经注·河水》典故,前者见陶渊明诗,后者如下:"华、岳本一山,当河,河水过而曲行,河神巨灵手荡脚蹋,开而为两。")外,其余用李陵、昭君两事都属暗典,确如沈德潜《古诗源》所评:"造句能新,使事无迹。"且用典又兼比喻,以古喻今,以男女喻君臣,以神话喻俗事,丰富多彩,信手拈来,无不自然贴切。少陵诗云:"庾信文章老更成,凌云健笔意纵横。"又说:"庾信平生最萧瑟,暮年诗赋动江关。"(《戏为六绝句》)这实在并非溢美。

（3）

三王墓[1]

楚干将莫邪为楚王作剑,三年乃成。王怒,欲杀之。剑有雌雄。其妻重身[2]当产。夫语妻曰:"吾为王作剑,三年乃成。王怒,往必杀我。汝若生子是男,大,告之曰:'出户望南山,松生石上,剑在其背。'"于是即将[3]雌剑往[4]见楚王。王大怒,使相[5]之。剑有二,一雄一雌,雌来雄不来。王怒,即杀之。

莫邪子名赤,比后壮[6],乃问其母曰:"吾父所在?"母曰:"汝父为楚王作剑,三年乃成。王怒,杀之。去时嘱我:'语汝子出户望南山,松生石上,剑在其背。'"于是子出户南望,不见有山,但睹堂前松柱下石低[7]之上。即以斧破其背,得剑,日夜思欲报楚王[8]。

王梦见一儿,眉间广尺[9],言欲报雠。王即购之千金[10]。儿闻之亡去[11],入山行歌[12]。客有逢者,谓:"子年少,何哭之甚悲耶?"曰:"吾干将莫邪子也,楚王杀吾父,吾欲报之。"客曰:"闻王购子头千金。将子头与剑来,为子报之。"儿曰:"幸甚[13]!"即自刎[14],两手捧头及剑奉之,立僵[15]。客曰:"不负子也。"于是尸乃仆[16]。

客持头往见楚王,王大喜。客曰:"此乃勇士头也,当于汤镬[17]煮之。"王如其言煮头,三日三夕不烂。头踔[18]出汤中,踬目[19]大怒。客曰:"此儿头不烂,愿王自往临视[20]之,是必烂也。"王即临之。客以剑拟[21]王,王头随堕汤中,客亦自拟己头,头复坠汤中。三首俱烂,

图 1-6-4　三王墓

不可识别。乃分其汤肉葬之,故通名三王墓。今在汝南[22]北宜春县界。

【注释】

[1]本篇选自《搜神记》卷十一。

[2]重身:有身孕,因怀孕是身中身,故名重身。当产:临产,将要生产。

[3]将:带。

[4]注:去。

[5]相:察看。

[6]比后壮:等到后来长大了。比,等到。

[7]石低:"低"疑应作"砥"。石砥,柱下基石。

[8]报楚王:为父寻楚王报仇。

[9]眉间广尺:两眉相间宽达一尺。广,宽。

[10]购之千金:悬赏千金捉拿他。购,悬赏。

[11]亡去:逃离。

[12]行歌:且走且唱。

[13]幸甚:太好了。

[14]刎:割,谓以剑割头。

[15]立僵:谓尸体僵硬,直立不倒。

[16]仆:向前倒下。

[17]镬(huò):形似鼎而无足,秦汉时用作烹人刑具。

[18]踔(chuō):跳跃。

[19]踬目:疑应作"瞋目",睁大眼睛瞪人。

[20]临视:近看。

[21]拟:以刀箭对准人作砍杀状。此处有砍、割之意。

[22]汝南:汉郡名,治所在上蔡(今河南省上蔡西南)。北宜春县,在今河南省汝南县西南,西汉时名宜春,东汉时改名北宜春。

【评析】

《三王墓》这篇小说篇幅虽短,但故事情节完整,人物形象栩栩如生,小说思想内涵丰富。巧匠干将莫邪为楚王铸剑,反而被杀,其子为复仇而献头,客为代其复仇而自刎,被压迫者的复仇精神在作品中得到了强烈的体现,表现了劳动人民对统治者暴行的仇恨和英雄们坚毅顽强的斗争意志。干将莫邪是古代著名的铸剑师,姓干将,名莫邪。一说干将、莫邪是夫妻两人:干将是夫,莫邪是妻。

这一篇几百字的短章可以说是一曲真、善、美的颂歌——山中侠客的诚信、侠义和舍生取义的作为,莫邪之子生命已去而精神不死的表现,人们对侠客和莫邪之子的敬仰等,都表现了这一点。

2.佳句欣赏

操千曲而后晓声,观千剑而后识器。

——刘勰《文心雕龙》

文之思也,其神远矣。故寂然凝虑,思接千载;悄焉动容,视通万里;吟咏之间,吐纳珠玉之声;眉睫之前,卷舒风云之色。

——刘勰《文心雕龙》

荆轲有寒水之悲,苏武有秋风之别,关山则风月凄怆,陇水则肝肠寸断。

——庾信《小园赋》

礼云:欲不可纵,志不可满。宇宙可臻其极,情性不知其穷。唯少欲知足,为立涯限。

——颜之推《颜氏家训》

风微起,波微生。弦亦发,酒亦倾。入莲池,折桂枝。芳袖动,芬叶披。两相思,两不知。

——鲍照《代春日行》

余霞散成绮,澄江静如练。

——谢朓《晚登三山还望京邑》

黯然销魂者,唯别而已矣。

——江淹《别赋》

穷当益坚,老当益壮。

——范晔《后汉书·马援传》

探究思考

1.从《西洲曲》到《木兰诗》,简单谈谈你对南北朝民歌的认识。

2.你曾经读过文言小说吗? 如果读过,请给同学们讲讲你觉得最有意思的一篇。

3.推荐阅读:刘义庆《世说新语》。

知识链接

《颜氏家训》

《颜氏家训》是汉民族历史上第一部内容丰富、体系宏大的家训,也是一部学术著作。作者颜之推,是南北朝时期著名的文学家、教育家。该书成书于隋文帝灭陈国以后,隋炀帝即位之前(约公元 6 世纪末),是颜之推记述个人经历、思想、学识以告诫子孙的著作。全书共有七卷,二十篇,分别是序致第一、教子第二、兄弟第三、后娶第四、治家第五、风操第六、慕贤第七、勉学第八、文章第九、名实第十、涉务第十一、省事第十二、止足第十三、诫兵第十四、养心第十五、归心第十六、书证第十七、音辞第十八、杂艺第十九、终制第二十。

作为汉族传统社会的典范教材,《颜氏家训》直接开后世"家训"的先河,是我国古代家庭教育理论宝库中的一份珍贵遗产。颜之推并无赫赫之功,也未列显官之位,却因一部《颜氏家训》而享千秋盛名,由此可见其家训的影响深远。被陈振孙誉为"古今家训之祖"的《颜氏家训》,是中国文化史上的一部重要典籍,这不仅表现在该书"质而明,详而要,平而不诡"的文章风格上,以及"兼论字画音训,并考正典故,品第文艺"的内容方面,而且还表现在该书"述立身治家之法,辨正时俗之谬"的现世精神上。因此,历代学者对该书推崇备至,视之为垂训子孙以及家庭教育的典范。纵观历史,颜氏子孙在操守与才学方面都有惊世表现,光以唐朝而言,像注解《汉书》的颜师古,书法为世楷模、笼罩千年的颜真卿,凛然大节震烁千古、

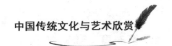

以身殉国的颜杲卿等人,都令人对颜家有不同凡响的深刻印象,更足证其祖所立家训之效用彰著。即使到了宋元两朝,颜氏族人也仍然入仕不断,尤其令以后明清两代的人钦羡不已。

从总体上看,《颜氏家训》是一部有着丰富文化内蕴的作品,不失为汉民族优秀文化的一种,它不仅在家庭伦理、道德修养方面对我们今天有着重要的借鉴作用,而且对研究古文献学,研究南北朝历史、文化有着很高的学术价值;同时,作者在特殊政治氛围(乱世)中所表现出的明哲思辨,对后人有着宝贵的认识价值。

正由于颜之推"生于乱世,长于戎马,流离播越,闻见已多",他对南北社会风俗、政治得失、学风特点有透彻的了解。入隋以后,便本着"务先王之道,绍家世之业"的宗旨,结合自己的人生经历、处世哲学,写成《颜氏家训》一书训诫子孙。全书二十篇,各篇内容涉及的范围相当广泛,但主要是以传统儒家思想教育子弟,讲如何修身、治家、处世、为学等,其中不少见解至今仍有借鉴意义。如他提倡学习,反对不学无术;认为学习应以读书为主,又要注意工农商贾等方面的知识;主张"学贵能行",反对空谈高论,不务实际等。他鄙视和讽刺南朝士族的腐化无能,认为那些贵游子弟大多没有学术,只会讲求衣履服饰,一旦遭了乱离,除转死沟壑,别无他路可走。对于北朝士族的觍颜媚敌,他也深感不满,且往往通过插叙自身见闻,寥寥数语,便将当时社会的人情世态,特别是士族社会的谄媚风气,写得淋漓尽致。如《教子》篇云:"齐朝有一士大夫,尝谓吾曰:'我有一儿,年已十七,颇晓书疏,教其鲜卑语及弹琵琶,稍欲通解,以此伏事公卿,无不宠爱,亦要事也。'吾时俯而不答。异哉,此人之教子也!若由此业自致卿相,亦不愿汝曹为之。"语言朴实而生动,一时士大夫的心态跃然纸上。

教学任务 7　诗歌的巅峰时代——唐诗

唐诗是中华民族非常珍贵的文化遗产之一,是中华文化宝库中的一颗璀璨明珠,对后人研究唐代政治、民情、风俗等有重要的参考意义,同时对世界其他民族和国家的文化发展产生了很大影响。唐诗的形式和风格是丰富多彩、推陈出新的。它不仅继承了汉魏民歌、乐府传统,并且大大发展了歌行体的样式;不仅继承了前代的五言、七言古诗,并且发展为叙事言情的鸿篇巨制;不仅扩展了五言、七言形式的运用,还创造了风格特别优美整齐的近体诗。近体诗是当时的新体诗,它的创造和成熟,是唐代诗歌发展史上的一件大事。它把我国古典诗歌的音节和谐、文字精练的艺术特色推到前所未有的高度,为古代抒情诗找到一个最典型的形式,至今还特别为人民所喜闻乐见。

唐诗的发展一般分为初、盛、中、晚四期。

一、初唐诗歌:准备期

初唐诗歌是唐代诗歌走向兴盛的准备阶段。初唐大致是指从唐初到唐玄宗先天时期(618—712)。

初唐前期诗歌受南朝齐梁诗风的影响较大。贞观时期聚集在唐太宗周围的宫廷诗人虞世南、李百药等,他们的创作日趋宫廷化、贵族化,多是奉和应制之作,琢磨技巧,雕饰辞藻,齐梁积习犹存。以上官仪为代表的"上官体",成为当时宫廷诗人创作的典范。

初唐后期诗歌虽没有完全摆脱齐梁诗风的影响,但出现了新的转机。"四杰"的创作开创了不同于宫廷诗人的新诗风，在内容题材、审美追求和风格上都发生了关键性的转变。陈子昂在理论上和实践上都是转变唐代诗风的重要人物。总而言之，初唐诗歌显示了过渡和创新的特点。

（一）上官仪

上官仪，字游韶，陕州陕县人。他是初唐著名御用文人，常为皇帝起草诏书，并开创"绮错婉媚"的上官体诗风。"上官体"属对工切（提出"六对""八对"之说），写景清丽婉转，冲淡了齐梁诗风的浮艳雕琢，将五言诗的体物写景技巧大大地推进了一步，是让人们模仿效法的一种新的诗体。但诗的题材内容还局限于宫廷文学应制咏物的范围之内，缺乏慷慨激情和雄杰之气。代表作：《入朝洛堤步月》《八咏应制二首》等。

（二）"初唐四杰"

"初唐四杰"是指高宗武后时期出现在文坛上的四位"年少而才高，官小而名大"的作家，即王勃、杨炯、卢照邻、骆宾王。他们有变革文风的自觉意识，反对纤巧绮靡，提倡刚健骨气，在诗歌的题材、风格、形式上都有新的开拓和贡献。

初唐四杰对唐诗发展的主要贡献：第一，他们具有变更文坛绮艳诗风的自觉意识，并且有十分明确的审美追求，提倡刚健骨气的文风；第二，在诗歌内容方面，突破了宫廷诗的狭小范围，扩大了诗歌的题材，把诗歌从宫廷移到了市井，从台阁移到江山和塞漠，使诗歌有了充实的社会内容、严肃的思想和真实的感情，显示了诗歌创作的健康方向；第三，在诗歌的感情基调上，他们的诗歌变得更加充实，或在诗歌中宣泄抑郁不平的牢骚，或写追求功名的热望，都具有一种昂扬、壮大、浓烈的情感；第四，初唐四杰在诗歌的形式方面也有贡献，王、杨擅长五律，五言律诗由他们初步定型，卢、骆以七言歌行见长，歌行体诗在他们手中获得改善与发展。

初唐四杰中，王勃的《送杜少府之任蜀州》《滕王阁诗》，杨炯的《从军行》，卢照邻的《长安古意》，骆宾王的《帝京篇》《在狱咏蝉》等，都是优秀之作。

（三）陈子昂

陈子昂（约659—700），梓州射洪（今四川射洪县）人，字伯玉，唐睿宗文明元年（684）中进士，后升为右拾遗。陈子昂青少年时家庭较富裕，轻财好施，慷慨任侠。成年后始发愤攻读，博览群书，擅长写作，同时关心国事，希望在政治上有所建树。24岁时中进士，官麟台正字，后升右拾遗，直言敢谏。时武则天当政，信用酷吏，滥杀无辜。他不畏迫害，屡次上书谏诤。武则天计划开凿蜀山经雅州道攻击生羌族，他又上书反对，主张与民休息。圣历元年（698），因父老解官回乡，不久父死。居丧期间，权臣武三思指使射洪县令段简罗织罪名，加以迫害，冤死狱中，时年43岁。

陈子昂是初唐诗文革新人物之一，他坚决反对齐梁诗风，指出齐梁诗歌"彩丽竞繁，而兴寄都绝"；提倡"汉魏风骨"和"风雅兴寄"，即主张诗歌创作要继承建安文学的传统，要有"风骨"，有"兴寄"。"风骨"的实质是要求诗歌有高尚充沛的思想感情，有充实的内容，具有刚健有力的风格；"兴寄"的实质是要求诗歌批判现实，有鲜明的政治倾向。提出了对于建立新

诗风的要求,就是要"骨气端翔,音情顿挫,光英朗练,有金石声"。陈子昂的这种进步主张表面上是复古,实际上是以革新为目的,是符合时代要求的革新。他的主要作品有《感遇诗》三十八首、《登幽州台歌》等。尤其是他的《登幽州台歌》:

前不见古人,后不见来者。念天地之悠悠,独怆然而涕下!

更是以深邃的历史眼光和高亢的歌喉,开启了盛唐之音。

(四)张若虚

张若虚(约660—约720),扬州(治所在今江苏扬州)人,曾任兖州兵曹。中宗神龙(705—707)年间,与贺知章、贺朝、万齐融、邢巨、包融等俱以文词俊秀驰名于京都,其与贺知章、张旭、包融并称为"吴中四士"。

其诗描写细腻,音节和谐,清丽开宕,富有情韵,在初唐诗风的转变中有重要地位。但受六朝柔靡诗风影响,常露人生无常之感。诗作大部分已散佚,《全唐诗》中仅存两首,其一为《春江花月夜》,乃千古绝唱,是一篇脍炙人口的名作,有"以孤篇压倒全唐"之誉;另一首诗是《代答闺梦还》。

二、盛唐诗歌:繁荣期

盛唐诗歌是唐代诗歌的极度繁荣时期。盛唐大致从唐玄宗开元元年到唐代宗永泰元年(713—765)。这一时期涌现出了一大批风格独具的诗人,出现了以王维、孟浩然为代表的山水田园诗派,以高适、岑参为代表的边塞诗派,其中成就最卓著的两位诗人就是"诗仙"李白和"诗圣"杜甫,他们达到了浪漫主义与现实主义诗歌创作的顶峰。

(一)山水田园诗派

山水田园诗派得以在盛唐形成的主要原因:一是经济繁荣,生活有了基础,生活水平提高,士人有条件遍览山水田园;二是隐逸之风盛行,士子或以隐求仕,或信佛而隐,或访道而游,投身自然,因而获得创作契机;三是陶渊明的田园诗,谢灵运、谢朓的山水诗创作经验,为盛唐山水田园诗的形成提供了宝贵的艺术借鉴。

山水田园诗派的代表作家是王维、孟浩然,此外还有储光羲、常建、祖咏、裴迪等人。

王维(701—761),字摩诘,人称"诗佛",名字合之为维摩诘,维摩诘乃是佛教中一个在家的大乘佛教的居士,是著名的在家菩萨,意为"以洁净、没有染污而著称的人"。可见王维的名字中已与佛教结下了不解之缘。王维生前,人们就认为他是"当代诗匠,又精禅理"(苑咸《酬王维序》),死后更是得到了"诗佛"的称号。

王维是诗人兼画家,同时又擅长音乐,对大自然的美有细致的观察力和敏锐的感受力。他在诗歌上的成就也是多方面的,无论边塞诗、山水诗,还是送别诗、抒情诗;亦无论古诗还是近体诗,都有许多脍炙人口的名篇。王维诗歌的禅意与画意兼具,在盛唐诗歌中最具有鲜明的特征。特别是在那些描写山水田园的作品里,禅与画又往往融合在一起,最能体现王维诗歌的艺术风貌。

王维的诗在艺术上有很高的成就。他既能概括地写雄奇壮阔的景物,又能细致入微地刻画自然事物的动态,他能巧妙地捕捉适于表现他生活情趣的种种现象,构成独特的意境,著名的如《山居秋暝》。《东坡志林》说："味摩诘之诗，诗中有画；观摩诘之画，画中有诗。"这句话的确说出了王维山水诗最突出的艺术特色。同时，他的诗既有陶诗浑融完整的意境，又有谢诗精工刻画的描写。语言也高度清新洗练，朴素之中有润泽华彩。

孟浩然（689—740），号孟山人，襄州襄阳（现湖北襄阳）人，世称孟襄阳。因他未曾入仕，又称之为孟山人，唐代著名田园山水诗人。他喜欢用五言诗反复描写幽寂静淡的景物，表现个人的失意、孤独和苦闷。因此，在他的大部分诗歌中，都不免染上一层冷清的色彩，带有一种淡淡的愁绪。如其著名的《宿桐庐江寄广陵旧友》《宿建德江》《夏日南亭怀辛大》《夜归鹿门歌》《留别王维》《岁暮归南山》《春晓》，等等，无不如此。但同时，孟浩然的诗也还有境界阔大、气势雄浑的一面，如其《临洞庭湖赠张丞相》诗，就是这种壮美的典型。

（二）边塞诗派

隋唐以来一百几十年中，边疆战事频繁，激发了诗人的赴边热情，为边塞诗的创造提供了创作机遇；统治者鼓励边功，士人关心边事，他们从军边关，出使边塞，接触战争生活，熟悉边关风情，为边塞诗歌创作奠定了生活基础；前代反映边塞征战生活的诗篇也为之提供了有益借鉴。

盛唐边塞诗歌蓬勃发展，涌现了一大批边塞诗人，高适、岑参可为代表，此外还有王昌龄、王之涣、李颀、崔颢等。

高适（700—765），字达夫、仲武，沧州（今河北省景县）人。少孤贫，爱交游，有游侠之风，并以建功立业自期。天宝八年（749），经睢阳太守张九皋推荐，应举中第，授封丘尉。天宝十一年（752），因不忍"鞭挞黎庶"和不甘"拜迎官长"而辞官，又一次到长安。次年入陇右、河西节度使哥舒翰幕，为掌书记。安史之乱后，曾任淮南节度使、彭州刺史、蜀州刺史、剑南节度使等职，官至封渤海县侯，世称"高常侍"，有《高常侍集》等传世。永泰元年（765）卒，终年65岁。高适为唐代著名的边塞诗人，与岑参并称"高岑"。

高适的边塞诗，在内容和情调上主要表现为两个方面：一是充满慷慨从戎、建功立业的爱国激情；二是经过清醒、理智的思考，深刻揭示边防政策的弊端，以政论的笔调表达自己对战争的意见，同时流露对士兵的同情和对昏庸将帅的讽刺。《燕歌行》是其最为著名的作品，另外还有《塞下曲》《别董大》等。

岑参（715—770），南阳人，太宗时功臣岑文本重孙，唐代著名边塞诗人。唐玄宗天宝三年（744）进士，初为率府兵曹参军，后两次从军边塞。岑参工诗，擅长七言歌行与七言绝句，在内容上突破了以往征戍诗写边地苦寒和士卒劳苦的传统格局，热情地歌颂了诗人印象中的军旅生活、边塞风物、异域风情。他长于七言歌行，现存诗三百六十首。其边塞诗尤多佳作，风格与高适相近，后人多并称"高岑"，代表作：《走马川行奉送出师西征》《白雪歌送武判官归京》《逢入京使》等。

王昌龄（约698—757）字少伯，河东晋阳（今山西太原）人，盛唐著名边塞诗人，被后人誉为"七绝圣手""诗家天子"。描写边塞生活（也包括游侠生活）的诗篇，历来被认为是王昌龄最有特色的作品。他的七绝诗歌善用多样化的格调，或高昂开朗，或低迷凄婉，或雄浑跌宕，或爽丽自然，总有一种清刚之美。特别是情景交融的意境创造，如《芙蓉楼送辛渐二首》

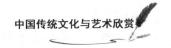

用"冰心在玉壶"自喻高洁,意蕴含蓄而风调清刚。其代表作有《出塞》二首、《从军行》七首等。

(三)李白

李白(701—762),字太白,号青莲居士,祖籍陇西成纪,又称"李翰林",还有"诗仙"之称。明人胡应麟说:"古今诗人出处,未有如太白之难定者"(《少室山房笔丛》卷九),其出生地有蜀中说、西域说、中亚碎叶说、陇西说、条支说等。李白是中国文学史上最伟大的浪漫主义诗人,与杜甫一起构成了中国古典诗歌的两座高峰。李白的乐府诗具有创新意识,借古题写现事,具有鲜明的时代精神。李白的歌行诗则具有变幻莫测、摇曳多姿的神奇境界,豪迈飘逸的诗歌风貌,壮大奇伟的阳刚之美。李白的绝句,则更是脍炙人口。

图 1-7-1　李白

作为一个浪漫主义诗人,李白的诗是伟大的,也是最典型的。他说自己的诗是"兴酣落笔摇五岳,诗成笑傲凌沧洲"。杜甫称赞他的诗"笔落惊风雨,诗成泣鬼神"。这种无比神奇的艺术魅力,确是他的诗歌最鲜明的特色。具体体现在诗歌中首先是强烈的主观色彩,首先表现为侧重抒写豪迈气概和激昂情怀,很少对客观物象和具体事件作细致的描述,抒情方式是喷发式的。其次是想象的奇特,当平常的语言不足以表达其激情时,他就用大胆的夸张;当现实生活中的事物不足以形容、比喻、象征其思想愿望时,他就借助非现实的神话和种种奇丽惊人的幻想。如《秋浦歌》的"白发三千丈,缘愁似个长",《北风行》里"燕山雪花大如席,片片吹落轩辕台",这样大胆的夸张,永远离不开惊人的想象。再次是大跨度的意象衔接组合,这与诗人作诗的气魄宏大和想象力丰富相关联,所以李白的诗往往呈现感情充沛,瞬息万变的特色。他的名作《将进酒》就是如此,在诗里,他正在劝人开怀畅饮:"人生得意须尽欢,莫使金樽空对月。"好像他很安于享乐的生活,但突然又说:"天生我材必有用,千金散尽还复来!"强烈的信心转眼又代替了消极的悲叹,感情是如此的变化莫测。最后是清新明快的语言,"清水出芙蓉,天然去雕饰",李白这两句诗是他诗歌语言最生动的形容和概括。

(四)杜甫

杜甫(712—770),字子美,河南巩县人。前期创作受盛唐浪漫主义的影响,在经历安史之乱后,现实主义诗歌创作达到顶峰。杜诗素有"诗史"之称,唐代孟棨在《本事诗》中第一次使用这个词来概括杜诗思想内容的特点。一是体现在杜甫的诗具有历史的认识价值,常被人提到的重要历史事件在他的诗中都有反映,有些诗还可补史之失载。二是提供比事件更为广阔、更为具体也更为生动的生活画面。

图 1-7-2　杜甫

代表作:《自京赴奉先县咏怀五百字》《北征》,"三吏""三别",《兵车行》《羌村三首》等。

从创作手法来看,杜甫最大的成就和特色是现实主义。他的诗多取材于人民生活,和社会现实密切结合,为了真实形象地反映现实生活,他需要采用现实主义的手法。杜甫的诗中,叙事诗的现实主义特色表现得最为突出。在这些诗中,他善于对现实生活作典型的艺术概括,善于选择和概括有典型意义的人物,通过个别反映一般,如"三吏""三别"。同时寓主观于客观,把自己的主观意识、思想感情融化在客观的具体描写中,这是他叙事诗最大的特点。如《石壕吏》中,除"吏呼一何怒! 妇啼一何苦!"两句微微透露了他的爱憎之外,其他便都是对客观事实的具体描写,通过这些具体描写,让事物本身直接感染读者。为了把人物写得生动,杜甫常常运用对话或人物独白,并做到了人物语言的个性化。如《新婚别》就是写的一位新娘子的独白。

作为一位伟大的现实主义诗人,杜甫的影响是巨大、深远的。高度的爱国精神,是杜甫现实主义诗歌的一大特色,这不仅在文学史上,而且也在历史上起着积极的教育作用。杜诗所体现的审美追求与美学风范成为一种准则,为后世提供了模仿的范本。

三、中唐诗歌:巨变期

中唐诗歌是唐代诗歌的继续繁荣时期。中唐大致从代宗大历元年到文宗太和九年(766—835)。

这一时期作家众多,流派林立。大历至贞元年间出现了韦应物、刘长卿以山水诗为主的诗歌创作,元结、顾况等新乐府先驱的诗歌创作,以及钱起、卢纶等"大历十才子"和李益的边塞诗创作。贞元以后出现了以元稹、白居易为代表,张籍、王建、李绅等人参加的"新乐府运动",出现了以韩愈、孟郊为代表,追求奇崛险怪的"韩孟诗派",还有风格奇谲怪诞的诗人李贺。此外,刘禹锡、柳宗元的诗歌创作也都独具一格。

(一)韩孟诗派

以韩愈、孟郊为代表的"韩孟诗派",强调"不平则鸣"与"笔补造化",追求奇险之风,表现出鲜明的创新色彩。韩愈与孟郊的诗歌都具有"以丑为美"和奇险嶙刻的艺术风貌,但韩愈的诗更加奇险狠重,孟郊的诗则更偏重于寒瘦冷峭。

(二)李贺

李贺(790—816),唐代著名诗人,汉族,河南福昌人,字长吉,世称李长吉、鬼才、诗鬼等,与李白、李商隐三人并称唐代"三李"。一生愁苦多病,仅做过三年从九品微官奉礼郎,因病27岁卒。李贺是中唐浪漫主义诗人的代表,又是中唐到晚唐诗风转变期的重要人物。

李贺一生穷愁,过早谢世,但却留下许多优秀诗歌。他的作品中心主题是抒发个人怀才不遇的悲愤。有时他直接诉说坎坷遭遇,如《致酒行》;有时又托物抒写怀才不遇之愤,如《马诗》。此外,他还有借历史题材抒国事之忧的作品,如《金铜仙人辞汉歌》;也有反映民生疾苦的诗篇,如《老夫采玉歌》等。

李贺的诗歌在艺术上充满浪漫色彩,主要表现为:一是意象的虚幻荒诞,如诗中神有羲和、王母,仙有王子、仙姜,鬼有苏小小,怪有龙虎,荒诞而有象征性,引人联想;二是意象跳跃,结构不拘常法,往往采用非现实的时空组接;三是修辞手法奇巧,如诗中奇喻比比皆是,"向前敲瘦骨,犹自带铜声"(《马诗》),此一奇喻使马形神兼具;四是语言奇峭冷艳,如《雁门太守行》:

黑云压城城欲摧,甲光向日金鳞开。角声满天秋色里,塞上燕脂凝夜紫。半卷红旗临易水,霜重鼓寒声不起。报君黄金台上意,提携玉龙为君死。

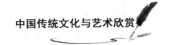

这些艺术特色，与他诗中悲愤难以排遣、理想难以实现的内容相一致，是学习屈原"神弦歌"、李白浪漫主义创作手法的结果。李贺诗歌的缺点是流于怪涩。其代表作有《南园》《老夫采玉歌》《苏小小墓》等。

（三）白居易与新乐府运动

"新乐府"就是以新题写时事的乐府诗，是乐府诗的新发展。由于中唐政治革新的时代潮流的推动，又由于陈子昂、杜甫等人的进步诗论和杜甫即事名篇的乐府诗创作经验的启示，也由于大历以来形式主义诗风的反面激励，还由于唐朝统治者"纳谏"政策的鼓舞，新乐府运动终于在白居易的传导下于贞元、元和年间蓬勃展开。元结、顾况是新乐府运动的先驱。他们都要求诗歌发挥积极的社会作用，并以自己的创作实践其理论主张，写出了一些反映人民疾苦的作品。张籍、王建是新乐府运动的积极参加者，二人齐名，其诗世称"张王乐府"。元稹是中坚，也是倡导者之一。早年与白居易齐名，世称"元白"。

白居易的诗歌理论是新乐府运动理论的主要部分，指导并促进了新乐府运动的深入开展。其主要观点有四条：一是为时为事而作的创作原则。他主张"文章合为时而著，歌诗合为事而作"（《与元九书》），关注国家兴衰、时政缺失和民生疾苦，这是现实主义创作的基本原则。二是讽喻美刺的创作标准。他要求"辞赋合炯戒讽喻""操于诗人美刺之间"（《策林》），使作品具有强烈的批判性和战斗性。三是著诚去伪的创作态度。他主张取材必须真实，要"尚质抑淫，著诚去伪"（《策林》），采取"其事核而实，使采之者传信"（《新乐府序》）的严肃态度。四是文质统一的创作要求。他说："诗者，根情，苗言，华声，实义"（《与元九书》），情、义是内容，言、声是形式，二者是统一的。又说："非求宫律高，不务文字奇，惟歌生民病，愿得天子知"（《寄唐生》），内容是第一位的。他要求采用直截了当、通俗易懂的形式来讽喻美刺的内容。

白居易的诗现存 3800 多首，数量之多在唐代诗人中首屈一指，有"诗魔"和"诗王"之称。他曾把自己的诗分为讽喻、闲适、感伤、杂律四类。讽喻诗 170 余首，取材广泛，批判性、战斗性很强，是白居易现实主义诗歌的代表作。其主要作品有《长恨歌》《卖炭翁》《琵琶行》等。

四、晚唐诗歌：退潮期

晚唐诗歌是唐代诗歌的衰落时期。晚唐大致从文宗开成元年到唐灭亡（836—907）。

晚唐诗歌影响较大的诗人是李商隐和杜牧，二人有"小李杜"之称。陆龟蒙、皮日休继承了新乐府运动的传统，但多具闲适淡泊的情调。此外，温庭筠、杜荀鹤、韦庄等都有一定的成就。

（一）杜牧

杜牧（803—约852），字牧之，号樊川居士，汉族，京兆万年（今陕西西安）人，因晚年居长安南樊川别墅，故后世称"杜樊川"，著有《樊川文集》。杜牧人称"小杜"，以区别于杜甫"大杜"，与李商隐并称"小李杜"。

杜牧是一位才华横溢，具有远大抱负的诗人。他的诗歌创作，追求一种情致高远、笔力劲拔，于俊爽峭健之中带风华流美的艺术风格。在杜牧各类题材的诗歌中，以怀古咏史诗数量最多,也最能体现杜牧诗歌的主体风貌。这些诗歌以深邃的目光、劲健而又流畅的笔调,将写景抒情同怀古咏史紧密结合在一起,突出表现一种深沉的、盛衰兴亡的历史感慨。就诗歌题材而言,杜牧的五言、七言古今体皆有佳作,而七绝成就最高,无论咏史、写景,还是抒情,无不爽朗俊逸,内涵深刻,在晚唐独树一帜。如《赤壁》"折戟沉沙铁未销,自将磨洗认前朝。东风不与周郎便,铜雀春深锁二乔"便是杜牧七绝中最具代表性的佳句。其主要作品有《登乐游原》《过勤政楼》《金谷园》《赤壁》《过华清宫绝句》等。

(二)李商隐

李商隐是晚唐时期最为杰出的诗人。他的诗多抒写时代动荡离乱的感慨和个人失意悲愁的心情。其中既有关注现实的政治诗,也有借古讽今的咏史诗;既有表现个人遭际的抒怀诗,也有缠绵悱恻的爱情诗。由于时代的混乱和个人遭遇的坎坷,他的诗往往流露出浓厚的感伤、迷惘和消极的情绪。

李商隐是一位刻意追求诗美的诗人。他的诗在艺术上最突出的特点:以缜密的构思、丰富的想象、哀婉的情调、瑰丽多姿的形象和含蓄优美的辞采来表现他所特有的细腻而又敏感的心境与感受,从而构成朦胧瑰丽的诗歌境界,表现为一种凄艳浑融的风格。其主要作品有《夜雨寄北》《无题》《锦瑟》等。

(三)晚唐其他诗人

晚唐诗主要有两个流派:一是现实主义诗派,代表人物及代表作有皮日休的《橡媪叹》、聂夷中的《咏田家》和杜荀鹤的《山中寡妇》。此外,陆龟蒙的《新沙》、罗隐的《雪》也是较好的讽刺诗。二是温庭筠、韦庄、司空图、段成式、李群玉、韩偓等人的华艳诗风。温庭筠诗绮丽、感伤,其《商山早行》脍炙人口。韦庄的七古《秦妇吟》是唐代最长的叙事诗,他因此被称作"《秦妇吟》秀才"。

唐代是我国文学史上一个光辉的时代,诗歌、散文、小说都取得了杰出的成就。尤其是诗歌,有近五万首,比自西周到南北朝一千六七百年遗留下来的诗篇数目多出两三倍以上;二千二百多位作家,著名的诗人有五六十人,也大大超过了战国到南北朝时期著名诗人的总和。这是一个多么让人感到震撼,又多么让人感到骄傲的数字啊。这些辉煌的成就,表现了我们民族高度的智慧与巨大的创造力。

拓展阅读

1.作品赏析

(1)

侠客行[1]

李 白

赵客[2]缦胡缨,吴钩[3]霜雪明。

银鞍照白马,飒沓[4]如流星。

十步杀一人,千里不留行。[5]

事了拂衣去,深藏身与名。
闲过信陵[6]饮,脱剑膝前横。
将炙啖朱亥,持觞劝侯嬴。[7]
三杯吐然诺[8],五岳倒为轻。
眼花耳热后,意气素霓[9]生。
救赵挥金槌,邯郸先震惊。[10]
千秋二壮士,烜赫大梁城。
纵死侠骨香,不惭世上英。
谁能书阁下,白首太玄经。[11]

【注释】

[1]这是一首描写和歌颂侠客的古体五言诗,是李白"乐府三十首"中的一首。行,这里不是行走的行,而是歌行体的行,"侠客行"意思是"侠客的歌"。

[2]赵客:燕赵之地的侠客。自古燕赵多慷慨悲歌之士。《庄子·说剑》:"昔赵文王好剑,剑士夹门而客三千余人。"缦:没有花纹。胡:古时将北方少数民族通称为胡;缨:系冠帽的带子。缦胡缨,即少数民族做工粗糙,没有花纹的带子。这句写侠客的冠带。

[3]吴钩:宝刀名。霜雪明:谓宝刀的锋刃像霜雪一样明亮。

[4]飒沓:群飞的样子,形容马跑得快。

[5]这两句原自《庄子·说剑》:"臣之剑十步一人,千里不留行。"这里是说侠客剑术高强,而且勇敢。

[6]信陵:信陵君,战国四公子之一,为人礼贤下士,门下食客三千余人。

[7]朱亥、侯嬴:都是信陵君的门客。朱本是一屠夫,侯原是魏国都城大梁东门的门官,两人都受到信陵君的礼遇,都为信陵君所用。炙:烤肉。啖:吃。啖朱亥:让朱亥来吃。

[8]三杯吐然诺:几杯酒下肚(古诗文中,三、九常是虚指)就作出了承诺。

[9]素霓:白虹。古人认为,凡要出现不寻常的大事,就会有不寻常的天象出现,如"白虹贯日"。这句的意思是,侠客重然诺、轻死生的精神感动了上天。也可以理解为,侠客这一承诺,天下就要发生大事了。这样与下文扣得更紧。

[10]这两句说的是朱亥锤击晋鄙的故事。信陵君是魏国大臣,魏、赵结成联盟共同对付秦国,这就是合纵以抗秦。信陵君是积极主张合纵的。邯郸,赵国国都。秦军围邯郸,赵向魏求救。魏王派晋鄙率军救赵,后因秦王恐吓,又令晋鄙按兵不动。这样,魏赵联盟势必瓦解。信陵君准备亲率家丁与秦军一拼,去向侯嬴辞行(实际是试探侯嬴),侯嬴不语。信陵君行至半路又回来见侯嬴。侯嬴笑着说:"我知道你会回来的。"于是为信陵君设计,串通魏王宠姬,盗得虎符,去到晋鄙军中,假托魏王令,代晋鄙领军。晋鄙生疑,朱亥掏出40斤重的铁锤,击毙晋鄙。信陵君遂率魏军进击秦军,解了邯郸的围。

[11]扬雄曾在皇帝藏书的天禄阁任校刊工作。《太玄经》是扬雄写的一部哲学著作。

【评析】

李白这一首《侠客行》古风,抒发了他对侠客的倾慕,对拯危济难、用世立功生活的向往。前四句从侠客的装束、兵刃、坐骑描写侠客的外貌。第二个四句写侠客高超的武艺和淡泊名利的品行。第三个四句引入信陵君和侯嬴、朱亥的故事来进一步歌颂侠客,同时也委婉地表达了自己的抱负。侠客凭以结识明主,明主借助侠客的勇武谋略去成就一番事业,侠客也就功成名就了。最后四句表示,即使侠客的行动没有达到目的,但侠客的骨气依然流芳后世,并不逊色于那些功成名就的英雄,写史的人应该为他们也写上一笔。有人认为这首《侠客行》仅仅是写朱亥、侯嬴,是不对的。前八句写的侠客形象就与朱、侯两人不符。朱并不会剑术,而是力气大、勇敢。侯嬴主要是以智谋取胜。一句"闲过信陵饮"不过是将侠客与信陵君这样的"明君"联系起来罢了,因朱、侯都不是以这种方式结识信陵君的。李白正是想结识像信陵君这样的明主以成就自己"申管晏之谈,谋帝王之术,奋其智能,愿为辅弼,使寰区大定,海县靖一"的政治抱负。前人有曰:"借他人故事,浇自己块垒。"李白这首诗亦当如是!

（2）

闻官军收河南河北

杜　甫

剑外忽传收蓟北,初闻涕泪满衣裳。
却看[1]妻子愁何在[2],漫卷[3]诗书喜欲狂。
白日放歌须纵酒,青春作伴好还乡[4]。
即从巴峡穿巫峡,便下襄阳向洛阳[5]。

【注释】

[1]却看:回看。

[2]愁何在:不再愁。

[3]漫卷:随手卷起。古代诗文皆写在卷子上。

[4]青春句:意谓春光明媚,鸟语花香,还乡时并不寂寞。

[5]即从两句:想象还乡路线,即出峡东下,由水路抵襄阳,然后由陆路向洛阳。此诗句末有自注云:"余有田园在东京"(指洛阳)。巴峡:四川东北部巴江中之峡。巫峡:在今重庆巫山县东,长江三峡之一。襄阳:今属湖北。

【评析】

这是一首叙事抒情诗,代宗广德元年(763)春作于梓州。延续七年多的安史之乱,终于结束了。作者喜闻蓟北光复,想到可以携眷还乡,喜极而泣,这种激情是人所共有的。读了这首诗,我们可以想象作者当时对着妻儿侃侃讲述捷报,手舞足蹈,欣喜若狂的神态。因此,历代诗论家都极为推崇这首诗。浦起龙在《读杜心解》中称赞它是杜甫"生平第一首快诗"。

（3）

问刘十九

白居易

绿蚁[1]新醅[2]酒,红泥小火炉。
晚来天欲雪,能饮一杯无?

【注释】

[1]绿蚁:指浮在新酿的没有过滤的米酒上的绿色泡沫。

[2]醅:没有过滤的酒。

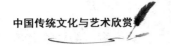

【评析】

刘十九是作者在江州时的朋友，作者另有《刘十九同宿》，说他是嵩阳处士。全诗寥寥二十字，没有深远寄托，没有华丽辞藻，字里行间却洋溢着热烈欢快的色调和温馨炽热的情谊，表现了温暖如春的诗情。诗句的巧妙，是意象的精心选择和巧妙安排。全诗表情达意主要靠三个意象（新酒、火炉、暮雪）的组合来完成。通览全诗，语浅情深，言短味长。白居易善于在生活中发现诗情，用心去提炼生活中的诗意，用诗歌去反映人性中的春晖，这正是此诗令读者动情之处。

2.佳句欣赏

柴门闻犬吠，风雪夜归人。

——刘长卿《逢雪宿芙蓉山主人》

长风破浪会有时，直挂云帆济沧海。

——李白《行路难》

日暮乡关何处是？烟波江上使人愁。

——崔颢《黄鹤楼》

莫愁前路无知己，天下谁人不识君。

——高适《别董大》

黄沙百战穿金甲，不破楼兰终不还。

——王昌龄《从军行其四》

何当共剪西窗烛，却话巴山夜雨时。

——李商隐《夜雨寄北》

同是天涯沦落人，相逢何必曾相识。

——白居易《琵琶行》

月落乌啼霜满天，江枫渔火对愁眠。

——张继《枫桥夜泊》

南朝四百八十寺，多少楼台烟雨中。

——杜牧《江南春》

痛饮狂歌空度日，飞扬跋扈为谁雄？

——杜甫《赠李白》

探究思考

1.简述杜甫律诗的艺术成就。

2.历史上曾多次出现"李杜之争"。李白与杜甫，两位截然不同的诗人，同学们更喜欢谁？请谈谈自己的看法。

3.推荐阅读：蒋勋《蒋勋说唐诗》。

知识链接

《唐诗杂论》（节选）
闻一多

写到这里，我们该当品三通画角，发三通摞鼓，然后提起笔来蘸饱了金墨，大书而特书。因为我们四千年的历史里，除了孔子见老子（假如他们是见过面的），没有比这两人的会面更重大，更神圣，更可纪念的。我们再逼紧我们的想象，譬如说，青天里太阳和月亮走碰了头，那么，尘世上不知要焚起多少香案，不知有多少人要望天遥拜，说是皇天的祥瑞。如今李白和杜甫——诗中的两曜，劈面走来了，我们看去，不比那天空的异瑞一样的神奇，一样的有重大的意义吗？所以假如我们有法子追究，我们定要把两人行踪的线索，如何拐弯抹角，时合时离，如何越走越近，终于两条路线会合交叉了——统统都记录下来。假如关于这件事，我们能发现到一些翔实的材料，那该是文学史里多么浪漫的一段掌故！可惜关于李杜初次的邂逅，我们知道的一成，不知道的九成。我们知道天宝三载三月，太白得罪了高力士，放出翰林院之后，到过洛阳一次，当时子美也在洛阳。两位诗人初次见面，至迟是在这个当儿，至于见面时的情形，在什么时候，什么地方，也许是李邕的筵席上，也许是洛阳城内一家酒店里，也许……但这都是可能范围里的猜想，真确的情形，恐怕是永远的秘密。

有一件事我们却拿得稳是可靠的。子美初见太白所得的印象，和当时一般人得的，正相吻合。司马微一见他，称他"有仙风道骨，可与神游八极之表"贺知章一见，便呼他作"天上谪人"，子美集中第一首《赠李白》诗，满纸都是企羡登真度世的话，假定那是第一次的邂逅，第一次的赠诗，那么，当时子美眼中的李十二，不过一个神采趣味与常人不同，有"仙风道骨"的人，一个可与"相期拾瑶草"的侣伴，诗人的李白没有在他脑中镌上什么印象。到第二次赠诗，说"未就丹砂愧葛洪"，回头就带着讥讽的语气问"痛饮狂歌空度日，飞扬跋扈为谁雄？"

依然没有谈到文字。约莫一年以后，第三次赠诗，文字谈到了，也只轻轻的两句"李侯有佳句，往往似阴铿"，不是什么了不得的恭维，可是学仙的话一概不提了。或许他们初见时，子美本就对于学仙有了兴味，所以一见了"谪仙人"，便引为同调；或许子美的学仙的观念完全是太白的影响。无论如何，子美当时确是做过那一段梦——虽则是很短的一段；说"苦无大药资，山林迹如扫"；说"未就丹砂愧葛洪"。起码是半真半假的心话。东都本是商贾贵族蜂集的大城，廛市的繁华，人心的机巧，种种城市生活的罪恶，我们明明知道，已经叫子美腻烦，厌恨了；再加上当时炼药求仙的风气正盛，诗人自己又正在富于理想的、如火如荼的浪漫的年华中——在这种情势之下，萌生了出世的观念，是必然的结果。只是杜甫和李白的秉性根本不同：李白的出世，是属于天性的，出世的根性深藏在他骨子里，出世的风神披露在他容貌上；杜甫的出世是环境机会造成的念头，是一时的愤慨。两人的性格根本是冲突的。太白笑"尧舜之事不足惊"，子美始终要"致君尧舜上"。因此两人起先虽觉得志同道合，后来子美的狂热冷了，便渐渐觉得不独自己起先的念头可笑，连太白的那种态度也可笑了；临了，念头完全抛弃，从此绝口不提了。到不提学仙的时候，才提到文字，也可见当初太白的诗不是不足以引起子美的倾心，实在是诗人的李白被仙人的李白掩盖了。

东都的生活果然是不能容忍了，天宝四载夏天，诗人便取道如今开封归德一带，来到济南。在这边，他的东道主，便是北海太守李邕。他们时常集会、宴饮、赋诗；集会的地点往往在历下亭和鹊湖边上的新亭。在座的都是本地的或外来的名士；内中我们知道的还有李邕的从孙李之芳员外和邑人蓁处士。竟许还有高适，有李白。

是年秋天太白确乎是在济南。当初他们两人是否同来的，我们不晓得；我们晓得他们此刻交情确是很亲密了，所谓"醉眠秋共被，携手日同行"，便是此时的情况。太白有一个朋友范十，是位隐士，住在城北的一个村子上。门前满是酸枣树，架上吊着碧绿的寒瓜，瀚瀚的白云镇天在古城上闲卧着——俨然是一个世外的桃源；主人又殷勤；太白常常带子美到这里喝酒谈天。星光隐约的瓜棚底下，他们往往谈到夜深人静，太白忽然对着星空出神，忽然谈起从前陈留采访使李彦如何答应他介绍给北海高天师学道箓，话说过了许久，如今李彦许早忘记了，他可是等得不耐烦了。子美听到那类的话，只是唯唯否否；直等话头转到时事上来，如贵妃的骄奢，明皇的昏瞆，以及朝里朝外的种种险象，他的感慨才潮水般的涌来。两位诗人谈着话，叹着气，主人只顾忙着筛酒，或许他有意见不肯说出来，或许压根儿没有意见。

教学任务 8　从容的华丽——宋词

作为宋代盛行的一种文学体裁，宋词是一种相对于古体诗而言的新体诗歌，代表着宋代文学的最高成就。宋词句子有长有短，便于歌唱，因是合乐的歌词，故又称曲子词、乐府、乐章、长短句、诗余、琴趣等。它始于梁代，形成于唐代而极盛于宋代。据《旧唐书》上记载："自开元（唐玄宗年号）以来，歌者杂用胡夷里巷之曲。"宋词是中国古代文学皇冠上光辉夺目的明珠，在古代汉族文学的阆苑里，它是一座芬芳绚丽的园圃。它以姹紫嫣红、千姿百态的神韵，与唐诗争奇，与元曲斗艳，历来与唐诗并称双绝，堪称"一代之文学"。

宋词的发展大致可以分为北宋与南宋两个时期，在风格上可为分婉约和豪放两派。

一、北宋时期

北宋初中期的词沿袭了唐五代词的特点，在形式上以小令为主，内容多写男女爱情、离愁别恨，艺术上多用白描手法。代表词人主要有柳永、张先、欧阳修、晏殊、晏几道等，其中成就最高的是柳永。北宋后期的词，最大的特色是词的诗化，主要词人有苏轼、秦观、周邦彦、贺铸等。

（一）晏殊

晏殊（991—1055），字同叔，谥元献，临川（今江西抚州）人，七岁能文，人称神童，有《珠玉集》一卷。他在仁宗朝官至宰相，历官显要，生活豪华。优裕闲逸的生活和多愁善感的个性，使晏殊常常伤春感时，在寂寞中流连光景，以反思和体悟人生。同时，他的词虽多写男女相思爱恋和离愁别恨，但已过滤了花间词的轻佻艳冶，而显得纯净雅致，温润秀洁。王灼《碧鸡漫志》中说晏殊词"风流蕴藉，一时莫及；而温润秀洁，亦无其此"。晏殊的词集名《珠玉集》，代表作有《浣溪沙·一曲新词酒一杯》等。

（二）晏几道

晏几道（1030—1106），字叔原，号小山。其词与父亲晏殊齐名，并称"二晏"，都属婉约一派。晏几道的性格为人，黄庭坚在《小山词序》中概括为"四痴"。其词集初名《乐府补亡》，后以《小山词》为名行世。晏几道的词以写爱情为主，在深沉中露出奔放，在温柔中显示率真，词风接近李煜。在创作方式上以追忆为主要特色。其代表作有《临江仙·梦后楼台高锁》等。

（三）柳永

柳永（987？—1053？）原名三变，字耆卿，又称柳七、柳屯田，是北宋第一个专力写词的作家。仕途失意，他常常出入烟花柳巷，生活在歌女乐工当中，精音律，善作俗曲，被时人视为浪子才人。在词的体制、内容、风格诸方面均有所突破，受到社会各阶层的广泛欢迎，以至"凡有井水饮处即能歌柳词"（《避暑录话》）。所著《乐章集》有词二百多首。

柳永是北宋词坛第一个转变词风的词人，对宋词的发展作出了重要的贡献。柳永采用了许多新曲调，并大量创制慢词，奠定了慢词在词坛上的地位，从根本上改变了唐五代以来词坛上小令一统天下的格局，使慢词与小令两种体式平分秋色，齐头并进。柳永词中不少感慨人生失意、抒写羁旅行役之思的，往往在山村水驿、川林溪石、夕阳风雨的描绘中寄托凄凉心境。柳永还一改文人词的创作路数，而迎合满足市民大众的审美需求。例如，写女性大胆主动地追求爱情，无所顾忌地坦陈对平等自由爱情的渴望，颇有新鲜气息。柳永词还从多方面展现了北宋繁华富裕的都市生活和丰富多彩的市井风情，这一题材前人从未触及。在艺术技巧方面，柳永最重要的贡献是成熟地运用了长调词适于铺叙、层次丰富、变化多端的特点，为后人在词中融抒情、叙事、说理、写景于一体，容纳更复杂的内涵，开拓了新路。在语言上则是一方面善于化用以前诗歌中的语汇和意象；另一方面雅俗兼备，以俗为主，开文人俚词一路。柳永是婉约派的代表作家之一，其主要作品有《雨霖铃·寒蝉凄切》《蝶恋花·伫倚危楼风细细》《望海潮·东南形胜》等。

（四）欧阳修

欧阳修（1007—1072），字永叔，号醉翁，晚年又号六一居士，江西庐陵人。欧阳修是北宋前中期的文坛领袖。词集有《六一词》《醉翁琴趣外篇》等，存词240多首。其词的总体风格是疏隽、深婉，擅长用平常的景象和普通的语言，描绘出悠远的意境，如《踏莎行·候馆梅残》等，即为代表。除此之外，欧阳修的词也有俚俗化的风格，这类词主要继承了唐代民间词的传统。

（五）苏轼

苏轼（1037—1101），字子瞻，号东坡居士，四川眉山人。苏轼才情奔放，诗、词、文、书、画、文艺理论均有独到成就，因此在宋代文学中有着崇高的地位。如果说欧阳修是北宋文学变革中中枢式的人物，那么苏轼则代表着这场文学变革的最高成就。苏轼也是宋代最杰出的词作家，有作品集《东坡七集》《东坡易佳》《东坡乐府》。

苏轼受到儒、释、道三家的影响,思想较复杂。但他并未固执于任何一家,而是兼收并蓄,各有取舍,从而形成了他的复杂思想和性格。大体说来,他以儒家积极入世的思想从政,立志做一个经世济民的人物。他又以释、道二家超然物外、与世无争的思想对待人生忧患,因而在任何逆境中都能随遇而安,不悲观、不颓唐,保持一种旷达乐观的人生态度。

图 1-8-1　苏轼

苏轼词的题材"无意不可入,无事不可言"(刘熙载《艺概》),既写男女恋情、离合悲欢的传统内容,又突破词为"艳科"的狭隘范围,将传统的女性化的柔情之词扩展为男性化的豪情之词,将传统上只表现爱情之词变革为表现性情之词,使词像诗一样可以充分表现作者的性情怀抱和人格个性,举凡诗歌可以表达的题材如怀古、感旧、记游、悼亡、说理及描写农村风光,皆可入词,从而扩大词的表现功能,开拓了词境。

苏轼词的风格是多样化的,往往以意为主,任情流泻,故其风格有的仍与传统的婉约柔美之风接近,但已有相当数量的作品体现出奔放豪迈如天风海雨般的新风格。苏轼对词的最重要的贡献,就是他开创了一种雄壮豪放、开阔高朗的艺术风格,开创了豪放一派。

"以诗为词"的手法是苏轼变革词风的主要武器。"以诗为词"是将诗的表现手法移植到词中,苏词中主要表现为用题序和典故上。题序丰富和深化了词的审美内涵,用典增强了词的历史内蕴和现实感。"以诗为词"实际上也就是为词的语言表现争取更大的自由,使词的语言表现方式从单一化的格局中挣脱出来,获得摇曳变化、舒卷伸缩的新颖效果。其代表作有《江城子·密州出猎》《念奴娇·赤壁怀古》《江城子·十年生死两茫茫》等。

(六)秦观

秦观(1049—1100),字少游,号淮海居士,江苏高邮人,"苏门四学士"之一。在北宋词坛上,秦观被认为是最能体现当行本色的"词手"。秦观词的内容并没有脱别恨离愁的樊篱,其妙处在于"将身世之感打并入艳情"(清周济《宋四家词选眉批》),并在铺叙中融入了小令的含蓄蕴藉,情词兼胜,即情感真挚,语言优雅,意境深婉,音律谐美,符合词体的本色和当时文人士大夫的审美趣味。后人称他为"古之伤心人"。其词集名为《淮海居士长短句》。他的代表作有《鹊桥仙·纤云弄巧》《浣溪沙·漠漠轻寒上小楼》等。

(七)周邦彦

周邦彦(1056—1121),字美成,号清真居士。青年时代读书广博,但生性放浪。后在太学读书,因献《汴都赋》而为宋神宗所赏识,由太学生提拔为太学正。徽宗时,因精通音乐,善作词,提举大晟府。

周邦彦的词集名为《清真集》,一名《片玉词》,存词200余首。其精通音律,曾创作不少新词调。他的词在内容上并没有什么明显的变化,反而抽掉了柳永词中的市井情趣。擅长用精致的语言和形式描写一般士人的情感,作品多写闺情、羁旅,也有咏物之作。周邦彦在艺术上把北宋词提升到了一个新的境界,被后人誉为"结北开南"的重要人物。他的词格律谨严,语言曲丽精雅,长调尤善铺叙,为后来格律派词人所宗。其词风浑厚、典雅、缜密,旧时词论称他为"词家之冠"。周邦彦代表作有《兰陵王·柳》等。

二、南宋时期

南宋朝廷偏安江南,在现实的巨变之下,南宋前期的词强烈地表现了爱国主义精神,主要词人有李清照、张孝祥、张元幹等。而南宋后期的词则分为两派:一派以辛弃疾及其追随者为代表,多表现爱国精神;一派以姜夔、吴文英等为代表,主要在艺术上精雕细刻。

(一)李清照

李清照(1084—约1155),号易安居士,中国文学史上创造力最强、艺术成就最高的女作家。后人将其与李后主、柳永、秦观、周邦彦一起推为"当行本色"的婉约正宗,甚至被推为这一派的最高代表,"婉约以易安为宗"(王士禛),直至明清时代仍是"堕情者醉其芬馨,飞想者赏其神骏"(沈曾植)。不仅如此,李清照后期的词多打上苦难社会的烙印,能唤起读者的忧患意识,这也影响了南宋辛派词人的创作。

词"别是一家"说,是李清照词学思想的重点。其主要内涵:一是强调谐音合律;二是重"情致""典重",崇尚"文雅"的词情;三是讲究"故实""铺叙",追求艺术表现的完美。"别是一家"说是对词"自是花中第一流"整体美的追求,它丰富与发展了花间以来的词学本色论,形成了明晰的理论体系。

在情感表达上,易安词善于选取自己日常生活中的起居环境、行动、细节来展现自我的内心世界,尤其善于用最平常最简练的、生活化的语言精确地表现复杂微妙的心理和多变的情感流程。在意境创造上,易安词善于以女性特有的细腻敏锐的笔触,塑造抒情主人公多愁善感、缠绵凄婉的自我形象,尤善于"短幅中藏无数曲折"(《蓼园词选》),于生活细节、写景状物中表达深情。在语言表达上,易安词无论是口语,还是书面语,一经提炼熔铸,就别开生面,风韵天然,雅俗共赏。

李清照的词集名为《漱玉词》,存词40余首,代表作有《醉花阴·薄雾浓云愁永昼》《声声慢·寻寻觅觅》等。

(二)陆游

陆游(1125—1210),字务观,自号放翁,浙江绍兴人。他生活在一个有良好文学氛围的家庭,早年历经动乱,培养了他强烈的民族意识。陆游的词风格多样,既有表现忧愤之情的《诉衷情·当年万里觅封侯》,也有表现其精神气质的《卜算子·驿外断桥边》,还有表现自己爱情经历的《钗头凤·红酥手》等。

(三)辛弃疾

辛弃疾(1140—1207),字幼安,号稼轩,历城(济南)人。辛弃疾早年受祖父辛赞影响,培育了强烈的民族意识和爱国精神。他20多岁时,曾组织了一支抗金义军,并受当时义军统帅耿京的派遣,与南宋朝廷联系,试图里应外合,协同作战。辛弃疾不是传统的那种只会纸上谈兵的文人,而是真正具有军事、政治才干,因而他的词也就不是传统的文人词,而是英雄之词。后人将他与苏轼比较,认为"东坡是衣冠伟人,稼轩是弓刀游侠"(谭献《谭词评

图 1-8-2　辛弃疾

辩》），比较准确地指出了辛弃疾与苏轼的不同特点，所以，有人评价他的词是"慷慨纵横，有不可一世之概，于倚声家为变调；而异军特起，能于剪红刻翠之外，屹然别立一宗"（《四库全书总目提要》）。作为一个主战派，他有勇有谋，但生不逢时，郁郁而终。辛弃疾的词集名为《稼轩长短句》，存词 600 余首，是宋代存词最多的词人。

　　从内容来说，辛词的表现范围之广是前所未有的。就宋词总体而言，始终是"剪红刻翠"的婉约词占主流，南宋也是如此。而辛弃疾的词不仅描写离愁别恨，更多的是失路之悲、家国之忧、不平之气、愤懑之情，如《水龙吟·楚天千里清秋》。与此同时又不乏农村风光、自然景色的描写，如《清平乐·茅檐低小》。在题材的开拓方面比苏轼有过之而无不及，真正做到了"无意不可入，无事不可入"。尤其是他将词这种娱乐性的文体与国家、个人的命运紧密结合，使词成为一种抒发"英雄气"的庄重体裁，这比苏轼做得更为全面、彻底。

（四）姜夔

　　姜夔（1154—1121），字尧章，号白石道人。他终身布衣，漂泊江湖，虽为人清高，但终为名宦门下之清客，而以卓越的文学才能名世。他开创了格律词派，为南宋后期词坛大家，有著作《白石词》。其词题材有写景咏物、记游酬赠、离别相思等。其中有的作品表达了对现实的感慨和忧虑，具有一定的现实意义。现实性较强的作品当推《扬州慢》，这首词描写了被金兵洗劫之后的扬州一派荒芜，抒发了黍离之悲及对昔日繁华扬州的怀念。姜词中以咏物和写相思之作为最多，艺术性也最高。代表作为《暗香》《疏影》。《暗香》借咏梅怀人，情思婉转，诗人将往日的回忆与今日的感喟紧紧联系在一起，清幽的意境，绵绵的相思，一片雅士情怀。

　　姜夔在发展词律、提高词艺和转变词风等方面作出了可贵的贡献。姜词音律之讲究，词句之精美，在宋词中是少有的。他上承周邦彦，下开格律词派，在南末后期词坛上产生了很大影响。

　　自宋以后，以诗文为代表的传统文学逐渐让位于以小说、戏曲为代表的通俗文学，虽然词的数量以及涌现出的流派依旧很多，但可称道者不过纳兰容若等寥寥数人。

拓展阅读

　　1.作品赏析

（1）

望海潮

柳　永

　　东南形胜，三吴[1]都会，钱塘自古繁华。烟柳画桥，风帘翠幕，参差十万人家。云树[2]绕堤沙。怒涛卷霜雪，天堑无涯。市列珠玑[3]，户盈罗绮、竞豪奢。

　　重湖叠巘[4]清嘉[5]。有三秋[6]桂子，十里荷花。羌管弄晴，菱歌泛夜，嘻嘻钓叟莲娃。千骑拥高牙[7]，乘醉听箫鼓，吟赏烟霞[8]。异日图将好景，归去凤池[9]夸。

【注释】

[1]三吴:即吴兴(今浙江省湖州市)、吴郡(今江苏省苏州市)、会稽(今浙江省绍兴市)三郡,在这里泛指今江苏南部和浙江的部分地区。

[2]云树:树木如云,极言其多。

[3]珠玑:珠是珍珠,玑是一种不圆的珠子。这里泛指珍贵的商品。

[4]重湖:以白堤为界,西湖分为里湖和外湖,所以也叫重湖。巘(yǎn):大山上之小山。叠巘:层层叠叠的山峦,此处指西湖周围的山。巘:小山峰。

[5]清嘉:清秀佳丽。

[6]三秋:秋季,亦指秋季第三月,即农历九月。

[7]高牙:高矗之牙旗。牙旗,将军之旌,竿上以象牙饰之,故云牙旗。这里指高官孙何。

[8]烟霞:此处指山水林泉等自然景色。

[9]凤池:全称凤凰池,原指皇宫禁苑中的池沼。此处指朝廷。

【评析】

钱塘(今浙江杭州市),从唐代开始便是历史上著名的大城市,到了宋代又有进一步的发展。柳永在杭州生活过一段时间,对杭州的山水名胜、风土人情有着亲身的体验和深厚的感情。作者抓住具有特征的事物,用饱蘸激情而又带有夸张的笔调,寥寥数语便笔底生风,迷人的西湖与钱塘胜景便展现在读者面前。

除饱满的感情与适度的夸张以外,词的语言、音律、词调也与词的内容结合得恰到好处。《望海潮》也是柳永首创的,词牌与词的内容以及地域性特点密切结合。上片写形胜之地和钱江潮的壮观,词中用"怒涛""霜雪""天堑"这类色彩浓烈有气势的语言,词句短小,音调急促,仿佛大潮劈面奔涌而来,有雷霆万钧、不可阻挡之势。而下片写西湖清幽的美景时,文字优美,词句变长,节奏平和舒缓,终于出现了"三秋桂子"这样千秋传诵的佳句,继之又用"羌管弄晴"等句不断地加以点染,美丽的西湖就更加使人心旷神怡了。

这是一首艺术感染力很强的词。相传后来金主完颜亮听唱"三秋桂子,十里荷花"以后,便羡慕钱塘的繁华,从而更加强化了他侵吞南宋的野心。为此,宋人谢驿(处厚)还写了一首诗:"莫把杭州曲子讴,荷花十里桂三秋。岂知草木无情物,牵动长江万里愁。"

(2)

《江城子·乙卯[1]正月二十日夜记梦》

苏 轼

十年[2]生死两茫茫,不思量[3],自难忘。千里[4]孤坟,无处话凄凉。纵使相逢应不识,尘满面,鬓如霜[5]。

夜来幽梦[6]忽还乡,小轩窗[7],正梳妆。相顾[8]无言,惟有泪千行。料得年年肠断处,明月夜,短松冈。[9]

【注释】

[1]乙卯:公元1075年,即北宋熙宁八年。

[2]十年:指结发妻子王弗去世已十年。

[3]思量:想念。

[4]千里:王弗葬地四川眉山与苏轼任所山东密州相隔遥远,故称"千里"。

[5]"尘满面"两句:形容年老憔悴。

[6]幽梦:梦境隐约,故云幽梦。

[7]小轩窗:指小室的窗前。轩:门窗。

[8]顾:看。

[9]明月夜,短松冈:苏轼葬妻之地。短松:矮松。

【评析】

题记中"乙卯"年指的是宋神宗熙宁八年(1075),其时苏东坡任密州(今山东诸城)知州,年已四十。正月二十日这天夜里,他梦见爱妻王弗,便写下了这首"有声当彻天,有泪当彻泉"(陈师道语)的悼亡词。

苏东坡的这首词是"记梦",而且明确写了做梦的日子。但实际上,词中记梦境的只有下片的五句,其他都是真挚朴素、沉痛感人的抒情文字。"十年生死两茫茫"生死相隔,死者对人世是茫然无知了,而活着的人对逝者呢,不也同样吗?恩爱夫妻,一朝永诀,转瞬十年了。"不思量,自难忘"人虽云亡,而过去美好的情景"自难忘"啊!王弗逝世十年了,想当初年方十六的王弗嫁给了十九岁的苏东坡,少年夫妻情深意重自不必说,更难得她蕙质兰心,明事理。

这十年间,东坡因反对王安石的新法,颇受压制,心境悲愤;到密州后,又忙于处理政务,生活困苦,他又怎能"不思量"那聪慧明理的贤内助呢?作者将"不思量"与"自难忘"并举,利用这两组看似矛盾的心态之间的张力,真实而深刻地揭示自己内心的情感。年年月月,朝朝暮暮,虽然不是经常悬念,但也时刻未曾忘却!或许,正是出于对爱妻王弗的深切思念,东坡续娶了王弗的堂妹王润之,据说此女颇有其堂姐之风韵。"千里孤坟,无处话凄凉",想到爱妻华年早逝,远隔千里,无处可以话凄凉、说沉痛。其实即便坟墓近身边,隔着生死,就能话凄凉了吗?这是抹杀了生死界线的痴语、情语,格外感人。"纵使相逢应不识,尘满面,鬓如霜。"这三个长短句,又把现实与梦幻混同了起来,把死别后的个人忧愤包括在苍老衰败之中,这时他才四十岁,已经"鬓如霜"了。她辞别人世已经十年了,"纵使相逢"恐怕也认不出"我"了。这个不可能的假设,感情深沉悲痛,表现了对爱侣的深切怀念,也寄寓了自己的身世之感。如梦如幻,似真非真,作者索于心,托于梦的实是一份"不思量,自难忘"的患难深情啊。

(3)

摸鱼儿

辛弃疾

淳熙己亥,自湖北漕移湖南,同官王正之置酒小山亭,为赋。[1]

更能消[2]、几番风雨。匆匆春又归去。惜春长恨花开早,何况落红[3]无数。春且住。见说道、天涯芳草无归路。怨春不语。算只有殷勤[4],画檐蛛网,尽日惹飞絮。

长门[5]事,准拟佳期又误。蛾眉曾有人妒。千金纵买相如赋,脉脉[6]此情谁诉。君莫舞。君[7]不见、玉环飞燕皆尘土。闲愁最苦。休去倚危栏[8],斜阳正在,烟柳断肠处。

【注释】

[1]淳熙己亥:宋孝宗淳熙六年(1179)。这年辛弃疾由湖北转运副使(管运钱粮的官吏)调任湖南转运副使,在同僚为他设宴饯别时写了这首词。

[2]消：经受。

[3]落红：落花。

[4]算只有殷勤：想来只有檐下蛛网还殷勤地沾惹飞絮，留住春色。

[5]长门：汉代宫殿名，武帝皇后失宠后被幽闭于此，司马相如《长门赋序》："孝武陈皇后，时得幸，颇妒。别在长门宫，愁闷悲思，闻蜀郡成都司马相如天下工为文，奉黄金百万，为相如、文君取酒，因以悲愁之辞，而相如为文以悟主上，陈皇后复得幸。"

[6]脉脉：绵长深厚貌。

[7]君：指善妒之人。

[8]危栏：高楼上的栏杆。

【评析】

这是辛弃疾四十岁时，也就是宋孝宗淳熙六年（1179）暮春写的词。辛弃疾自1162年渡淮水来归南宋，十七年中，他抗击金军、恢复中原的爱国主张始终没有被南宋朝廷采纳。南宋朝廷不把他放在抗战前线的重要位置上，只是任命他做闲职官员和地方官吏，使他在湖北、湖南、江西等地的任所转来转去，大材小用。这一次，又把他从湖北漕运副使任上调到湖南继续当漕运副使。漕运副使是掌管粮运的官职，对辛弃疾来说，做这种官当然不能施展他的大志和抱负，何况如今又把他从湖北调往距离前线更远的湖南后方去，更加使他失望。这次调动任职，使辛弃疾意识到：这是南宋朝廷不让抗战派抬头的一种表示。不让抗战派抬头，关系到辛弃疾个人事情尚小，关系到国家民族，那问题就大了。当时女真统治者的军队屡次南下犯境，南宋朝廷中的主和派采取妥协投降的错误政策。他们不仅忘了"徽钦之辱"，而且忍心把中原沦陷区广大人民长期置于女真族统治之下，过着水深火热的生活。收复山河的大计，已为纳金币、送礼物的投降政策所代替。辛弃疾目睹这种状况，满怀悲愤。他空有收复河山的壮志，而多年来一直无法实现。所以这次调离湖北，同僚置酒为他饯行的时候，他写了这首《摸鱼儿》，抒发他胸中的郁闷和愤慨。这首词内容包括：第一，对国家前途的忧虑；第二，自己在政治上的失意和哀怨；第三，对南宋当权者的不满。

2.佳句欣赏

林花谢了春红，太匆匆，无奈朝来寒雨晚来风。

——李煜《相见欢》

堤上游人逐画船，拍堤春水四垂天，绿杨楼外出秋千。

——欧阳修《浣溪沙》

落尽梨花春又了。满地残阳，翠色和烟老。

——梅尧臣《苏幕遮》

春色三分，二分尘土，一分流水。细看来不是杨花，点点是离人泪。

——苏轼《水龙吟》

恨春去、不与人期，弄夜色，空余满地梨花雪。

——周邦彦《浪淘沙慢》

昨夜西风凋碧树。独上高楼，望尽天涯路。

——晏殊《蝶恋花》

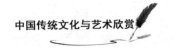
衣带渐宽终不悔,为伊消得人憔悴。

——柳永《蝶恋花》

众里寻它千百度。蓦然回首,那人却在灯火阑珊处。

——辛弃疾《青玉案》

莫道不消魂,帘卷西风,人比黄花瘦。

——李清照《醉花阴》

二十四桥仍在,波心荡、冷月无声。念桥边红药,年年知为谁生。

——姜夔《扬州慢》

探究思考

1.柳永对宋词的贡献是什么?

2.词"别是一家"的主要内涵是什么?

3.推荐阅读:林语堂《苏东坡传》。

知识链接

《一群疲惫的文学大师》(节选)

余秋雨

余秋雨:唐代文人最为自由,只是突如其来的社会动荡使他们每个人都狼狈不堪,不知所措。而宋代的情况就大为不同了,杰出的文人常常会担任重要的官职,面对社会接连不断的动荡,他们似乎早就有多种思想准备,包括捐躯,包括毁灭。我前面说过,宋代空前绝后地把一些最高等级的文化大师放到了最高等级的行政职位上,这就出现了中国知识分子很少遇到过的"高烈度冶炼",也让中国文化承受了一次奇特的考验。对于这个题目,我本来觉得可以轻轻放过了,但昨天一想,还应该再谈论几句。因为这在中国文化史上,也是一种特殊的范例。让顶级文化大师担任顶级行政职务,这个历史现象,你们平时想过没有?对于这几个文化人,你们有什么印象?

罗璞:就说王安石吧,仅凭"春风又绿江南岸,明月何时照我还"这两句,就已经可以确定他在诗歌领域的地位了,但他的历史名声主要建立在行政改革上。王安石变法就是以他的名字命名的,这个变法在世界历史研究者的心目中具有重要地位,任何一本历史书都不可能忽略。

余秋雨:这样的顶级文人一旦从政有一个共同特点:文化上的成就使他们非常固执,对一系列社会理念很难动摇。他们不像一般的政治人物那么长袖善舞、左右逢源,结果各种矛盾就因他们而更加复杂了。

苏东坡从黄州出来之后,已经拥有了《念奴娇·赤壁怀古》和前《赤壁赋》《后赤壁赋》这样传遍全国的佳作,他的文学成就已经超过当时所有文人。王安石是骑着小毛驴到江边见苏东坡的,苏东坡看自己灰头土脸,衣服打扮也不对,眼前又是昔日高官,便对王安石说,大丞相,我这个不礼貌的样子非常不符合礼仪。王安石说,礼仪难道是为你我这样的人设立的吗?两个疲惫的文学大师还一起游玩了好几天。玩的时候当然不可无诗,一写诗,两人的心就更靠近了。范仲淹、王安石、司马光、苏东坡这些文化巨匠虽然政治主张不一，但都是为了兴利除弊、挽救朝廷。他们都没有能够阻止朝廷在战乱中日渐衰落，无可挽救。在这个失败的大趋势中，又有一批杰出文人，用心灵感受了全部过程，留下了中华文化史上特别抢眼的英雄笔触和凄楚笔触，他们就是陆游、辛弃疾、李清照、文天祥。对后世读者来说，吟诵这些人的作品，也组合成了一种非常独特的文学体验。我想听听你们对这一文学现象的感受，随便说，谈印象。

欧阳霄：陆游最典型，一生企盼战斗，直到死前还写了一首《示儿》，中有"王师北定中原日，家祭无忘告乃翁"的名句，念念不忘收复失地，兴复中华。相比而言，在北宋时期，欧阳修号醉翁，还能够迷醉于山水之间；而到了江河日下的南宋，文人的命运和政治命运已经没法分开。陆游就只能做个放翁了。我很想做一个专题研究，题为"从'醉翁'到'放翁'"，来描述宋代文化人格的演变过程。

王牧笛：和陆游一样，辛弃疾一生也是孜孜以求、身体力行地抗金北伐。二十一岁他就参加了抗金义军，可报国无门、壮志难酬。到晚年，写下了著名的"醉里挑灯看剑，梦回吹角连营"，他一直渴望"沙场秋点兵"。在他死的那一年，朝廷终于下诏任用他，可他已到了弥留之际。他是喊着"杀贼、杀贼"而死的，这一年是1207年，距今八百余年。我觉得在这样一个场合，应该向这样的文化义士致敬。

余秋雨：你们在宋代文学里捕捉到了一股铁石铮铮的英雄之气，又说得那么投入，我听了非常感动。大家一定还记得那天我对颜真卿的叙述，可见有一种民族精魂由唐到宋贯穿下来了，甚至延续到我和你们身上。这便是中华文化一次次从血污中重生的秘密之一。我一直把北大高看一眼，也与这种精魂有关。今天的你们，又让我对中华文化的前途增添了几分乐观，谢谢！然而，我们毕竟还是要回到课程主旨。

宋代文学里的英雄之气千古不朽，但是，承载英雄之气的那些军事、政治事件却早已零落成泥。于是，那股英雄之气就承载在审美形式上了，并在审美形式中永恒。这就是我们的文化史课要研究的重点。那些令人垂泪的豪迈诗人，直到生命终点还想从军事和政治上挽救一个王朝，但是他们不知道，就在他们奔命呼号的时候，一个伟大的文学王朝已经被他们建立起来了。军事和政治的王朝，看起来是那么重要，但是，历史事实早已证明：真正永恒的崇高，却属于那个文学王朝。

除了你们刚刚列举的几位外，我还想提醒你们注意一下李清照。这位大家都不陌生的才女，乍一看与政治、军事不应该有太多关系，谁知因为身处多事之秋，几乎把她的整个身心都牵连进去了。她与丈夫赵明诚相亲相爱，但两方的父亲却处于政治斗争的对立面。赵明诚去世后又有谣言诬陷他私通金国，结果李清照此后很多年都在为洗刷亡夫的恶名而奔波，直到最后不得已而再嫁，再嫁又嫁错了人，离婚又要判罪……一系列想不到的麻烦纠集在一起向李清照扑来。李清照不知承受了多少无法承受的打击，但到最后也未必明白：她为之奔波的那种政治名誉并不重要，而最重要的文化名誉却已经在她的长吁短叹之间完满建立。也就是说，她在重重困境之中随手写下的那些词，已成为中华文化的不灭珍宝而光耀千古。后来，知道李清照悲惨经历的人已经很难找到，而熟读她作品的人却成千上万。时代容不下她，她却成了时代的代表。从另一个意义上也可以说，时代是多相位的，在文化相位上，上苍从一开始就已经悄悄地封她为女王。她的事情，我在一篇谈名誉的文章中曾详细地说过，大

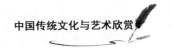

家有空可以找来读一读。

说到这里,大家对宋代文化的感觉是不是好得多了? 一个阴云密布又剑气浩荡的时代,极其反差地出现了典雅文化的大创造。在剑气和典雅之间,一群山岳般的文人巍然屹立,他们的激情和泪花全都变成了最美丽的作品,直到今天还在我们手上发烫。

教学任务9　舞台人生——古代戏曲

我国的戏曲艺术经历了漫长的孕育过程,到宋金时期而渐趋成熟,元代是我国戏曲史上的黄金时代,当时有姓名可考的杂剧作家有八十余人,见于书面记载的作品,有五百余种。前人把元代的剧曲与元散曲合称为"元曲",与唐诗、宋词并举,各作为一代文学中最具有特色的代表。

元杂剧繁荣兴盛的社会原因:一是广大人民群众经历了长期战乱,对社会生活的感受异常深切。如果说赋诗著文可使文人的情怀得以抒发,那么,具有群众性、通俗性特点的戏剧,则成为表达人民大众喜怒哀乐的艺术实体。因此,从根本上说,正是元代人民大众表达自身观念和情感的愿望和实践,造成了元杂剧的兴盛。二是元代文人的处境十分艰难,这就促使他们与人民大众有了共同的语言,其中有些人就走上了创作甚至扮演杂剧的道路,"以其有用之才,而一寓之乎声歌之末,以舒其怫郁感慨之怀。"(胡侍《真珠船》)由于文人的参与,使原来流传于民间的较为粗糙的戏曲得到了加工润色的机会;人民大众丰富的生活和情感使文人们获得了艺术营养,从而创作了大量优秀作品。三是农村经济的恢复,手工业的发展,促进了城乡经济的繁荣,当时的大都、临安、扬州等地,都成为聚集大量人口的都市。统治阶级享乐的需要,手工业者及其他城市居民、乡镇居民娱乐的需要,都刺激了杂剧的发展。四是元代是一个各民族大融合的时代,各民族艺术的交流,特别是民族音乐、舞蹈的交流,也为杂剧的发展注入了新鲜的血液。这种种原因,使杂剧艺术迅速发展,使元代成为中国戏剧史上的黄金时代。

元代的戏曲形式主要有三种:杂剧、散曲、南戏。

一、元杂剧

(一)元杂剧的体制形式

元杂剧是以宋杂剧和金院本为基础,把唱、念、科、舞等艺术结合起来表演故事,并用北曲演唱的一门综合性的舞台艺术。元杂剧产生了韵文和散文相结合的结构完整的文学剧本,剧本一般都有固定的体制。

(1)结构体制:四折一楔子,题目正名。剧本的结构,通常是一本四折演一完整故事,只有个别是一本五折、六折(如《赵氏孤儿》《秋千记》),或多本连演(如《西厢记》)。有的杂剧还有"楔子",它的篇幅比较短小,位置也不固定,一般在第一折的前面演出,对故事的由来作简单的介绍,也有在折与折之间演出的,作用和后来的过场戏相似。在剧末正戏结束之后,有"题目正名",用来概括剧情、标明剧名。

(2)角色体制:旦、末、净、杂。元杂剧的角色大致可分为旦(正面女角色)、末(正面男角色)、净(喜剧角色或反面人物)、杂(杂七杂八角色的总称)四类,其表演已呈现出虚拟化和程式化的倾向。

(3)音乐体制:杂剧一般一折戏只能唱同一宫调的一套曲子,而且一本戏只能由主要角色独唱,正末(男主角)主唱为末本,正旦(女主角)主唱为旦本,其他角色只有说白。

(4)文学要素:剧本韵散结合,每折均由曲词、宾白(杂剧以唱为主,故说白称为"宾白")、科范(演员的动作、表情等)组成。宾白包括人物的对话和独白,由白话和部分韵语组成。科范用来规定剧本中的主要动作表情和舞台效果,简称为"科",如"把盏科""做掩泪科""内作起风科"等。

(二)元杂剧的发展分期

元杂剧的历史大致可分为前后两期。

(1)元杂剧的前期,大抵是指从金朝灭亡以后的至元、元贞、大德年间,这是元杂剧的鼎盛时期。

元杂剧前期大家纷出,佳作迭现,涌现了伟大的戏剧家关汉卿,杰出的戏剧家王实甫、马致远、白朴,他们创作出了《窦娥冤》《救风尘》《西厢记》《汉宫秋》《梧桐雨》《墙头马上》《李逵负荆》《赵氏孤儿》等优秀的剧作。这些作家多半经历了元初社会的剧烈动荡,对人生有着深切的洞察与体认,一旦成文,便非同凡响。他们所写的作品多以历史传说、公案故事、水浒故事为题材,大都真实地反映了社会现实的种种矛盾,既具有深刻的思想内容和强烈的时代精神,又具有浓郁的生活气息和高度的审美价值。

(2)元杂剧的后期,元武宗以后至元朝灭亡。这是元杂剧由鼎盛逐步走向衰微的时期。这一时期除少数作品成就较高外,大部分作品的思想性和艺术性都不如前期。后期的著名剧作家有郑光祖、乔吉、宫天挺、秦简夫等,优秀作品有《倩女离魂》《两世姻缘》等。此时元朝统治稳固,剧作家们多取材于家庭道德、神仙道化、才子佳人等主题,宣扬封建教化、因果报应、超然物外等思想的作品日益增多,艺术上也越来越讲求曲词的华美典丽和情节的曲折离奇,这些都在很大程度上削弱了前期元杂剧的现实批判精神,再加上南戏的迅速发展,元杂剧的衰落已不可避免。

还需指出的是,元代周德清《中原音韵·序》中第一次把关汉卿、郑光祖、白朴、马致远并列,关、郑、白、马后来便被称为"元曲四大家"。

(三)戏剧家关汉卿和王实甫

(1)关汉卿与《窦娥冤》。关汉卿是元杂剧的奠基人,是中国文学史、戏剧史上非常有影响的戏剧家之一。

关于关汉卿生平事迹的资料,所存甚少。仅就《录鬼簿》等书的记载,可知他号已斋叟,大都人,或"祁之伍仁村(今属河北安国)人",或"解州(今山西运城西南)人",在太医院任职。朱经《青楼集》称他与杜散夫、白兰谷等皆为"金之遗民"。白兰谷生于 1226 年(金哀宗正大三年)。关汉卿当早于兰谷,但亦相去不远,元成宗大德年间,关汉卿还有创作活动,其卒年大抵在大德年间或其后。

关汉卿写了六十多种杂剧,流传下来的仅有十八种:《窦娥冤》《救风尘》《蝴蝶梦》《鲁斋郎》《拜月亭》《调风月》《望江亭》《金线池》《谢天香》《玉镜台》《绯衣梦》《单刀会》《西蜀梦》《哭存孝》《陈母教子》《裴度还带》《五侯宴》《单鞭夺槊》。其中有个别作品(如《鲁斋郎》)是否确为关作尚有异说。

对现存这十八种杂剧,从内容上来说,大抵可分三类,即反映社会黑暗和人民反抗的,如《窦娥冤》;热情歌颂妇女机智勇敢的,如《望江亭》;以历史故事、人物为题材的,如《单刀会》。剧本结构严密,冲突强烈,安排巧妙,语言通俗自然,字字本色,对后代戏曲的发展产生了巨大影响。

在这些作品中,《窦娥冤》无论从思想意义还是从艺术成就上来说,都是优秀的作品,足称关汉卿的代表作。

《窦娥冤》全名为《感天动地窦娥冤》,是元杂剧中最著名的悲剧。该剧通过一系列戏剧冲突的发展,塑造了一个富有中华民族传统美德的伟大女性形象——窦娥,这个形象的灵魂就是一个弱者的抗争精神。通过这个形象,作品控诉了元代社会的黑暗与残暴,歌颂了人民的反抗精神。

关汉卿以他"一空依傍"之笔,创作了"列之于世界大悲剧中亦无愧色"(王国维)的《窦娥冤》。《窦娥冤》的审美价值,也就集中体现在它的悲剧美之中。窦娥是一个对生活没有任何非分之想、过分之求的女性,是一个恪守封建妇道的女性,是一个任由命运摆布的女性。然而,就是这样一个女性,居然也不容于封建社会而含冤被杀。每一个读者和观众,正是在这个意义上,为之震动,引发思考,从而感受到了悲剧之美。在中国长期的封建社会的现实生活中,无声无息而屈死者成千上万。而窦娥,作为一个艺术形象,是在发出了悲愤壮烈的三誓之后而死的,这里显示了中华民族的妇女虽然遭受了千百年的压抑,而依然敢于抗争的精神。因此,这已不是仅仅令人悲悯的命运悲剧,而是充满着悲壮意义的社会悲剧。剧中主人公窦娥形象的塑造,极有特色。一方面,她自始至终都是一个善良的女性;另一方面,其性格又具有明显的发展节奏——由一个善良的弱女子,一步步发展为以生命控诉封建社会的壮烈的女性,真实感人,成为不朽的舞台形象。

(2)王实甫与《西厢记》。王实甫,名德信,大都人,他生活在元代前期,熟悉勾栏生活,才华出众,和关汉卿同为杰出的元杂剧作家。《录鬼簿》载,王实甫作杂剧十四种,今存三种。《西厢记》是他最享盛誉的代表作。

《西厢记》所写的张生和崔莺莺的爱情故事有一个漫长的流传演变过程,它最早源于唐中叶元稹的传奇小说《莺莺传》,金代出现了董解元的《西厢记诸宫调》,简称《董西厢》。《董西厢》把小说《莺莺传》改编扩展为五万余字的大型讲唱文学样式,并从根本上改变了它的故事格局,加了许多曲折动人的情节,语言优美生动,艺术成就也较高,为《王西厢》的创作打下了坚实的基础。王实甫的《西厢记》就是在《董西厢》的基础上把它由讲唱文学改编成杂剧的。《王西厢》继承了《董西厢》的优秀艺术传统,在情节、人物和语言等方面又进行了成功的改造和创新,使情节发展更合理,人物性格更丰满,反封建的主题更鲜明突出。因此,有《董西厢》孕育了《王西厢》,而《王西厢》又发展了《董西厢》之说。

王实甫的《西厢记》,共有五本二十一折,演绎了流传已久的书生张珙与相国小姐崔莺莺的恋爱故事。崔、张的爱情多次遭到老夫人的阻挠和破坏,从而揭露了封建礼教对青年男女自由幸福的摧残,并通过他们的美满结合,歌颂了青年男女对爱情的追求以及他们的斗争和胜利。作品最后提出"愿普天下有情人都成了眷属"的理想,代表了封建时代广大青年男女的普遍愿望,是爱情自由、婚姻自主的颂歌,也是对封建婚姻制度发出抨击的呐喊,表现出一定的民主思想,具有突出的进步意义,使它成为了数百年来封建礼教束缚下的青年男女追求爱情幸福的赞歌。

《西厢记》的艺术成就,突出表现在丰满的人物形象和优美的戏曲语言两个方面。

《西厢记》的人物并不多,每一个人物形象都十分丰满。这主要是因为每一个人物既有鲜明突出的个性特征,同时又具有多重性,就是说每一个人物的性格都得到了多侧面的刻画。以张生为例,张生的戏剧动作,主要是执着地追求与崔莺莺的爱情。他"往常时见傅粉的委实羞,画眉的敢是慌",只是见到了莺莺,就再也无法摆脱了。这样,张生就与一般的寻花问柳的风流才子严格区别开来,而突出了"志诚种"甚至是"傻角"的个性特征。同时,在张生出场时,作品还强调了他的"才高难入俗人机,时乖不遂男儿志"的情志;通过他的眼睛,对九曲黄河壮观景色的描写,也表现了他的胸襟。这样,张生就不是某一概念的化身,而是一个有血有肉的人物形象。

《西厢记》的语言一向受到称赞。明人朱权在《太和正音谱》中说:"王实甫之词如花间美人""铺叙委婉,深得骚人之体,极有佳句,若玉环之出浴华清,绿珠之采莲洛浦"都是针对《西厢记》而言的;王世贞说《西厢记》是北曲"压卷"之作,也主要是指《西厢记》优美的语言。综观《西厢记》全剧语言的艺术成就,最突出的是把典雅的文学语言与白描性的白话口语巧妙地结合在一起,形成一种既文采华丽,又朴实淡雅的风格。如果说"晓来谁染霜林醉?总是离人泪"富有浓郁的文学语言色彩,那么,同是第四本第三折中,"见安排着车儿、马儿,不由人熬熬煎煎的气……""霎时间杯盘狼藉,车儿投东,马儿向西……"则显然又是充分的白话口语,二者自然熔为一炉,正是《西厢记》的语言风格。

王实甫的《西厢记》对后世产生了深远的影响。明清时代,多有人以南曲翻作。其中流传较广的有陆采(1497—1537)的"南西厢"和李日华(明人,生卒年不详)的"南调西厢记",但其成就皆不及"王西厢"。后世很多剧种,都有《西厢记》的全部或部分改编本,在戏曲舞台上历久不衰。

二、南戏

南戏是南戏文、南曲戏文的简称,与北方杂剧相对而言。南戏是指宋元时期用南曲演唱的一种戏曲形式,它最早起源于浙江温州一带,又称"温州杂剧"或"永嘉杂剧"。

(一)南戏与元杂剧的体制差别(南戏的体制)

南戏是明清传奇的前身。南戏的形式至元末基本定型,与杂剧相比,其体制比较自由灵活。

(1)从结构体制看,南戏称一场为一出,没有固定的出数,长短自由;题目放在剧本的开端,一般先由副末开场,说明创作主旨或介绍剧情概况。

(2)从音乐角度看,每出戏不限用同一宫调,可以换韵,而且不再限由一个主角主唱,各种角色都可以唱,也可以对唱、合唱。此外,杂剧所用曲调是高亢劲切的北曲,南戏则用舒缓柔和的南曲;杂剧的伴奏器乐以弦乐为主,南戏则以管乐为主。

（3）南戏亦由唱、科、白组成,相对于杂剧的"科"而言,南戏的表演动作提示称"介"或"科介"。

（4）南戏的角色行当主要分为七类:生(男主角)、旦(女主角)、净、外、贴、丑、末,比元杂剧的角色更为完备。

(二)南戏主要代表作品

早期南戏作品以爱情婚姻和家庭生活为主,主要有《永乐大典戏文三种》,即《张协状元》《宦门子弟错立身》与《小孙屠》。

明代戏曲的主流是由宋元南戏演变而来的传奇。明代杂剧形式上较前代有了较大的发展:结构上,不再严格遵守一本四折的旧制,短剧创作兴起;音乐上,可南可北,甚至出现了南北合套;演唱形式上,不拘成法、自由灵活,可对唱、合唱、接唱。

元末明初的重要传奇作品是高则诚的《琵琶记》和被称为"四大传奇"的《荆钗记》《白兔记》《拜月记》《杀狗记》(简称荆、刘、拜、杀)。高则诚在《琵琶记》中,依据民间传说,演绎了汉末蔡伯喈与妻子赵五娘的故事。作者在剧中大肆宣传封建伦理道德,对明代以来的传奇创作产生了重要影响。明代中叶三大传奇分别是《宝剑记》《鸣凤记》《浣纱记》,特别是《浣纱记》首开传奇剧用昆山腔调演唱传统,为后来昆曲的兴起奠定了基础。

明代戏曲的鼎盛时代是在明下半叶,这时出现了以沈璟为代表的"吴江派"和以汤显祖为代表的"临川派"。沈璟,吴江人,致力于戏曲声律的研究,主张创作严守音律,写过十七种剧本,主要有《博笑记》《埋剑记》等。

汤显祖(1550—1616),字义仍,号若士,出身于江西临川一个"书香"人家,是中国文学史上继关汉卿之后又一位不朽的大剧作家。在创作上他反对拟古和死守格律,主张写情。主要代表作品《紫钗记》《牡丹亭》《南柯记》《邯郸记》,因剧情中都涉及梦境,合称"临川四梦",或称"玉茗堂四梦"(汤显祖书斋名玉茗堂)。其中,《牡丹亭》的影响最大,汤显祖曾说:"一生四梦,得意处唯在牡丹。"它是我国戏曲史上浪漫主义的杰作,也是中国戏剧史上成就非常高的作品之一。

《牡丹亭》全剧55出。第一出的[汉宫春]介绍了全剧的故事梗概:杜宝黄堂,生丽娘小姐,爱踏春阳。感梦书生折柳,竟为情伤。写真留记,葬梅花道院凄凉。三年上,有梦梅柳子,于此赴高唐。果尔回生定配,赴临安取试,寇起淮阳。正把杜公围困,小姐惊惶。教柳郎行探,反遭疑激恼平章。风流况,施行正苦,报中状元郎。

《牡丹亭》是一部赞美理想的诗剧,它充满了浪漫主义的想象,构思新颖,富有诗意;语言优美,富有浓郁的抒情性。《惊梦》《拾画》等出都是流传广泛的折子戏。第七出《闺塾》即《春香闹学》,更是著名的一折。通过春香的语言和动作,对腐儒陈最良进行了辛辣的讽刺,人物性格突出,戏剧性极强,是一出脍炙人口的折子戏。沈德符《顾曲杂言》说:"《牡丹亭梦》一出,家传户诵,几令《西厢》减价。"

清代戏剧作家、作品数量都十分可观。杂剧数量1 300种左右,传奇数量约为1 100种。杂剧数量虽多于传奇,但清代戏剧的成就主要体现在传奇方面,而又以清初传奇为重头戏。

清初传奇,创作主要有三种流派,以李玉为首的苏州派,其身份和作品都具有较强的市民色彩;以吴伟业、尤侗为代表的文人派,其作品有较强的案头化倾向;以李渔为代表的形式派,他们讲究戏剧的娱乐功能和形式技巧。在此三派之后,代表清代戏剧最高成就的是被称为"南洪北孔"的历史剧作家洪昇的《长生殿》和孔尚任的《桃花扇》。

(1)洪昇与《长生殿》

洪昇(1645—1704),字昉思,号稗畦,浙江钱塘(今杭州)人,出身于士大夫家庭,少有才名。青年时游学北京,虽入国子监就学长达二十余年,但未能跻身仕途,郁郁不得志。在此期间,曾遭"家难",父亲"被诬遣戍",因而对现实更为不满。清康熙二十七年(1688),他的传奇《长生殿》脱稿,轰动一时。翌年即因在佟皇后丧期内演唱该剧,受御史弹劾,被革去监生籍,回到故乡。清康熙四十三(1704)年,在浙江吴兴失足落水而亡。

《长生殿》长达50出,以唐明皇杨贵妃的故事为主线,以朝政军国之事为副线,编织进唐以来文人记述过的、诗人咏叹过的人事,内容非常丰满,两条线交叉发展,彼此关联,情节错综,脉络极清晰,组合得相当紧凑而自然。曲文糅合了唐诗、元曲的特点,形成一种清丽流畅的风格,叙事简洁,写景如画,在基本格调的范围里又随人物的身份、性情、情感的不同而有所变化。很多曲子成为当时广为传唱的名曲。

(2)孔尚任和《桃花扇》

孔尚任(1648—1718),字季重,又字聘之,号东塘,自称"云亭山人",山东曲阜人,孔子六十四代孙。1684年,康熙来到曲阜,孔尚任御前讲经,蒙受赏识,被任命为国子监博士。1699年,他苦心经营的传奇《桃花扇》脱稿,一时"王公缙绅,莫不借抄,时有纸贵之誉""长安之演桃花扇者,岁无虚日"。

《桃花扇》是写南明王朝兴亡的历史剧。作品以侯方域、李香君的爱情故事为线索,集中地反映了明末腐朽、动荡的社会现实及统治阶级内部的矛盾和斗争,即作者所说的"借离合之情,写兴亡之感"。为了创作《桃花扇》,作者实地调查,搜集资料,剧中涉及的大事和人物基本上是真人真事,但作者又"稍有点染",进行艺术加工,做到历史真实与艺术真实的完美统一。主要人物李香君的形象塑造非常成功。《桃花扇》结构与构思也独具匠心,以一把扇子贯穿全剧,既有象征意义,又在结构上起到穿线的作用。

清初以后,戏剧创作的质量急转直下,乾隆时期的杂剧传奇多平庸之作,只有蒋士铨的传奇和杨潮观的杂剧有较高的价值。

拓展阅读

1.作品赏析

《牡丹亭》第十出 惊梦[1]

[旦上,唱]

【绕池游】梦回莺啭,乱煞年光遍[2]。人立小庭深院。〔贴〕炷尽沉烟,抛残绣线,恁今春关情似去年?[3]

【乌夜啼】〔旦〕晓来望断梅关[4],宿妆残[5]。〔贴〕你侧着宜春髻子恰凭阑[6]。〔旦〕剪不断,理还乱[7],闷无端。〔贴〕已分付催花莺燕借春看。

〔旦〕春香,可曾叫人扫除花径?〔贴〕分付了。〔旦〕取镜台衣服来。〔贴取镜台衣服上〕云髻罢梳还对镜,罗衣欲换更添香。镜台衣服在此。

【步步娇】〔旦〕袅晴丝吹来闲庭院[8],摇漾春如线[9]。停半晌、整花钿[10]。没揣菱花[11],偷人半面,迤逗的彩云偏[12]。〔行介〕步香闺怎便把全身现!〔贴〕今日穿插的好。

【醉扶归】〔旦〕你道翠生生出落的裙衫儿茜[13],艳晶晶花簪八宝填[14],可知我常一生儿爱好是天然,恰三春好处无人见[15]。不堤防沉鱼落雁鸟惊喧,则怕的羞花闭月花愁颤[16]。

〔贴〕早茶时了,请行。〔行介〕你看,画廊金粉半零星,池馆苍苔一片青。踏草怕泥新绣袜,惜花疼煞小金铃[17]。〔旦〕不到园林,怎知春色如许!

【皂罗袍】原来姹紫嫣红开遍,似这般都付与断井颓垣[18]。良辰美景奈何天[19],赏心乐事谁家院!恁般景致,我老爷和奶奶再不提起[20]。〔合〕朝飞暮卷,云霞翠轩;雨丝风片,烟波画船。锦屏人忒看的这韶光贱[21]!

〔贴〕是花都放了,那牡丹还早。

【好姐姐】〔旦〕遍青山啼红了杜鹃,荼蘼外烟丝醉软[22]。春香啊,牡丹虽好,他春归怎占的先!〔贴〕成对儿莺燕啊。〔合〕闲凝眄[23],生生燕语明如翦[24],呖呖莺歌溜的圆[25]。

〔旦〕去罢。〔贴〕这园子委是观之不足也[26]。〔旦〕提他怎的!〔行介,唱〕

【隔尾】观之不足由他缱[27],便赏遍了十二亭台是枉然。到不如兴尽回家闲过遣[28]。

〔作到介〕〔贴〕"开我西阁门,展我东阁床[29]。瓶插映山紫[30],炉添沉水香。"小姐,你歇息片时,俺瞧老夫人去也。〔下〕

〔旦叹介〕"默地游春转,小试宜春面[31]。"春啊,得和你两留连,春去如何遣?咳!恁般天气,好困人也。春香那里?〔作左右瞧介〕〔又低首沉吟介〕天呵,春色恼人,信有之乎!常观诗词乐府,古之女子,因春感情,遇秋成恨,诚不谬矣。吾今年已二八[32],未逢折桂之夫[33];忽慕春情,怎得蟾宫之客[34]?昔日韩夫人得遇于郎[35],张生偶逢崔氏[36],曾有《题红记》《崔徽传》二书[37]。此佳人才子,前以密约偷期[38],后皆得成秦晋[39]。〔长叹介〕吾生于宦族,长在名门。年已及笄[40],不得早成佳配,诚为虚度青春,光阴如过隙耳。〔泪介〕可惜妾身颜色如花,岂料命如一叶乎!

【山坡羊】没乱里春情难遣,蓦地里怀人幽怨。则为俺生小婵娟[41],拣名门一例一例里神仙眷。甚良缘,把青春抛的远!俺的睡情谁见?则索因循腼腆[42]。想幽梦谁边,和春光暗流传?迁延[43],这衷怀那处言!淹煎[44],泼残生[45],除问天!

【注释】

[1]节选自《牡丹亭·惊梦》。《牡丹亭》是汤显祖的代表作,描写的是太守杜宝的女儿杜丽娘在深闺之中的生活。一天,她在丫鬟春香的带领下,私自游览花园,见春色满园,想到自己颜色如花,却不能早成佳配,不由得感慨万千。回来后因感成梦,梦到与柳梦梅在牡丹亭畔幽会。从此一病不起,临死前自画一幅肖像,嘱家人将她葬在后花园。后来,与杜丽娘在梦中幽会的柳梦梅来到后花园,偶然拾得杜丽娘画像,杜丽娘鬼魂来与柳梦梅相聚,两人过了一段幸福的生活。杜告诉柳,她可以还魂。柳挖开杜的坟墓,杜死而复生,两人终成被杜父母认可的人间佳配。

[2]乱煞年光遍:到处都是大好春光。

[3]恁:为何。关情:牵动人的情怀。似:胜似,胜过。

[4]梅关:即大庾岭,宋代在这里设有梅关。

[5]宿残妆:隔夜的残妆。

[6]宜春髻子:相传立春那天,妇女剪彩作燕子状,戴在髻上,上贴"宜春"二字。

[7]"剪不断"二句:语出南唐后主李煜的词作《相见欢》。

[8]袅:细长的。晴丝:游丝,飞丝。虫类所吐的丝缕常在空中飘游。

[9]摇漾春如线:春光如晴丝一样摇荡撩人。

[10]花钿:古代妇女头上戴的首饰。

[11]没揣:不意,没想到。菱花:借指镜子。古时所用铜镜的背面一般铸有菱花,故称。

[12]"迤逗"句:谓杜丽娘照镜子害羞,将头发弄偏。迤逗:引惹,挑逗。彩云:头发的代称。

[13]翠生生:颜色极鲜艳。出落得:显出,衬托出。苫:红色。

[14]艳晶晶:光彩夺目的样子。花簪八宝填:镶嵌着多种宝石的簪子。

[15]三春:孟春、仲春、季春。

[16]"不堤防"二句:极言美貌。

[17]"惜花"句:《开元天宝遗事》:"天宝初,宁王……于后园中纫红丝为绳,密缀金玲,擎于花梢之上。每有鸟鹊翔集,则令园吏置玲索以擎之。盖惜花之故也。"疼,因惜花常常擎玲,连小金玲都被拉得疼煞了。

[18]断井:废弃了的井。颓垣:倒了的墙。

[19]奈何天:无可奈何的时光。

[20]老爷、奶奶:这里指杜丽娘的父母。

[21]锦屏人:闺中人,这里是杜丽娘自指。忒:太。韶光:大好春光。

[22]荼蘼:一种花名。烟丝:上文所说的晴丝。

[23]凝眄:眼睛紧盯着。

[24]"生生"句:谓燕子的叫声清脆明快。生生:形容叫声清脆。明如翦:明快如剪刀。

[25]"呖呖"句:形容莺啼声圆润动听。

[26]不足:不厌。

[27]缠:留念,牵挂。

[28]过遣:清遣,排遣。

[29]"开我西阁门"二句:语本《木兰诗》"开我东阁门,坐我西阁床。"

[30]映山紫:映山红(杜鹃)的一种。

[31]宜春面:梳有宜春髻的脸容。常指少女的青春容貌。

[32]二八:即十六岁。

[33]折桂:古代常以此比喻科举及第。

[34]蟾宫之客:比喻科举及第之人。

[35]韩夫人得遇于郎:唐传奇《流红记》载,唐僖宗时,宫女韩氏以红叶题诗,从御沟中流出,被于祐拾到。于祐也以红叶题诗,投入上流,寄给韩氏。后来两人结为夫妇。

[36]张生偶逢崔氏:即唐元稹《会真记》(《莺莺传》)中描写的张生和崔莺莺的爱情故事。

[37]《崔徽传》：疑是《莺莺传》之误。《崔徽传》写的是崔徽和裴敬中的恋爱故事。

[38]偷期：幽会。

[39]得成秦晋：得成夫妇。春秋时，秦晋两国世代联姻，后世称联姻为秦晋。

[40]及笄：古代女子十五岁时，即以笄（簪）束发，称为及笄。这是女子成年的标志。

[41]婵娟：这里指美好的姻缘。

[42]则索：只得。索：要，须。腼腆：害羞。

[43]迁延：耽误青春。

[44]淹煎：受煎熬，遭磨折。

[45]泼残生：苦命儿。泼：表示厌恶，原来是骂人的话。

【评析】

《牡丹亭》又名《还魂记》，是明代著名剧作家汤显祖的代表作，日本作家青木正儿在《中国近世戏曲史》中，盛赞汤显祖的杰出成就，将其誉为"东方的莎士比亚"。

本折是全剧最为精彩的片段之一，主要描写因为环境的寂寞、精神生活的空虚，苦闷的杜丽娘在丫鬟春香的鼓动下，准备到自家的花园游玩，《惊梦》一折就从这里开始。【皂罗袍】是本折的高潮，刻画了杜丽娘千回百转的心态变化，郁郁寡欢的杜丽娘到了繁花似锦的花园中，花园中的勃勃生机激发了杜丽娘心中被压抑的人性欲望。备受压抑的杜丽娘内心深处对美好景致的向往使得初入园林中的她心潮起伏。如此美好的春光却无人观赏，杜丽娘由此联想到自己，不禁悲从中来，"原来姹紫嫣红开遍，似这般都付与断井颓垣。良辰美景奈何天，赏心乐事谁家院？"姹紫嫣红的美好景色都给了断井颓垣观赏，由物及人，一种自怜的情绪油然而生。这句话出于谢灵运"天下良辰美景赏心乐事，四者难并"，突出了良辰美景与赏心乐事之间的矛盾，指出杜丽娘黯然的心情与艳丽春光间的不和谐，春天的生机强化了她黯然伤感的情怀。

《牡丹亭·惊梦》无论是主题、曲词，还是唱腔，在社会上都引起了普遍的共鸣，成为最具代表性的剧目，被人们长期叹赏与吟唱。

2.佳句欣赏

碧云天，黄花地，西风紧，北雁南飞。晓来谁染霜林醉？总是离人泪。

——元·王实甫《西厢记》

四围山色中，一鞭残照里。遍人间烦恼填胸臆，量这些大小车儿如何载得起。

——元·王实甫《西厢记》

春色撩人，爱花风如扇，柳烟成阵。

——清·洪昇《长生殿》

偶然间心似缱，梅树边，似这般花花草草由人恋，生生死死随人怨，便凄凄惨惨无人念，待打并香魂一片，守得个阴雨梅天。

——明·汤显祖《牡丹亭》

有日月朝暮悬，有鬼神掌着生死权。天地也，只合把清浊分辨，可怎生糊突了盗跖、颜渊？为善的受贫穷更命短，造恶的享富贵又寿延。

——元·关汉卿《窦娥冤》

投至两处凝眸，盼得一雁横秋。

——元·马致远《汉宫秋》

探究思考

1.中国戏曲的发展经历了哪几个阶段？其代表作分别是什么？

2.南戏的体制有什么特点？试与杂剧作一比较。

3.推荐阅读：关汉卿《窦娥冤》，王实甫《西厢记》。

知识链接

中国戏曲中的角色行当

中国戏曲中人物角色的行当分类,按传统惯例,有"生、旦、净、丑"和"生、旦、净、末、丑"两种分行方法,近代以来,由于不少剧种的"末"行已逐渐归入"生"行,所以通常把"生、旦、净、丑"作为行当的四种基本类型。每个行当又有若干分支,各有其基本固定的扮演人物和表演特色。其中,"旦"是女角色的统称;"生""净"两行是男角色;"丑"行中除有时兼扮丑旦和老旦外,大都是男角色。

生:男性、小生、老生、武生。

旦:女性、花旦、刀马旦、老旦、青衣。

净:花脸。

末:年纪较大男性。

丑:丑角、文丑、武丑。

一般来说,"生""旦"的化妆,是略施脂粉以达到美化的效果,这种化妆称为"俊扮",也叫"素面"或"洁面"。其特征是"千人一面",意思是说所有"生"行角色的面部化妆都大体一样,无论多少人物,从面部化妆看都是一张脸;"旦"行角色的面部化妆,也是无论多少人物,面部化妆都差不多。"生""旦"人物个性主要靠表演及服装等方面表现。

脸谱化妆,是用于"净""丑"行当的各种人物,以夸张强烈的色彩和变幻无穷的线条来改变演员的本来面目,与"素面"的"生""旦"化妆形成对比。"净""丑"角色的勾脸是因人设谱,一人一谱,尽管它是由程式化的各种谱式组成,但却是一种性格妆,直接表现人物个性,有多少"净""丑"角色就有多少谱样,不雷同。因此,脸谱化妆的特征是"千变万化"的。

"净",俗称花脸。以各种色彩勾勒的图案化的脸谱化妆为突出标志,表现的是在性格气质上粗犷、奇伟、豪迈的人物。这类人物在表演上要音色宽阔洪亮,演唱粗壮浑厚,动作造型线条粗而顿挫鲜明,"色块"大,大开大合,气度恢宏,如关羽、张飞、曹操、包拯、廉颇等即是净扮。

净行人物按身份、性格及其艺术、技术特点的不同,大体上又可分为正净(俗称大花脸)、副净(俗称二花脸)、武净(俗称武二花)。副净中又有架子花脸和二花脸。丑的俗称是小花脸或三花脸。

正净(大花脸),以唱工为主。京剧中又称铜锤花脸或黑头花脸,扮演的人物大多是朝廷重臣,因而以气度恢宏取胜是其造型上的特点。

副净(也可通称二花脸),又可分架子花脸和二花脸。架子花脸,以做工为主,重身段动作,多扮演豪爽勇猛的正面人物,如鲁智深、张飞、李逵等。也有扮反面人物的,如京剧中抹白脸的曹操等一类,在其他剧种里大多不称架子花脸,有的剧种叫草鞋花脸,如川剧、湘剧等。二花脸也是架子花脸的一种,戏比较少,表演上有时近似丑,如《法门寺》中的刘彪等。

武净(武二花),分重把子工架和重跌扑摔打两类。重把子工架一类扮演的人物如《金沙滩》的杨七郎、《四平山》的李元霸等。重跌扑摔打一类,又叫摔打花脸。如《挑滑车》中牛皋为架子花脸,金兀术为武花脸,金兀术的部将黑风利为摔打花脸。

"丑"(小花脸或三花脸),是戏剧角色,在鼻梁眼窝间勾画脸谱,多扮演滑稽调笑式的人物。在表演上一般不重唱功,以念白的口齿清晰流利为主。可分文丑和武丑两大分支。

戏曲中人物行当的分类,在各剧种中不太一样,以上分类主要是以京剧的分类为参照的,因为京剧融汇了许多剧种的精粹,代表了大多数剧种的普遍规律,但这也只能是大体上的分类。具体到各个剧种中,名目和分法要更为复杂。

末行扮演中年以上的男子。在北杂剧中,末称"末泥"或"末尼色",泛指末本正角,与宋元杂剧所称的"生"同。而与"末"的含义不同。宋元南戏所称之"末"实际上是"副末",除担任报台,介绍剧情梗概和剧目主题的开场外,还在戏中扮演社会地位低下的次要角色。昆剧"末"行是继宋元南戏角色制度发展而来,按照南昆的路子,包括老生、副末、老外三个家门,约在清代初步定型。

——来自豆丁网

教学任务 10　大雅之堂的"不速之客"——古典小说

中国古典小说发端于先秦的神话传说,后来又吸收了史传文学和寓言散文的相关内容,至汉代出现了将历史故事与民间传说集合在一起的作品,如西汉刘向的《说苑》《新序》等。魏晋以后出现了所谓的"六朝小说",一类"志人",主要记载士族阶层的奇闻逸事,其代表作为刘义庆的《世说新语》;一类"志怪",主要记述神话故事和民间传说,其代表作为干宝的《搜神记》。

唐代继承"六朝小说"的传统,发展了小说的文学特色,作品人物、故事情节都趋于丰富多彩,形成"唐传奇",内容多描写爱情故事和豪侠故事,其中较为著名的有牛僧孺的《玄怪录》、李复言的《续玄怪录》和薛用弱的《集异记》等。其中许多名篇,如《李娃传》(白行简)、《莺莺传》(元稹)、《霍小玉传》(蒋防)、《柳毅传》(李朝威)、《离魂记》(陈玄祐)、《枕中记》(沈既济)、《南柯太守传》(李公佐)等,都成为后世戏曲创作依据的蓝本,并且影响了后来的小说创作。

宋元以来由于市民阶层的兴起,产生了与市民艺术趣味密切相关的白话小说"话本",其内容主要有"小说"和"讲史"两类。小说一类主要包括传奇、公案、灵怪等,其中描写婚姻爱情和狱断公案的小说尤其生动感人,给后来的文言短篇小说创作以深刻影响;"讲史"一类主要是将历史演绎为小说形式,对中国古典小说影响巨大,是中国长篇小说的开端。其代表作为《大宋宣和遗事》《大唐三藏取经诗话》《全相平话五种》《三国志平话》等。

明清是中国古典小说兴盛繁荣的时代,特别是白话小说的广泛流行,并且达到了很高的艺术水平。

一、明代小说

明代是中国古典小说的兴盛繁荣时期,被称为明代"四大奇书"的《三国演义》《水浒传》《西游记》《金瓶梅》出现在文坛上,放射出亘古未有的光辉。

明代,话本因群众的爱好,书商的大量刊行,逐渐引起文人的注意。他们由对话本的编辑、加工,进而模拟话本写作,这就出现了主要供案头阅读的文人模拟的话本,通常称为"拟话本"。其中,冯梦龙在广泛收集宋元话本和明代拟话本的基础上,加工编成"三言",凌濛初在"三言"的直接影响下,写出的"二拍"代表了明代拟话本的成就。

"三言"即指冯梦龙加工选编而成的《喻世明言》《警世通言》《醒世恒言》三部短篇小说集的合称,每集40篇,共120篇。这其中,有改编前人及时贤的作品,也有自己的创作。"三言"的内容很复杂,其进步的思想内容主要表现在:一是对"重农抑商"的传统观念的反对,书中有对经商活动的正面赞扬,对经商活动艰辛的描述,商人以正面形象出现;二是以个性自由为基础的情爱观念,肯定男女情欲的合理性与正当性,将真情说贯穿到作品当中,将对美好爱情的认识上升到了情感上相互了解、人格上互相尊重的高度;三是描写了市民眼中的社会黑暗面,如科举制度、官场黑暗、社会秩序混乱等。

"三言"中的拟话本,在艺术上仍保持话本的特色,但它是文人创作,因而又有自己的特点。一是在编织故事上具有较高的艺术水准,较多地使用巧合和偶然的艺术手法,简化故事的漫长进程;善于运用具有细节特征的小道具来扭结、推动故事情节,增强戏剧性;善于设置伏笔和悬念。二是人物塑造上也取得了较为可观的成果。它善于将人物放在激烈的冲突中,运用白描、对比、映衬等手法来表现人物。三是语言使用上典雅而不失通俗。"三言"在口语基础上,大量采用谚语、俗语,使小说富于浓厚的生活气息;句法上尽量使用短句,音调铿锵、富于节奏感。

"三言"不仅在当时文坛上,而且对后来文学都有不小的影响。《杜十娘怒沉百宝箱》《卖油郎独占花魁》是其优秀代表。

"二拍"即由凌濛初在模仿"三言"基础上创作的《初刻拍案惊奇》《二刻拍案惊奇》两个拟话本集子之合称。全书包括小说七十八篇,都是凌氏根据一定的资料撰写而成,思想和艺术成就都逊于"三言"。

(一)《三国演义》

《三国演义》,全称《三国志演义》,是中国长篇小说的开山之作,章回体小说的开山之作,也是历史演义的开山之作,我国古典四大名著之一,作者是明朝的罗贯中(约1330—约1400)。他依据元代讲史话本《三国志平话》中三国时期的历史,经艺术加工,生动、逼真地描写了汉末到晋初这一历史时期,魏、蜀、吴三大统治集团间政治、军事、外交等各方面的激烈斗争。这些描写反映了汉末大分裂时代的苦难和明君仁政的愿望,其结构宏伟而严密精巧,语言简洁、明快、生动。战争描写是《三国演义》突出的艺术成就。这部小说通过惊心动魄的军事斗争,运用夸张、对比、烘托、渲染等修辞手法,成功塑造了诸葛亮、曹操、关羽、张飞等一批鲜明、生动的人物形象。同时这些对于战争的详尽描写,直接为后世战争提供了宝贵的借鉴,从而成为战争特别是农民战争的教科书。它对民间信仰的影响也非常深远,如在中

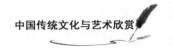

国北方非常流行的关公崇拜、民间的结拜情结都受到《三国演义》的重大影响。

《三国演义》标志着历史演义小说的辉煌成就,在传播政治、军事斗争经验,推动历史演义创作的繁荣等方面都起过积极的作用。

(二)《水浒传》

《水浒传》,又名《忠义水浒传》,初名《江湖豪客传》,是我国第一部用古白话文写成的歌颂农民起义的长篇章回体小说,被后人归为中国古典四大名著之一。作者历来有争议,一般认为是施耐庵(约1296—约1370)所著。小说产生于明代,是在宋、元以来有关水浒的故事、话本、戏曲的基础上,由作者加工整理、创作而成的。全书以宋江领导的农民起义为主要题材,艺术地再现了中国古代人民反抗压迫、英勇斗争的悲壮画卷。作品充分暴露了封建统治阶级的腐朽和残暴,揭露了当时尖锐对立的社会矛盾和"官逼民反"的残酷现实。

全书巨大的历史主题,主要是通过对起义英雄的歌颂和其斗争的描绘具体表现出来的,因而英雄形象塑造的成功,是作品具有光辉艺术生命的重要因素。在《水浒传》中,至少出现了一二十个个性鲜明的典型形象,如鲁智深、李逵、武松、林冲等,这些形象有血有肉、栩栩如生、跃然纸上,给后世文学在人物塑造方面作了典范。

《水浒传》是英雄传奇的范本,对后世的历史演义和侠义公案小说的发展都产生了重要的影响;对其他文艺体式,如戏剧、曲艺、绘画、电影等提供了丰富的题材。

除文学上的影响外,《水浒传》非文学的影响表现在后世农民起义以及绿林豪杰起义,往往以"替天行道"标榜,学习其战术战略,乃至借用其绰号等;进步的评论家、思想家往往以之为"借他人之酒杯,浇自己之块垒"的工具,借以批判社会之不公、道学之可恶、真心之可贵;等等。

(三)《西游记》

《西游记》是我国古代第一部浪漫主义长篇神魔小说,也是我国古典四大名著之一,作者是明代的吴承恩(1501—1582)。他在民间流行的唐僧西天取经的故事和宋元话本《大唐三藏取经诗话》的基础上,经再创作而成此书。书中主要描述了孙悟空、猪八戒、沙僧三人保护唐僧西天取经,沿途遇到八十一难,一路降妖伏魔,化险为夷,最后到达西天,取得真经的故事。

《西游记》是我国文学史上最杰出的一部充满奇思异想的章回体神魔小说,作者吴承恩运用浪漫主义手法,描绘了一个色彩缤纷、神奇瑰丽的幻想世界,创造了一系列妙趣横生、引人入胜的神话故事,成功地塑造了孙悟空这个超凡入圣的、理想化的英雄形象。《西游记》在艺术上最鲜明的特点是在奇幻思维上的幽默和诙谐风格,这就决定了小说的特点是奇笔和戏笔的圆熟运用和水乳交融。具体体现在以下几个方面:

(1)奇诡变幻的神话世界。作为神话题材,《西游记》和《三国》《水浒》等明显不同。它不是平实和一般的思维,而是充分发挥作家驰骋想象能力的奇幻思维。作者以绚丽的想象,向人们展示了一个光怪陆离、五彩缤纷的神话世界。

(2)集动物性、神性、人性于一身的人物形象。《西游记》在形象塑造上的一个明显特点,就是将动物的形态、神魔的法力和人的意志精神三者有机地结合起来。这三者的结合,就产生了很多形态各不相同、个性迥异的独特艺术形象。如孙悟空就是人间英雄、猴子、神仙的巧妙结合。

(3)寓庄于谐的讽刺艺术。作为中国古代文学的悠久传统,寓庄于谐的手法在《西游记》中得到了完美的体现。西天取经路上的一切几乎都不能逃脱被孙悟空揶揄的命运,风趣幽默而又常具深刻的社会意义。如唐僧肉、人参果实际上就是对当时竟有烹食小孩的社会状况的曲写;车迟国让三位道士喝尿的描写实际上是对当时所谓"秋石方"的讽刺。

(4)巧妙曲折的艺术结构。在某种意义上,《西游记》和西方的流浪汉小说有很大的相似之处。师徒四人一起经历了一切,而事件之间其实并没有严格的顺序关系。这种结构丰富了我国长篇小说的结构宝库。

(5)轻松幽默的语言风格。作者大量使用诙谐幽默的话语,这就使得《西游记》的语言形成了一种特有的轻松愉快、诙谐幽默的风格。

总之,《西游记》在奇幻世界中曲折地反映出世态人情和世俗情怀,表现了鲜活的人间智慧,具有丰满的现实血肉和浓郁的生活气息。

(四)《金瓶梅》

《金瓶梅》全称《金瓶梅词话》,书名取于潘金莲、李瓶儿、庞春梅三人的名字,是明代"四大奇书"之首,作者署名兰陵笑笑生。全书借《水浒传》中西门庆勾引潘金莲,杀潘夫武大郎,最后被武松所杀的情节展开,描写了西门庆从发迹到淫乱而死的故事,展示了这个家族肮脏、丑陋的生活,揭露了明代中叶封建市侩与官僚地主相互勾结以残酷压迫百姓的事实。

《金瓶梅》是第一部文人独立撰写的长篇小说。在《金瓶梅》之前,所有的长篇小说都经历过一个比较漫长的时代累积然后由文人加工写定的过程。《金瓶梅》的出现打破了这个传统,开启了文人直接取材于现实社会生活而进行独立创作长篇小说的先河。

《金瓶梅》是中国第一部世情书,在《金瓶梅》问世之前,小说的主人公或者是神仙鬼怪,或者是帝王将相,或者是英雄豪杰。它的出现打破了旧的传统,标志着中国小说的描写对象从远离人间的神走向了人,从而体现了文学向人的复归。

二、清代小说

清代,古典小说再创辉煌。从数量来看,据《中国通俗小说总目提要》和其他材料的统计,清代白话通俗小说的数量大约有四百种;据《中国文言小说总目提要》,清代文言小说数量大约有五百种。这个数字超过明代,居历代之首。从题材类型看,白话小说在明代历史演义、英雄传奇、神魔、世情四大小说类型的基础上,又衍变出才子佳人小说、才学小说、讽刺小说、公案小说等新题材。文言小说在志怪、志人、传奇等传统类型的基础上形成了"剪灯系列"、"虞初系列"、拟唐传奇系列。各种题材的小说异彩纷呈,百花齐放。

到清代,文人独立创作的小说已十分成熟,一些优秀作家认识生活和概括生活的能力都有很大提高,产生了《聊斋志异》《红楼梦》《儒林外史》等小说史上的巅峰之作。

(一)《聊斋志异》

《聊斋志异》是中国清代著名小说家蒲松龄创作的文言短篇小说集。蒲松龄(1640—1715),字留仙,一字剑臣,别号柳泉居士,世称聊斋先生,山东淄川县(今淄博市)人。十九岁应童子试,即以县、府、道三试第一补博士弟子员。后屡试不第,在家乡的一些缙绅人家设馆授徒,前后达四十年之久。蒲松龄科场失意,一生贫困,对现实生活有深刻的认识,这些都反映在其积数十年时间完成的《聊斋志异》中。

《聊斋志异》简称《聊斋》,俗名《鬼狐传》,全书共有短篇小说四百九十一篇,在继承六朝志怪小说和唐人传奇的基础上,以浪漫主义手法,借狐鬼花妖之形,描绘各种狐妖鬼怪与凡人之间的动人故事,表现出青年男女追求婚恋自由的愿望。

《聊斋志异》的艺术成就首先表现在成功地塑造了一系列令人难忘的艺术典型,这些人物既属于一定的社会阶层,有其社会本质,又都有鲜明的个性,如青凤、婴宁、林四娘等。其次情节曲折离奇,引人入胜,也是《聊斋志异》的突出成就。作者巧于使用"关子",运用伏笔、悬念,使每篇故事情节变化多端,出人意料,收到强烈的艺术效果。再次,《聊斋志异》语言精练,词汇丰富,句法更多变化。作者既创造性地运用古代文学语言,又适当吸收和提炼当代口语方言。在单行奇句中,间用骈词俪语,典雅工丽而又生动活泼,极富形象性和表现力。

《聊斋志异》堪称我国古代文言短篇小说的巅峰之作,郭沫若盛赞其"写鬼写妖高人一等,刺贪刺虐入骨三分"。

(二)《儒林外史》

《儒林外史》为清代吴敬梓根据自己的经历和体验创作而成。吴敬梓(1701—1754),字敏轩,号粒民,又号秦淮寓客、文木老人,安徽全椒县人。他出生于一个"科第家声从来美"的科举世家。其曾祖吴国对是八股文大家,顺治十五年的探花。吴敬梓伯叔辈中有中进士的,有的甚至是榜眼。但到了他父亲那一代逐步衰落。吴敬梓13岁丧母,23岁父亲去世,也就在这一年,他中了秀才。父丧之后,家难又兴,家族内部展开了一场权力与财产再分配的斗争。族人欺负吴敬梓两代单传,纷纷侵占他的财产。面对这种局面,吴敬梓以其放荡不羁的生活态度来进行对抗,平居豪举,乐于助人。其结果是"田庐卖尽,乡里传为子弟戒"。其间,29岁时曾到滁州参加乡试,成绩优良,而主考官却说他"文章大好人大怪",虽暂时名列第一,但乡试时竟未被录取。吴敬梓满怀愤懑,移居南京,此时生活陷入困顿。1735年,他参加了博学鸿词科的院试,但次年他却因病辞谢了该科的赴京廷试,并从此脱离诸生籍,与科举考试彻底决裂。吴敬梓晚年生活更为贫苦,1754年病逝于扬州。

《儒林外史》共五十六回,成书于公元1749年。小说以写实主义描绘生活在封建末世和科举制度下的封建文人对"功名富贵"的不同表现,讽刺因热衷功名富贵而造成的极端虚伪、恶劣的社会风习,揭露了"人吃人"的科举制度。

《儒林外史》的艺术特色首先表现在其杰出的讽刺艺术。作者创作态度是严肃的,观察认识是深刻的,对讽刺的不同对象持不同态度。作者善于运用对比,把相互矛盾的事物放在一起,突出它的不合理,同时通过细节描绘和情节的逆转增强讽刺效果。其次是小说独特的结构。全书没有设置贯穿始终的中心人物和情节,而是分别以一个或几个人物为中心,形成一个个相对独立的故事,以对待功名、文行的态度设置深层结构框架。《儒林外史》的语言特点是幽默、明快,富于形象性和个性化,作者经常能三言两语使人物"穷形尽相",鲁迅先生称其"戚而能谐,婉而多讽"(《中国小说史略》)。

《儒林外史》是我国文学史上一部杰出的现实主义长篇讽刺小说，代表着中国古代讽刺小说的高峰，它开创了以小说直接评价现实生活的范例。

（三）《红楼梦》

《红楼梦》，中国古典四大名著之首，清代作家曹雪芹创作的章回体长篇小说，又名《石头记》《金玉缘》《情僧录》《风月宝鉴》《金陵十二钗》，分为一百二十回"程本"和八十回"脂本"两种版本系统。新版通行本前八十回据"脂本"汇校，后四十回据程本汇校，署名"曹雪芹著，无名氏续，程伟元、高鹗整理"。

全书以荣国府的日常生活为中心，以宝玉、黛玉、宝钗的爱情婚姻悲剧及大观园中点滴琐事为主线，以金陵贵族名门贾、史、王、薛四大家族由鼎盛走向衰亡的历史为暗线，展现了穷途末路的封建社会终将走向灭亡的必然趋势。并以其曲折隐晦的表现手法、凄凉深切的情感格调、强烈高远的思想底蕴，在中国古代民俗、封建制度、社会图景、建筑金石等各领域皆有不可替代的研究价值，达到中国古典小说的高峰，因此被誉为"中国封建社会的百科全书"。

《红楼梦》还塑造了众多的人物形象，他们各自具有自己独特的个性特征，成为不朽的艺术典型，在中国文学史和世界文学史上永远放射着奇光异彩。《红楼梦》的情节结构，在以往传统小说的基础上，也有了新的重大突破。它改变了以往如《水浒传》《西游记》等一类长篇小说情节和人物单线发展的特点，创造了一个宏大、完整而又自然的艺术结构，使众多的人物活动于同一空间和时间，并且使情节的推移也具有整体性，表现出作者卓越的艺术才思。《红楼梦》的语言艺术成就，更是代表了我国古典小说语言艺术的高峰。作者往往只需用三言两语，就可以勾画出一个活生生的具有鲜明个性特征的形象。作者笔下每一个典型形象的语言，都具有自己独特的个性，从而使读者仅仅凭借这些语言就可以判别人物。作者的叙述语言，也具有高度的艺术表现力，包括小说里的诗词曲赋，不仅能与小说的叙事融为一体，而且这些诗词的创作也能为塑造典型性格服务，做到了"诗如其人"，切合小说中人物的身份口气。

由于以上各方面的卓越成就，使《红楼梦》无论是在思想内容上或是艺术技巧上都具有自己崭新的面貌，具有永久的艺术魅力，使它足以卓立于世界文学之林而毫无逊色。

清代中期以后，小说开始与现实政治斗争紧密结合，主流是反帝反封建，出现了"四大谴责小说"（李伯元《官场现形记》、吴趼人《二十年目睹之怪现状》、刘鹗《老残游记》、曾朴《孽海花》），主要描绘了晚清社会官场、洋场、商场的种种丑态，谴责了当时社会的各种官僚市侩、洋奴走狗及社会的丑恶现象，但都应政治斗争需要而作，故艺术上提炼不够，比较粗糙。同时受西方小说的影响，在保留了传统的章回小说形式的基础上，小说的形式与叙事模式都产生了新的特点。

拓展阅读

作品赏析

婴　宁[1]

蒲松龄

王子服，莒之罗店人[2]，早孤。绝慧，十四入泮[3]。母最爱之，寻常不令游郊野。聘萧氏，未嫁而夭，故求凰未就也[4]。会上元[5]，有舅氏子吴生，邀同眺瞩，方至村外，舅家有仆来，招吴去。生见游女如云，乘兴独游。有女郎携婢，拈梅花一枝，容华绝代，笑容可掬。生注目不移，竟忘顾忌。女过去数武[6]，顾婢曰："个儿郎目灼灼似贼！"遗花地上，笑语自去。

生拾花怅然，神魂丧失，怏怏遂返。至家，藏花枕底，垂头而睡，不语亦不食。母忧之。醮禳益剧[7]，肌革锐减。医师诊视，投剂发表[8]，忽忽若迷。母抚问所由，默然不答。适吴生来，嘱秘诘之。吴至榻前，生见之泪下。吴就榻慰解，渐致研诘。生具吐其实，且求谋画。吴笑曰："君意亦复痴。此愿有何难遂？当代访之。徒步于野，必非世家。如其未字[9]，事固谐矣，不然，拼以重赂，计必允遂。但得痊瘳，成事在我。"生闻之，不觉解颐[10]。吴出告母，物色女子居里[11]，而探访既穷，并无踪绪。母大忧，无所为计。然自吴去后，颜顿开，食亦略进。数日，吴复来，生问所谋。吴绐之曰[12]："已得之矣。我以为谁何人，乃我姑氏女，即君姨妹行，今尚待聘。虽内戚有婚姻之嫌，实告之，无不谐者。"生喜溢眉宇，问："居何里？"吴诡曰："西南山中，去此可三十余里。"生又付嘱再四，吴锐身自任而去[13]。

生由是饮食渐加，日就平复，探视枕底，花虽枯，未便雕落。凝思把玩，如见其人。怪吴不至，折柬招之[14]。吴支托不肯赴招，生忿怒，悒悒不欢。母虑其复病，急为议姻，略与商榷，辄摇首不愿，惟日盼吴。吴迄无耗，益怨恨之。转思三十里非遥，何必仰息他人？怀梅袖中，负气自往，而家人不知也。伶仃独步，无可问程，但望南山行去。约三十余里，乱山合沓，空翠爽肌，寂无人行，止有鸟道。遥望谷底，丛花乱树中，隐隐有小里落。下山入村，见舍宇无多，皆茅屋，而意甚修雅[15]。北向一家，门前皆丝柳，墙内桃杏尤繁，间以修竹，野鸟格磔其中[16]。意其园亭，不敢遽人。回顾对户，有巨石滑洁，因据坐少憩。俄闻墙内有女子长呼"小荣"，其声娇细。方伫听间，一女郎由东而西，执杏花一朵，俯首自簪。举头见生，遂不复簪，含笑拈花而入。审视之，即上元途中所遇也。心骤喜。但念无以阶进[17]，欲呼姨氏，顾从无还往，惧有讹误。门内无人可问。坐卧徘徊，自朝至于日昃[18]，盈盈望断，并忘饥渴。时见女子露半面来窥，似讶其不去者。忽一老媪扶杖出，顾生曰："何处郎君，闻自辰刻便来，以至于今，意将何为？得勿饥耶？"生急起揖之，答云："将以盼亲。"媪聋聩不闻。又大言之。乃问："贵戚何姓？"生不能答。媪笑曰："奇哉。姓名尚自不知，何亲可探？我视郎君，亦书痴耳，不如从我来，啖以粗粝，家有短榻可卧，待明朝归，询知姓氏，再来探访，不晚也。"生方腹馁思啖，又从此渐近丽人，大喜。从媪入，见门内白石砌路，夹道红花，片片堕阶上；曲折而西，又启一关[19]，豆棚花架满庭中。肃客入舍[20]，粉壁光如明镜；窗外海棠枝朵探入室中，裀藉几榻[21]，罔不洁泽。甫坐，即有人自窗外隐约相窥。媪唤："小荣！可速作黍。"外有婢子嘤声而应。坐次，具展宗阀[22]。媪曰："郎君外祖，莫姓吴否？"曰："然。"媪惊曰："是吾甥也；尊堂[23]，我妹子。年来以家婆贫，又无三尺男，遂至音问梗塞。甥长成如许，尚不相识。"生曰："此来即为姨也，匆遽遂忘姓氏。"媪曰："老身秦姓，并无诞育，弱息仅存，亦为庶产[24]。渠母改醮[25]，遗我鞠养。颇亦不钝，但少教训，嬉不知愁。少顷，使来拜识。"

未几，婢子具饭，雏尾盈握[26]。媪劝餐已，婢来敛具。媪曰："唤宁姑来。"婢应去。良久，闻户外隐有笑声。媪又唤曰："婴宁，汝姨兄在此。"户外嗤嗤笑不已。婢推之以入，犹掩其口，笑不可遏。媪瞋目曰："有客在，咤咤叱叱，是何景象？"女忍笑而立，生揖之。媪曰："此王郎，汝姨子。一家尚不相识，可笑人也。"生问："妹子年几何矣？"媪未能解。生又言之。女复笑，不可仰视。媪谓生曰："我言少教诲，此可见矣。年已十六，呆痴裁如婴儿。"生曰:"小于甥一岁。"曰:"阿甥已十七矣,得非庚午属马者耶?"生首应之。又问:"甥妇阿谁?"答曰:"无之。"曰:"如甥才貌,何十七岁犹未聘耶?婴宁亦无姑家,极相匹敌。惜有内亲之嫌。"生无语,目注婴宁,不遑他瞬[27]。婢向女小语云:"目灼灼,贼腔未改!"女又大笑,顾婢曰:"视碧桃开未?"遽起,以袖掩口,细碎连步而出。至门外,笑声始纵。媪亦起,唤婢襆被,为生安置。曰:"阿甥来不易,宜留三五日,迟迟送汝归。如嫌幽闷,舍后有小园,可供消遣,有书可读。"次日,至舍后,果有园半亩,细草铺毡,杨花糁径,有草舍三楹,花木四合其所。穿花小步,闻树头苏苏有声,仰视,则婴宁在上。见生,狂笑欲堕。生曰:"勿尔,堕矣。"女且下且笑,不能自止。方将及地,失手而堕,笑乃止。生扶之,阴㨾其腕[28]。女笑又作,倚树不能行,良久乃罢。生俟其笑歇,乃出袖中花示之。女接之,曰:"枯矣。何留之?"曰:"此上元妹子所遗,故存之。"问:"存之何意?"曰:"以示相爱不忘也。自上元相遇,凝思成疾,自分化为异物[29],不图得见颜色,幸垂怜悯。"女曰:"此大细事[30],至戚何所靳惜?待兄行时,园中花,当唤老奴来,折一巨捆负送之。"生曰:"妹子痴耶?"女曰:"何便是痴?"生曰:"我非爱花,爱拈花之人耳。"女曰:"葭莩之情[31],爱何待言。"生曰:"我所谓爱,非瓜葛之爱,乃夫妻之爱。"女曰:"有以异乎?"曰:"夜共枕席耳。"女俯首思良久,曰:"我不惯与生人睡。"语未已,婢潜至,生惶恐遁去。少时,会母所。母问:"何往?"女答以园中共话。媪曰:"饭熟已久,有何长言,周遮乃尔[32]。"女曰:"大哥欲我共寝。"言未已,生大窘,急目瞪之,女微笑而止。幸媪不闻,犹絮絮究诘。生急以他词掩之,因小语责女。女曰:"适此语不应说耶?"生曰:"此背人语。"女曰:"背他人,岂得背老母。且寝处亦常事,何讳之?"生恨其痴,无术可以悟之。食方竟,家中人捉双卫来寻生[33]。

　　先是,母待生久不归,始疑。村中搜觅几遍,竟无踪兆。因往询吴。吴忆曩言,因教于西南山村行觅。凡历数村,始至于此。生出门,适相值。便入告媪,且请偕女同归。媪喜曰:"我有志,匪伊朝夕[34]。但残躯不能远涉,得甥携妹子去,识认阿姨,大好。"呼婴宁。宁笑至。媪曰:"有何喜,笑辄不辍?若不笑,当为全人。"因怒之以目。乃曰[35]:"大哥欲同汝去,可便装束。"又饷家人酒食,始送之出,曰:"姨家田产充裕,能养冗人。到彼且勿归,小学诗礼,亦好事翁姑。即烦阿姨,为汝择一良匹。"二人遂发。至山坳,回顾,犹依稀见媪倚门北望也。

　　抵家,母睹姝丽,惊问为谁。生以姨女对。母曰:"前吴郎与儿言者,诈也。我未有姊,何以得甥?"问女,女曰:"我非母出。父为秦氏,没时,儿在褓中,不能记忆。"母曰:"我一姊适秦氏,良确,然姐谢已久,那得复存?"因审诘面庞、志赘[36],一一符合。又疑曰:"是矣。然亡已多年,何得复存?"疑虑间,吴生至,女避入室。吴询得故,惘然久之。忽曰:"此女名婴宁耶?"生然之。吴极称怪事。问所自知,吴曰:"秦家姑去世后,姑丈鳏居,祟于狐,病瘵死。狐生女名婴宁,绷卧床上,家人皆见之。姑丈没,狐犹时来。后求天师符粘壁上,狐遂携女去。将勿此耶?"彼此疑参,但闻室中吃吃皆婴宁笑声。母曰:"此女亦太憨生。"吴生请面之。母入室,女犹浓笑不顾。母促令出,始极力忍笑,又面壁移时,方出。才一展拜,翻然遽入,放声大笑。满室妇女,为之粲然。吴请往觇其异[37],就便执柯[38]。寻至村所,庐舍全无,山花零落而已。吴忆姑葬处仿佛不远,然坟垄湮没,莫可辨识,诧叹而返。母疑其为鬼。入告吴言,女略无骇意。又吊其无家,亦殊无悲意,孜孜憨笑而已。众莫之测,母令与少女同寝止,昧爽即来省问[39],操女红,精巧绝伦。但善笑,禁之亦不可止,然笑处嫣然,狂而不损其媚,人皆乐之。邻女少妇，争承迎之。母择吉为合卺[40]，而终恐为鬼物。窃于日中窥之，形影殊无少异[41]。至日，使华装行新妇礼，女笑极不能俯仰[42]，遂罢。生以其憨痴，恐泄漏房中隐事，而女殊秘密，不肯道一语。每值母忧怒，女至，一笑即解。奴婢小过，恐遭鞭楚，辄求诣母共话，罪婢投见，恒得免。而爱花成癖，物色遍戚党，窃典金钗，购佳种，数月，阶砌藩溷[43]，无非花者。

庭后有木香一架，故邻西家，女每攀登其上，摘供簪玩。母时遇见，辄诃之。女卒不改。一日，西人子见之，凝注倾倒。女不避而笑。西邻子谓女意已属，心益荡。女指墙底，笑而下，西人子谓示约处，大悦。及昏而往，女果在焉。就而淫之，则阴如锥刺，痛彻于心，大号而踣。细视非女，则一枯木卧墙边，所接乃水淋窍也。邻父闻声，急奔研问，呻而不言；妻来，始以实告。爇火烛窍[44]，见中有巨蝎，如小蟹然。翁碎木捉杀之。负子至家，半夜寻卒。邻人讼生，讦发婴宁妖异。邑宰素仰生才，稔知其笃行士，谓邻翁讼诬，将杖责之，生为乞免，遂释而出。母谓女曰："憨狂尔尔，早知过喜而伏忧也。邑令神明，幸不牵累。设鹘突官宰[45]，必逮妇女质公堂，我儿何颜见戚里？"女正色，矢不复笑[46]。母曰："人罔不笑，但须有时。"而女由是竟不复笑，虽故逗之，亦终不笑，然竟日未尝有戚容[47]。

一夕，对生零涕。异之。女哽咽曰："曩以相从日浅，言之恐致骇怪。今日察姑及郎，皆过爱无有异心，直告或无妨乎？妾本狐产。母临去，以妾托鬼母，相依十余年，始有今日。妾又无兄弟，所恃者惟君。老母岑寂山阿，无人怜而合厝之[48]，九泉辄为悼恨。君倘不惜烦费，使地下人消此怨恫，庶养女者不忍溺弃[49]。"生诺之，然虑坟家迷于荒草，女但言："无虑。"刻日夫妻舆榇而往[50]。女于荒烟错楚中，指示墓处，果得媪尸，肤革犹存。女抚哭哀痛。舁归，寻秦氏墓合葬焉。是夜，生梦媪来称谢，寤而述之。女曰："妾夜见之，嘱勿惊郎君耳。"生恨不邀留。女曰："彼鬼也。生人多，阳气胜，何能久居？"生问小荣，曰："是亦狐，最黠。狐母留以视妾，每摄饵相哺，故德之常不去心[51]；昨问母，云已嫁之。"由是岁值寒食[52]，夫妇登秦墓，拜扫无缺。女逾年生一子，在怀抱中，不畏生人，见人辄笑，亦大有母风云。

异史氏曰[53]："观其孜孜憨笑，似全无心肝者。而墙下恶作剧，其黠孰甚焉！至凄恋鬼母，反笑为哭，我婴宁殆隐于笑者矣[54]。窃闻山中有草，名'笑矣乎'，嗅之则笑不可止。房中植此一种，则合欢、忘忧[55]，并无颜色矣。若解语花，正嫌其作态耳[56]！"

【注释】

[1]选自《聊斋志异》。

[2]莒：古国名，后置为州县，在今山东莒县一带。罗店，今莒县洛河镇罗米庄。

[3]入泮：入县学为生员。

[4]求凰：犹言求妻。相传司马相如以《凤求凰》琴曲向卓文君求婚。

[5]上元：上元节，也称元宵节，旧历正月十五。

[6]数武：泛指几步。武：半步。

[7]醮禳：祈祷消灾。醮：祭神。禳：消除灾祸。

[8]发表：中医的一种治疗方法，用药把病从体内表散出来。

[9]未字：还没有订婚。古代女子订婚称"字"。

[10]解颐：露出笑容。

[11]居里：居住的地方。

[12]绐：哄骗。

[13]锐身自任：挺身担起责任。锐身，挺身。

[14]折柬：裁纸写信。柬，原指竹简，代指书信。

[15]修雅：整齐雅致。

[16]格磔：形容鸟鸣声。

[17]无以阶进：找不到进去的理由。阶：台阶，这里喻指借口、理由。

[18]日昃：午后。昃，日头偏斜。

[19]启一关：开了一道门。关，古代指门。

[20]肃客：尊敬地迎客。肃，引导、迎接。

[21]裀藉：坐垫，坐褥。

[22]具展宗阀：王子服详细叙述家世。宗阀，家世。阀：本指官宦人家门前记录功业的柱子，后泛指功业或家世。

[23]尊堂：对别人母亲的敬称，也就是你母亲的意思。

[24]弱息：幼弱的子女，特指女儿。庶产：不是正妻所生。

[25]渠：他的意思。

[26]雏尾盈握：指肥嫩的雏鸡。语出《礼记·内则》："雏尾不盈握，弗食。"雏：此指小鸡。盈握：满一把。鸡的尾部满一把，言其肥。

[27]不遑他瞬：顾不上看别处。遑：闲暇。

[28]阴捘：暗地里捏弄。

[29]自分化为异物：自以为要死了。自分，自以为，自料。异物，死亡的代称。《庄子》称人死亡后"或化为鼠肝，或化为虫臂"。

[30]细事：很小的事情。

[31]葭莩：芦苇内壁里的一层薄膜。代指疏远的亲戚，也泛指一般的亲戚。

[32]周遮：言语烦琐。白居易《老戒》诗："矍铄夸身健，周遮说话长。"

[33]捉双卫：牵着两头驴子。卫，驴的别名。

[34]匪伊朝夕：也不止一天了。匪，通"非"。

[35]有何喜，笑辄不辍？若不笑，当为全人。因怒之以目，乃曰：抄本原没有这句，但后来根据考证，这句话是存在的，故加上去了。

[36]志赘：就是痣、赘疣及胎记等，代指人身上的特征。志，同"痣"。赘，赘疣。

[37]觇其异：在婴宁不注意的时候察看她的异常。觇，观察，窥探。

[38]执柯：做媒的意思。

[39]昧爽：天刚刚亮。省问，看望问候，请安。

[40]合卺：完婚，圆房。

[41]窃于日中窥之，形影殊无少异：旧时迷信说鬼在阳光下是没有影子的，因而以此检验婴宁是否为鬼物。

[42]不能俯仰：就是说笑得直不起腰来，形容笑得很厉害。

[43]阶砌藩溷：台阶、厕所等。这里形容多、无所不在。

[44]爇:燃烧,点燃。

[45]设:假如。

[46]矢:立誓。

[47]戚容:悲伤的面容。

[48]合厝:合葬。厝,埋葬。

[49]庶养女者不忍溺弃:古代的一种落后习俗,认为女儿不能延续香火,父母死后不能办理后事,所以常把女婴放进水里淹死。

[50]舆櫬(chèn):用车子运载棺材。舆,车子,指用车子运载。櫬,棺材。

[51]德之常不去心:感激她,常常心中惦念。德,名词动化。不去心,心中惦念。

[52]寒食:清明节的前两天为寒食节,旧俗这天不烧火吃熟食。

[53]异史氏:作者蒲松龄的自称。

[54]殆隐于笑者矣:抄本作"何尝菴也",比较生僻,不利于传播,经专家慎重考证,改用现在的形式。

[55]合欢、忘忧:合欢花、忘忧草。因为这两种花草的名字带有开怀之意,它们的香气也有这样的作用,所以拿来和文中的"笑矣乎"相比较。

[56]解语花:典出王仁裕《开元天宝遗事·解语花》:唐明皇与杨贵妃在太液池赏花,左右极赞池花之美,而"帝指贵妃示于左右曰:'争如我解语花?'"后因此以"解语花"比喻善于迎合人意的美女。作态,做作,别扭不自然的意思。

【评析】

婴宁在《聊斋志异》中被塑造为一个勇于反抗封建礼教的鲜明女性形象,其"爱笑"的特点与《红楼梦》中林黛玉的"哭"已成为中国文学史上无独有偶的绝配。婴宁的笑是一种人性美的体现。婴宁从初始的"笑容可掬"到终尾"虽故逗之,亦终不笑"的逆转故事,正是婴宁的纯洁性情不断遭世俗侵袭的渐进过程。婴宁性格的转变是由自然人到社会人的必由之路,是个体与社会的必然冲突,是每个人的悲剧,是整个人类的悲剧。

探究思考

1.中国古典小说的发展经历了哪几个阶段?其代表作分别是什么?

2.试分析作品赏析中婴宁的艺术形象。

3.推荐阅读:刘心武《揭秘红楼梦》。

知识链接

金陵十二钗图册判词(节选)
蔡义江

贾宝玉梦随警幻到太虚幻境薄命司,看到贴有金陵十二钗册子封条的大橱,就开橱看了册子中的一些图和题词,即这些又副册、副册、正册及其中的十四首图咏,但不懂它究竟说些什么。

旧称女子为"裙钗"或"金钗"。"十二钗"就是十二个女子。在这里,"十二钗"即林黛玉、薛宝钗、贾元春、贾迎春、贾探春、贾惜春、妙玉、史湘云、王熙凤、贾巧姐、秦可卿。

册有正、副、又副之分。正册都是贵族小姐奶奶。又副册是丫头，即家务奴隶，如晴雯、袭人等。香菱生于官宦人家，沦而为妾，介于两者之间，所以入副册。

大观园里女儿们的命运虽然各有不同，但在作者看来都是可悲的，因而统归太虚幻境薄命司。虚构这种荒唐的情节，固然有其艺术构思上的需要，不能简单地看作宣扬迷信，但毕竟也是一种消极的宿命论思想的流露，它的客观效果是同揭露封建制度的黑暗与罪恶矛盾的。正如鲁迅所说，人物命运"则是在册子里一一注定，末路不过是一个归结：是问题的结束，不是问题的开头。读者即小有不安，也终于奈何不得。"（《坟·论睁了眼看》）这是这部伟大杰作十分明显的局限性。图册判词和后面的《红楼梦曲》一样，使我们能从中窥察到作者对人物的态度，以及在安排她们的命运和小说全部情节发展上的完整艺术构思，这在原稿后半已散失的情况下，具有特别重要的研究价值。现在我们读的后四十回续书，不少情节的构想就是以此为依据的。

……

正册判词之一

画：两株枯木，木上悬着一围玉带；地下又有一堆雪，雪中一股金簪。

可叹停机德，堪怜咏絮才！

玉带林中挂，金簪雪里埋。

【注释】

这一首是说林黛玉和薛宝钗的。

[1]可叹停机德——这句说薛宝钗，意思是虽然有着合乎孔孟之道标准的那种贤妻良母的品德，但可惜徒劳无功。"停机德"，出于《后汉书·列女传·乐羊子妻》。故事说：乐羊子远出寻师求学，因为想家，只过了一年就回家了。他妻子就拿刀割断了织布机上的绢，以此来比喻学业中断，规劝他继续求学，谋取功名，不要半途而废。

[2]堪怜咏絮才——这句说林黛玉，意思是如此聪明有才华的女子，她的命运是值得同情的。"咏絮才"，用晋代谢道韫的故事：有一次，天下大雪，谢道韫的叔父谢安对雪吟句说："白雪纷纷何所似？"谢道韫的哥哥谢朗答道："撒盐空中差可拟。"谢道韫接着说："未若柳絮因风起。"谢安一听大为赞赏。见《世说新语》。

[3]玉带林中挂——这句说林黛玉，前三字倒读即谐其名。从册里的画"两株枯木（双'木'为'林'），木上悬着一围玉带"看，可能又寓宝玉"悬"念"挂"牵死去的黛玉的意思。

[4]金簪雪里埋——这句说薛宝钗。前三字暗点其名："雪"谐"薛""金簪"比"宝钗"。本是光耀头面的首饰，竟埋没在寒冷的雪堆里，这是对一心想当宝二奶奶的薛宝钗的冷落处境的写照。

【鉴赏】

林黛玉与薛宝钗，一个是寄人篱下的孤女，一个是皇家大商人的千金；一个天真率直，一个城府极深；一个孤立无援，一个有多方支持；一个作叛逆者知己，一个为卫道而说教。脂砚斋曾有过"钗黛合一"说，但不是否定林、薛二人的差别或对立。作者将她俩三首诗中并提，除了因为她们在小说中的地位相当外，至少还可以通过贾宝玉对她们的不同态度的比较，以显示钗、黛的命运遭遇虽则不同，但其结果都是一场悲剧。

正册判词之四

画：几缕飞云，一湾逝水。

富贵又何为？ 襁褓之间父母违。

转眼吊斜晖，湘江水逝楚云飞。

【注释】

这一首是写史湘云的。

[1]"富贵"二句——史湘云从小失去了父母，由亲戚抚养，因而"金陵世勋史侯家"的富贵对她来说是没有什么用处的。襁褓，婴儿裹体的被服，这里指年幼。违，丧失，死去。

[2]转眼吊斜晖——程高本作"展眼吊斜辉"。吊，对景伤感。斜晖，傍晚的太阳。这句即所谓"夕阳无限好，只是近黄昏"的意思。从《红楼梦曲》中我们知道史湘云后来是"厮配得才貌仙郎"的（"脂砚斋本"有"后数十回若兰在射圃所佩之麒麟，正此麒麟也"等批语，她可能就是嫁给卫若兰的），只是好景不长，丈夫可能早卒。

[3]湘江水逝楚云飞——诗句中藏"湘云"两字，点其名。同时，湘江又是娥皇、女英二妃哭舜之处。楚云则由宋玉《高唐赋》中楚襄王梦见能行云作雨的巫山神女一事而来。所以，这一句和画中"几缕飞云，一湾逝水"似乎都是喻夫妻幸福生活的短暂。

……

正册判词之八

画：一片冰山，上有一只雌凤。

凡鸟偏从末世来，都知爱慕此生才。

一从二令三人木，哭向金陵事更哀。

【注释】

这一首写王熙凤。

[1]凡鸟——合起来是"鳳"字，点其名。《世说新语·简傲》中记载：晋代，吕安有一次访问嵇康，嵇康不在家，他哥哥请客人到屋里坐，吕安不入，在门上写了一个"凤"字去了。嵇康的哥哥很高兴，以为客人说他是神鸟。其实吕安嘲笑他是凡鸟。这里反过来就"凡鸟"说"凤"，目的只是隐曲一些。

[2]"一从"句——因为不知原稿中王熙凤的结局如何，所以对这一句有着各种猜测。脂批说"拆字法"。意思是把要说的字拆开来，但如何拆法没有说。有人说"二令"是"冷"，"三人木"是"秦"（下半是"禾"非"木"），也不像。吴恩裕先生《有关曹雪芹十种·考稗小记》中说："凤姐对贾琏最初是言听计'从'，继而对贾琏可以发号施'令'，最后事败终不免于'休'之。故曰'哭向金陵事更哀'云云。"研究脂批提供的线索，凤姐后来被贾琏所休弃是可信的。"金陵王"是她的娘家，与末句也相合。画中"冰山"喻独揽大权的地位难以持久。《资治通鉴·唐玄宗天宝十一年》说：有人劝张彖去拜见杨国忠以谋宝贵。张说："君辈倚杨右相若泰山，吾以为冰山耳。若皎日既出，君辈得无所恃乎？""雌凤"，当指她失偶孤独。

——选自《名家正解红楼梦》，北京出版社，2007 年

【解题】

蔡义江,1934 年出生。著名红学专家、学者、教授,有突出贡献的国家级专家。筹创《红楼梦学刊》,成立红学会。1986 年任民革中央常委、宣传部部长。曾任全国人大代表、全国政协委员、中国红楼梦学会副会长等职。蔡义江在中国古典文学特别是唐宋诗词、红学研究方面成绩显著。出版的主要著作有《红楼梦诗词曲赋评注》《论红楼梦佚稿》《红楼梦》校注、《蔡义江论红楼梦》等,其专著和论文曾多次获国家、省、市社科优秀成果奖。

教学任务 11　碰撞嬗变——现代文学

1917 年 1 月,《新青年》发表胡适的《文学改良刍议》,标志着古典文学的结束,现代文学的开始。中国现代文学是在中国社会内部发生历史性变化的条件下,广泛接受外国文学影响而形成的新文学。它不仅用现代语言表现现代科学民主思想,而且在艺术形式与表现手法上都对传统文学进行了革新,建立了话剧、新诗、现代小说、杂文、散文诗、报告文学等新的文学体裁,在叙述角度、抒情方式、描写手段及结构组成上都有新的创造,具有现代化的特点,从而与世界文学潮流相一致,成为真正现代意义上的文学。

现代文学从 1917 年开始,到 1949 年为止,大体上每十年为一个发展阶段。1917—1927 年的文学称为"五四文学";1928—1937 年是左翼革命文学、人文主义文学并存的文学;1937—1949 年是以全民族的抗战文学为开端以及继承、发展的多地域、多元化、大众化的文学。

一、第一个十年

1915 年 9 月《青年杂志》在上海创刊(第二卷起易名为《新青年》),1917 年《新青年》上先后发表了胡适的《文学改良刍议》和陈独秀的《文学革命论》,举起了"文学革命"的大旗,拉开了"五四"文学革命的大幕,标志着新文化运动的开始。新文化运动在思想启蒙方面做了两方面的工作:一是重新评判孔子,抨击文化专制主义,倡导思想自由;二是广泛引进和吸收运用西方文化。本时期涌现出了一大批杰出的作家,形成了各种不同的文学流派。

(一)文学研究会

"五四"以后,各地先后成立了文学社团,"文学研究会"是第一个出现的新文学社团,也是新文学史上影响最大的文学团体。它以《小说月报》为代用机关刊物,认为"文学是一种工作"(《文学研究会宣言》),抨击以游戏、消遣为目的的"鸳鸯蝴蝶派"和"礼拜六派"的作品。他们的创作明显地表现出现实主义倾向,被看作是"为人生而艺术"的一派,或现实主义的一派。代表作品有叶圣陶小说集《倪焕之》、冰心诗集《繁星》《春水》等。

(二)创造社

"创造社"于 1921 年 6 月在日本东京成立,其最初的成员有郭沫若、张资平、郁达夫、成仿吾、田汉、穆木天等人,他们都是当时在日本留学的学生。他们先后创办《创造季刊》《创造周报》《创造月刊》等十余种刊物。初期主张"为艺术而艺术",强调文学必须忠实地表现作者自己"内心的要求",推崇文学创作的"直觉"与"灵感",比较重视文学的美感作用。作品大都侧重自我表现,带有浓厚的抒情色彩,直抒胸臆和病态的心理描写往往成为他们表达内心矛盾和对现实反抗情绪的主要形式。郭沫若的诗集《女神》、郁达夫的小说《沉沦》及郭沫若的译作《少年维特之烦恼》(歌德),是该社最有影响的作品。后期"创造社"主要成员大部分倾向革命或从事革命实际工作。随后,表现出"转换方向"的态势,并有新从日本回国的李初梨、冯乃超、彭康、朱镜我等思想激进的年轻一代参加,开始大力倡导无产阶级革命文学。

(三)新月社

"新月社"是稍后出现的一个影响颇大的文学社团。1923 年由胡适、陈源(陈西滢)、徐志摩、闻一多、梁实秋等人在北京发起,他们多系英美留学生。开始以徐志摩、胡适发起的早期聚餐会形式活动,后来发展成新月俱乐部。他们拒绝所谓的"革命文学""普罗文学",不迷信"为人生而艺术"或"为艺术而艺术",更不赞同以文学为政治宣传工具,他们讲究"人性",崇尚的只是走正常的文艺发展的道路;就政治而言,他们反对专制,推崇民主和法治,呼唤人权。1928 年以前的新月诗派提倡新格律诗,因此又被称为"新格律诗派",在诗歌创作上卓有建树,代表作品有闻一多的《死水》、徐志摩的《再别康桥》等。

这时期涌现出的作家中最具有代表性的是鲁迅和郭沫若。

鲁迅(1881—1936),是中国现代伟大的文学家、思想家、革命家。原名周树人,字豫才,浙江绍兴人,出身于没落的封建家庭。青年时代受进化论思想影响,1902 年去日本留学,原学医,后从事文艺工作,企图用文学改变国民精神。

1909 年,鲁迅回国,先后在杭州、绍兴任教。辛亥革命后,他曾任南京临时政府和北京政府教育部部员,兼在北京大学、女子师范大学等校授课。1918 年 5 月,首次用"鲁迅"笔名,发表中国现代文学史上第一篇白话小说《狂人日记》,对"人吃人"的封建制度进行无情揭露和猛烈抨击,奠定了新文学运动的基石。五四运动前后,参加《新青年》杂志的工作,站在反帝反封建的新文化运动的最前列,成为五四新文化运动的伟大旗手。

1918—1926 年,鲁迅陆续创作出版了《呐喊》《彷徨》《坟》《热风》《野草》《朝花夕拾》《华盖集》《华盖集续集》等著作,表现出爱国主义和彻底的革命主义的思想特色。其中,1921 年 12 月发表的中篇小说《阿 Q 正传》,展现了辛亥革命前后一个畸形的中国社会和一群畸形的中国人的真面貌,是中国现代文学史上杰出的作品之一。

1930 年起,鲁迅先后参加了中国自由运动大同盟、中国左翼作家联盟等进步组织,积极参加革命文艺运动。1936 年初"左联"解散后,积极参加文学界和文化界的抗日民族统一战线。1927—1936 年,鲁迅创作了《故事新编》中大部分的作品和大量的杂文,这些作品收录在《而已集》《三闲集》《二心集》《南腔北调集》《伪自由书》《且介亭杂文》等专辑中。

鲁迅的一生,对中国文化事业作出了巨大贡献,他领导和支持了"未名社""朝花社"等进步团体,主编了《国民新报》《莽原》《萌芽》等文艺期刊,热忱关怀、积极培养青年作者,大力翻译外国进步的文学作品,搜集、研究、整理大量古典文学,批判地继承了我国古代文化遗产,编著了《中国小说史略》《汉文学纲要》《唐宋传奇集》等。

郭沫若(1892—1978),中国新诗的奠基人之一,中国历史剧的开创者之一,古文字学家、考古学家、历史学家、社会活动家,甲骨学四堂之一,中国现当代诗人、剧作家。原名郭开贞,笔名郭鼎堂、麦克昂等。

1914年,郭沫若留学日本,在九州帝国大学学医。后与鲁迅一样弃医从文,企图用以改变国民精神。1921年发表第一本新诗集《女神》,摆脱了中国传统诗歌的束缚,充分反映了"五四"时代精神,在中国文学史上开拓了新一代诗风,是当代最优秀的革命浪漫主义诗作。同年又与郁达夫等人一同创立上海文学学社"创造社",是新文化运动的重要旗手。1923年后系统学习马克思主义理论,提倡无产阶级文学。1926年参加北伐,任国民革命军政治部副主任。1927年参加了中国共产党领导的南昌起义。

1928年2月因被国民党政府通缉,流亡日本,埋头研究中国古代社会,著有《中国古代社会研究》《甲骨文字研究》等重要学术著作。1937年抗日战争爆发后回国,任文化工作委员会主任,团结进步文化人士从事抗日救亡运动。1946年后,站在民主运动前列,成为国民党统治区文化界的革命旗帜。中华人民共和国成立后,当选为中华全国文学艺术界联合会主席。主编《中国史稿》和《甲骨文合集》,代表作品有散文《小品六章》,还出版有诗集《星空》《骆驼集》等,并写有历史剧《屈原》《蔡文姬》《武则天》,历史小说、文学论文等,全部作品编成《郭沫若全集》38卷。

二、第二个十年

"30年代文学"是"20年代文学"的发展和变化。这一时期,文学重心移到了上海,随着中国革命形势的发展,文学也逐渐向革命靠拢,出现政治化倾向。

(一)左翼作家联盟

1930年3月2日,"中国左翼作家联盟"(简称"左联")在上海成立,出版了《拓荒者》《萌芽》《北斗》《十字街头》《文学月报》《文学导报》等刊物,先后入盟的成员共达270多人。"左联"积极地译介、传播、运用马克思主义文艺理论,自觉加强了与世界无产阶级革命文化运动的联系,推进了文艺大众化运动。同时提倡和发展革命现实主义创作方法,培养出一批青年文学作者,创作了大量优秀的文学作品。代表作品有茅盾的《子夜》。

(二)东北作家群

东北作家群是指1931年"九一八事件"后从东北流亡到上海、北平等地的一批青年作家,主要成员有萧红、萧军、端木蕻良、舒群、骆宾基、白朗、李辉英等。他们最早将自己的心血与东北被日寇践踏的土地联系起来进行写作,抒发了眷恋乡土的爱国情怀,形成了一种粗犷的艺术风格。他们有的人未曾加入"左联",但他们的创作实际上构成了"左联"文学的一部分。

(三)京派

"京派"是指20世纪30年代新文学中心南移到上海以后,继续活跃在北平和天津等北方城市的自由主义作家群,主要成员有沈从文、周作人、李健吾、朱光潜等。他们以《骆驼草》为主要阵地,关注人生,但和政治斗争保持距离,强调艺术的独特品格。讲求"纯正的文学趣

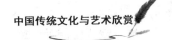

味",以表现"乡村中国"为主要内容,作品富有文化意蕴。京派作家多数是现实主义派,对现实主义有所发展变化,发展了抒情小说和讽刺小说,使小说诗化、散文化。沈从文是京派作家的第一人。

(四)新感觉派

新感觉派是中国最早、最完整的现代派作家群。1928 年后,它们创办了《文学工场》《无轨列车》《新文艺》《现代》等刊物。新感觉派主要的代表作家有刘呐鸥、穆时英、施蛰存等。它的产生表明中国文学已经开始向西方现代派文学学习,它与世界新潮文学同步发展,使中国市民文学超越了通俗文学的界限,取得了先锋文学的地位。

这个时期还涌现出了一大批优秀的作家,代表人物有茅盾、巴金、老舍、沈从文、曹禺等。

茅盾(1896—1981)本名沈德鸿,字雁冰,中国现代著名的作家、文化活动家和社会活动家,五四新文化运动先驱者之一。他继承了"人生派"的现实主义精神,代表作《子夜》描绘了 20 世纪 30 年代大都市的生活,笔力雄浑细致,结构宏伟严谨,语言生动缜密,建立起革命现实主义文学模式,是左翼文学创作的代表。另有短篇小说《春蚕》《秋收》《残冬》及《林家铺子》等。

巴金(1904—2005)原名李尧棠,四川成都人,五四新文化运动以来最有影响力的作家之一。他的作品以描写家庭生活为主,并且带有强烈的自传性。他擅长以青年人的视角描写家庭生活情景来反映社会生活的状况及其发展变化,构建了现代文学中独特的"青年世界"。他的作品尤以"激流三部曲"(《家》《春》《秋》)为著。《激流》通过描写高公馆的由盛转衰及其分崩离析,反映了封建大家庭逐渐没落的过程,表现了封建专制制度必然崩溃的历史趋势,讴歌了青年们的觉醒和反抗。同时高公馆的生活也是以作者自己早期的家庭生活为原型而书写的,带有强烈的自传性质。除此之外,《灭亡》、"爱情三部曲"(《雾》《雨》《电》)等作品也具有鲜明的个人特色。总之,巴金小说的题材具有多样性,是丰富多彩的,他的小说反映了中国现代社会各个阶层的生活状况,表现了现代社会发展的历史进程。

老舍(1899—1966)原名舒庆春,字舍予,中国现代著名的小说家、剧作家。他的作品大多取材于市民生活,善于描绘城市贫民的生活和命运,尤其擅长刻画浸透了封建宗法观念的保守落后的中下层市民在民族矛盾和阶级斗争中,在新的历史潮流冲击下,惶惑、犹豫、寂寞的矛盾心理和进退维谷、不知所措的可笑行径。其作品语言明快活泼、富于幽默感,开创了别具一格的"京味"文体风格,代表作品有《骆驼祥子》《四世同堂》《月牙儿》等。《骆驼祥子》是他个人也是中国现代文学史上的重要作品,主要通过描绘车夫祥子勤苦奋斗、"三起三落"而最终堕落的一生,揭露了旧社会的罪恶。

沈从文(1902—1988)原名沈岳焕,是京派小说的开创者和最优秀的代表。他认为"美在生命",虽身处虚伪、自私和冷漠的都市,却醉心于人性之美,是具有特殊意义的乡村世界的主要表现者和反思者。他在《月下小景》《柏子》《阿黑小史》《边城》等小说中构建了一个远离时代旋涡、浪漫诗化的"湘西"世界。其代表作为《边城》,小说表现了一种"优美、健康、自然而又不悖乎人性的人生形式"。沈从文另有以《八骏图》为代表的"都市小说",作为"湘西小说"的对照和补充。

曹禺(1910—1996),中国杰出的现代话剧剧作家,原名万家宝,字小石,小名添甲。汉族,祖籍湖北潜江,出身于天津一个没落的封建官僚家庭。其父曾任北洋政府总统黎元洪的秘书,后赋闲在家,抑郁不得志。曹禺本姓"萬"("万"的繁体字),繁体"萬"字为草字头下一个禺。于是他将繁体"萬"字上下拆为'草禺',又因"草"不像个姓,故取谐音字"曹",两者组合而得曹禺。曹禺幼年丧母,在压抑的氛围中长大,个性沉闷而内向。1922 年,曹禺入读天津南开中学,并参加南开新剧团。

曹禺作为中国新文化运动的开拓者之一,与鲁迅、郭沫若、茅盾、巴金、老舍齐名。他是中国现代戏剧的泰斗、戏剧教育家,历任中国文联常务委员、执行主席;中国戏剧家协会常务理事、副主席;中国作协理事,北京市文联主席;中央戏剧学院副院长,名誉院长;北京人民艺术剧院院长等职务。他所创造的每一个角色,都给人留下了难忘的印象。1934 年曹禺的话剧处女作《雷雨》问世,在中国现代话剧史上具有极其重大的意义,它被公认为是中国现代话剧成熟的标志,也因此被誉为"东方的莎士比亚"。曹禺是中国现代话剧史上成就最高的剧作家,代表作品有《雷雨》《日出》《原野》《北京人》。

三、第三个十年

"40 年代文学"即第三个十年的文学,指 1937 年卢沟桥事变到 1949 年中华人民共和国成立这十二年间的文学。这十二年中国社会的特点是战争不断、社会动荡不安,文学担负起了救亡的使命,同时也表现了战争环境下人的情感世界。

战争把国土分成了 4 大块:国统区、解放区、沦陷区、上海"孤岛"。1941 年"孤岛"消失,成为三个大区。1945 年 8 月日本投降,剩下两个大区。各个区域的文学呈现出不同的色彩与特点。

(一)解放区文学

1938 年 3 月在武汉成立的"中华全国文艺界抗敌协会",是文艺界抗日民族统一战线组织,提出"文章下乡,文章入伍"的口号。为了适应当时的形势,形成朗诵诗、街头诗、活报剧、街头剧、报告文学和短篇小说创作的高潮。1942 年 5 月,毛泽东发表《在延安文艺座谈会上的讲话》,解放区文学以它巨大的成就和辉煌的业绩,有力地推动了抗日战争和解放战争的胜利。在中国现代文学史上,解放区文学上承"五四"新文化运动优良传统,下开社会主义文艺之先河,有着承前启后的特殊意义。代表作品有赵树理《小二黑结婚》《李有才板话》("山药蛋派")、周立波的《暴风骤雨》、丁玲的《太阳照在桑干河上》、孙犁的《荷花淀》("荷花淀派")等。

(二)孤岛文学

孤岛文学是指从 1937 年 11 月上海沦陷至 1941 年 12 月日军进入租界止,存在于上海租界的文学,由于四面都是沦陷区,故称"孤岛"。期间产生了大量出版刊物,反映了作家对抗战时期战斗和生活的记录。孤岛文学成就最突出的是杂文和戏剧。杂文以唐弢为代表,带有强烈的"鲁迅风";戏剧以《夜上海》(于伶)为代表,反映现实、民族等主题。另外还有报告文学等流行文学样式,以及黄裳、柯灵等代表作家。

（三）沦陷区文学

沦陷区文学为日本侵略者占领地区的文学。1937 年 7 月 29 日北平失守，1938 年 10 月 21 日广州被占，1941 年上海完全沦陷（1937 年 11 月 12 日中国军队撤出上海，但在英、美、法等国控制下的上海租界地区尚未落入日军之手，上海成为"孤岛"，文学情况见上海"孤岛"文学）。在上海沦陷区最有影响的文学杂志《万象》，团结了一大批在上海的进步作家，发表了大量揭露旧社会黑暗腐朽生活的具有爱国主义理想的作品，如师陀的《无望村的馆主》、张爱玲的小说集《传奇》、苏青的《结婚十年》等。在北平沦陷区，最突出的是周作人的闲适小品，他的《药堂语录》等散文集典型地表现了一个民族变节者进退失据的矛盾心理。

这时期最具有代表性的作家是赵树理和张爱玲。

赵树理（1906—1970），原名赵树礼，现代小说家、山药蛋派创始人。他的小说多以华北农村为背景，反映农村社会的变迁和存在其间的矛盾斗争，塑造了农村各式人物的形象，开创的文学"山药蛋派"，成为中华人民共和国文学史上非常重要、非常有影响的文学流派之一。代表作《小二黑结婚》通过边区农村青年农民小二黑和小芹争取婚姻自主的故事，描写了农村中新生的进步力量同落后愚昧的迷信思想及封建反动势力之间的尖锐斗争，以主人公在新政权的支持下突破阻碍获得幸福婚姻显示出民主政权的力量和新思想的胜利。

张爱玲（1920—1995），中国现代著名女作家，本名张瑛，其家世显赫，祖父张佩纶是清末名臣，祖母李菊藕是朝廷重臣李鸿章的长女。20 世纪 40 年代张爱玲在上海孤岛成名。她的创作大都取材于上海、香港地区的上层社会女子的悲剧，拥有女性的细腻与古典的美感，对人物心理的把握令人惊异。这些作品以中国古典小说为基石，突出运用了西方现代派心理描写技巧，并将两者融合于一体，形成了颇具特色的个人风格，代表作有《金锁记》《倾城之恋》《半生缘》《红玫瑰与白玫瑰》等。

拓展阅读

作品赏析

秋　夜

鲁　迅

在我的后园，可以看见墙外有两株树，一株是枣树，还有一株也是枣树。

这上面的夜的天空，奇怪而高，我生平没有见过这样奇怪而高的天空。他仿佛要离开人间而去，使人们仰面不再看见。然而现在却非常之蓝，闪闪地䀹着几十个星星的眼，冷眼。他的口角上现出微笑，似乎自以为大有深意，而将繁霜洒在我的园里的野花草上。

我不知道那些花草真叫什么名字，人们叫他们什么名字。我记得有一种开过极细小的粉红花，现在还开着，但是更极细小了，她在冷的夜气中，瑟缩地做梦，梦见春的到来，梦见秋的到来，梦见瘦的诗人将眼泪擦在她最末的花瓣上，告诉她秋虽然来，冬虽然来，而此后接着还是春，胡蝶乱飞，蜜蜂都唱起春词来了。她于是一笑，虽然颜色冻得红惨惨地，仍然瑟缩着。

枣树，他们简直落尽了叶子。先前，还有一两个孩子来打他们别人打剩的枣子，现在是一个也不剩了,连叶子也落尽了。他知道小粉红花的梦,秋后要有春;他也知道落叶的梦,春后还是秋。他简直落尽叶子,单剩干子,然而脱了当初满树是果实和叶子时候的弧形,欠伸得很舒服。但是,有几枝还低亚着,护定他从打枣的竿梢所得的皮伤,而最直最长的几枝,却已默默地铁似的直刺着奇怪而高的天空,使天空闪闪地鬼䀹眼;直刺着天空中圆满的月亮,使月亮窘得发白。

鬼䀹眼的天空越加非常之蓝,不安了,仿佛想离去人间,避开枣树,只将月亮剩下。然而月亮也暗暗地躲到东边去了。而一无所有的干子,却仍然默默地铁似的直刺着奇怪而高的天空,一意要制他的死命,不管他各式各样地䀹着许多蛊惑的眼睛。哇的一声,夜游的恶鸟飞过了。我忽而听到夜半的笑声,吃吃地,似乎不愿意惊动睡着的人,然而四围的空气都应和着笑。夜半,没有别的人,我即刻听出这声音就在我嘴里,我也即刻被这笑声所驱逐,回进自己的房。灯火的带子也即刻被我旋高了。

后窗的玻璃上丁丁地响,还有许多小飞虫乱撞。不多久,几个进来了,许是从窗纸的破孔进来的。他们一进来,又在玻璃的灯罩上撞得丁丁地响。一个从上面撞 进去了,他于是遇到火,而且我以为这火是真的。两三个却休息在灯的纸罩上喘气。那罩是昨晚新换的罩,雪白的纸,折出波浪纹的叠痕,一角还画出一枝猩红色的栀子。

猩红的栀子开花时,枣树又要做小粉红花的梦,青葱地弯成弧形了……我又听到夜半的笑声;我赶紧砍断我的心绪,看那老在白纸罩上的小青虫,头大尾小,向日葵子似的,只有半粒小麦那么大,遍身的颜色苍翠得可爱,可怜。

我打一个呵欠,点起一支纸烟,喷出烟来,对着灯默默地敬奠那些苍翠精致的英雄们。

1924 年 9 月 15 日

【评析】

《秋夜》是散文集《野草》的第一篇,发表于 1924 年 12 月。作者当时在北京,正和北洋军阀黑暗势力进行着对峙。这篇作品写秋夜后园和室中的所见、所感,寓情于景,写景抒情,把自然景物人格化,创造了天空、枣树、小粉红花、小青虫等一组具有深刻意蕴的象征形象。这些形象具有鲜明的特征:天空奇怪而高,斜着眼,将繁霜洒在园里的野花草上,使得人间草木凋零;小粉红花在夜霜侵袭下瑟缩发抖,但做着春天的梦,对未来还抱有希望;而枣树则饱经沧桑,坚实挺拔,以直而长的枝干直刺天空,不受任何蛊惑,一意要置天空于死地。《秋夜》中的形象,传达出作者对黑暗暴虐的统治势力的憎恶和愤怒,对被压迫、被摧残的弱小者的同情,对热忱追求光明的幼小者的赞美。尤其是枣树的形象,表现出一种顽强抗击黑暗的韧性战斗精神,既是作者对这样的战斗者的热情歌颂,也是鲁迅自己的人格和战斗豪情的诗情写照。

探究思考

1.中国现代文学的发展经历了哪几个阶段? 每个阶段的文学流派和代表作家分别有哪些?

2.简析鲁迅《秋夜》运用象征手法抒情的艺术特点。

3.推荐阅读:巴金《家》、茅盾《子夜》。

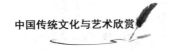

知识链接

叹旁观者
梁启超

天下最可厌、可憎、可鄙之人，莫过于旁观者。

旁观者，如立于东岸，观西岸之火灾，而望其红光以为乐；如立于此船，观彼船之沉溺，而睹其凫浴以为欢。若是者，谓之阴险也不可，谓之狠毒也不可，此种人无以名之，名之曰无血性。嗟乎！血性者，人类之所以生，世界之所以立也；无血性，则是无人类、无世界也。故旁观者，人类之蟊贼，世界之仇敌也。

人生于天地之间，各有责任。知责任者，大丈夫之始也；行责任者，大丈夫之终也；自放弃其责任，则是自放弃其所以为人之具也。是故人也者，对于一家而有一家之责任，对于一国而有一国之责任，对于世界而有世界之责任。一家之人各各自放弃其责任，则家必落；一国之人各各自放弃其责任，则国必亡；全世界人人各各自放弃其责任，则世界必毁。旁观云者，放弃责任之谓也。

中国词章家有警语二句，曰："济人利物非吾事，自有周公孔圣人。"中国寻常人有熟语二句，曰："各人自扫门前雪，不管他人瓦上霜。"此数语者，实旁观派之经典也，口号也。而此种经典口号，深入于全国人之脑中，拂之不去，涤之不净。质而言之，即"旁观"二字代表吾全国人之性质也，是即"无血性"三字为吾全国人所专有物也。呜呼，吾为此惧！

旁观者，立于客位之意义也。天下事不能有客而无主，譬之一家，大而教训其子弟，综核其财产；小而启闭其门户，洒扫其庭除，皆主人之事也。主人为谁？即一家之人是也。一家之人，各尽其主人之职而家以成。若一家之人各自立于客位，父诿之于子，子诿之于父；兄诿之于弟，弟诿之于兄；夫诿之于妇，妇诿之于夫；是之谓无主之家。无主之家，其败亡可立而待也。惟国亦然。一国之主人为谁？即一国之人是也。西国之所以强者无他焉，一国之人各尽其主人之职而已。中国则不然，入其国，问其主人为谁，莫之承也。将谓百姓为主人欤？百姓曰：此官吏之事也，我何与焉。将谓官吏为主人欤？官吏曰：我之尸此位也，为吾威势耳，为吾利源耳，其他我何知焉。若是乎一国虽大，竟无一主人也。无主人之国，则奴仆从而弄之，盗贼从而夺之，固宜。《诗》曰："子有庭内，弗洒弗扫。子有钟鼓，弗鼓弗考。宛其死矣，他人是保。"此天理所必不至也，于人乎何尤？

夫对于他人之家、他人之国而旁观焉，犹可言也。何也？我固客也。（侠者之义，虽对于他国、他家亦不当旁观，今姑置勿论。）对于吾家、吾国而旁观焉，不可言也。何也？我固主人也。我尚旁观，而更望谁之代吾责也？大抵家国之盛衰兴亡，恒以其家中、国中旁观者之有无多少为差。国人无一旁观者，国虽小而必兴；国人尽为旁观者，国虽大而必亡。今吾观中国四万万人，皆旁观者也。谓余不信，请征其流派：

一曰浑沌派。此派者，可谓之无脑筋之动物也。彼等不知有所谓世界，不知有所谓国；不知何者为可忧，不知何者为可惧。质而论之，即不知人世间有应做之事也。饥而食，饱而游，困而睡，觉而起；户以内即其小天地，争一钱可以陨身命，彼等即不知有事，何所谓办与不办？既不知有国，何所谓亡与不亡？譬之游鱼居将沸之鼎，犹误为水暖之春江；巢燕处半火之堂,犹疑为照屋之出日。彼等之生也,如以机器制成者,能运动而不能知觉;其死也,如以电气殛毙者,有堕落而不有苦痛,蠕蠕然度数十寒暑而已。彼等虽为旁观者,然曾不自知其为旁观者,吾命之为旁观派中之天民。四万万人中属于此派者,殆不止三万万五千万人。然此又非徒不识字、不治生之人而已。天下固有不识字、不治生之人而不浑沌者,亦有号称能识字、能治生之人而实大浑沌者。大抵京外大小数十万之官吏,应乡、会、岁、科试数百万之士子,满天下之商人,皆于其中十有九属于此派者。

二曰为我派。此派者,俗语所谓遇雷打尚按住荷包者也。事之当办,彼非不知;国之将亡,彼非不知。虽然,办此事而无益于我,则我惟旁观而已;亡此国而无损于我,则我惟旁观而已。若冯道当五季鼎沸之际,朝梁夕晋,犹以五朝元老自夸;张之洞自言瓜分之后,尚不失为小朝廷大臣,皆此类也。彼等在世界中,似是常立于主位而非立于客位者。虽然,不过以公众之事业,而计其一己之利害;若夫公众之利害,则彼始终旁观者也。吾昔见日本报纸中有一段,最能摹写此辈情形者,其言曰:

吾尝游辽东半岛,见其沿道人民,察其情态,彼等于国家存亡危机,如不自知者;彼等之待日本军队,不见为敌人,而见为商店之主顾客;彼等心目中,不知有辽东半岛割归日本与否之问题,惟知有日本银色与纹银兑换补水几何之问题。

此实写出魑魅魍魉之情状,如禹鼎铸奸矣。推为我之蔽,割数千里之地,赔数百兆之款,以易其衙门咫尺之地,而曾无所顾惜,何也? 吾今者既已六七十矣,但求目前数年无事,至一瞑之后,虽天翻地覆非所问也。明知官场积习之当改而必不肯改,吾衣领饭碗之所在也。明知学校科举之当变而不肯变,吾子孙出身之所由也。此派者,以老聃为先圣,以杨朱为先师。一国中无论为官、为绅、为士、为商,其据要津、握重权者皆此辈也,故此派有左右世界之力量。一国聪明才智之士,皆走集于其旗下,而方在萌芽卵孵之少年子弟,转率仿效之,如麻疯、肺病者传其种于子孙,故遗毒遍于天下。此为旁观派中之最有魔力者。

三曰呜呼派。何谓呜呼派? 彼辈以咨嗟太息、痛哭流涕为独一无二之事业者也。其面常有忧国之容,其口不少哀时之语。告以事之当办,彼则曰诚当办也,奈无从办起何;告以国之已危,彼则曰诚极危也,奈无可救何;再穷诘之,彼则曰国运而已,天心而已。

"无可奈何"四字是其口诀,"束手待毙"一语是其真传。如见火之起,不务扑灭,而太息于火势之炽炎;如见人之溺,不思拯援,而痛恨于波涛之澎湃。此派者,彼固自谓非旁观者也,然他人之旁观也以目,彼辈之旁观也以口。彼辈非不关心国事,然以国事为诗料;非不好言时务,然以时务为谈资者也。吾人读波兰灭亡之记,埃及惨状之史,何尝不为之感叹,然无益于波兰、埃及者,以吾固旁观也。吾人见菲律宾与美血战,何尝不为之起敬,然无助于菲律宾者,以吾固旁观也。所谓呜呼派者,何以异是! 此派似无补于世界,亦无害于世界者,虽然,灰国民之志气,阻将来之进步,其罪实不薄也。此派者,一国中号称名士者皆归之。

四曰笑骂派。此派者,谓之旁观,宁谓之后观。以其常立于人之背后,而以冷言热语批评人者也。彼辈不惟自为旁观者,又欲逼人使不得不为旁观者;既骂守旧,亦骂维新;既骂小人,亦骂君子;对老辈则骂其暮气已深,对青年则骂其躁进喜事。事之成也,则曰竖子成名;事之败也,则曰吾早料及。彼辈常自立于无可指摘之地,何也? 不办事故无可指摘,旁观故无可指摘。己不办事,而立于办事者之后,引绳批根以嘲讽掊击,此最巧黠之术,而使勇者所以短气,怯者所以灰心也。岂直使人灰心短气而已,而将成之事,彼辈必以笑骂沮之;已成之事,彼辈能以笑骂败之。故彼辈者,世界之阴人也。夫排斥人未尝不可,己有主义欲伸之,而排斥他人之主义,此西国政党所不讳也。然彼笑骂派果有何主义乎?譬之孤舟遇风于大洋,彼辈骂风、骂波、骂大洋、骂孤舟,乃至遍骂同舟之人;若问此船当以何术可达彼岸乎,彼等瞠然无对也。何也?彼辈借旁观以行笑骂,失旁观之地位,则无笑骂也。

五曰暴弃派。呜呼派者,以天下为无可为之事;暴弃派者,以我为无可为之人也。笑骂派者,常责人而不责己;暴弃派者,常望人而不望己也。彼辈之意,以为一国四百兆人,其三百九十九兆九亿九万九千九百九十九人中,才智不知几许,英杰不知几许,我之一人岂足轻重。推此派之极弊,必至四百兆人,人人皆除出自己,而以国事望诸其余之三百九十九兆九亿九万九千九百九十九人。统计而互消之,则是四百兆人,卒至实无一人也。夫国事者,国民人人各自有其责任者也,愈贤智则其责任愈大,即愚不肖亦不过责任稍小而已,不能谓之无也。他人虽有绝大智慧、绝大能力,只能尽其本身分内之责任,岂能有分毫之代我?譬之欲不食而使善饭者为我代食,欲不寝而使善睡者为我代寝,能乎否乎?夫我虽愚不肖,然既为人矣,即为人类之一分子也,既生此国矣,即为国民之一阿屯也,我暴弃己之一身,犹可言也,污蔑人类之资格,灭损国民之体面,不可言也。故暴弃者实人道之罪人也。

六曰待时派。此派者,有旁观之实而不自居其名者也。夫待之云者,得不得未可必之词也。吾待至可以办事之时然后办之,若终无其时,则是终不办也。寻常之旁观则旁观人事,彼辈之旁观则旁观天时也。且必如何然后为可以办事之时,岂有定形哉?办事者,无时而非可办之时;不办事者,无时而非不可办之时。故有志之士,惟造时势而已,未闻有待时势者也。待时云者,欲觇风潮之所向,而从旁拾其余利,向于东则随之而东,向于西则随之而西,是乡愿之本色,而旁观派之最巧者也。

以上六派,吾中国人之性质尽于是矣。其为派不同,而其为旁观者则同。若是乎,吾中国四万万人,果无一非旁观者也;吾中国虽有四万万人,果无一主人也。以无一主人之国,而立于世界生存竞争最剧最烈、万鬼环瞰、百虎眈视之大舞台,吾不知其如何而可也。六派之中,第一派为不知责任之人,以下五派为不行责任之人,知而不行,与不知等耳。且彼不知者犹有冀焉,冀其他日之知而即行也。若知而不行,则是自绝于天地也。故吾责第一派之人犹浅,责以下五派之人最深。

虽然,以阳明学知行合一之说论之,彼知而不行者,终是未知而已。苟知之极明,则行之必极勇。猛虎在于后,虽跛者或能跃数丈之涧;燎火及于邻,虽弱者或能运千钧之力。何也?彼确知猛虎、大火之一至,而吾之性命必无幸也。夫国亡种灭之惨酷,又岂止猛虎、大火而已。吾以为举国之旁观者直未知之耳,或知其一二而未知其究竟耳。若真知之,若究竟知之,吾意虽箝其手、缄其口,犹不能使之默然而息,块然而坐也。安有悠悠日月,歌舞太平,如此江山,坐付他族,袖手而作壁上之观,面缚以待死期之至,如今日者耶?嗟乎!

今之拥高位,秩厚禄,与夫号称先达名士有闻于时者,皆一国中过去之人也。如已退院之僧,如已闭房之妇,彼自顾此身之寄居此世界,不知尚有几年,故其于国也有过客之观,其苟且以媮逸乐,袖手以终余年,固无足怪焉。若我辈青年,正一国将来之主人也,与此国为缘之日正长。前途茫茫,未知所届。国之兴也,我辈实躬享其荣;国之亡也,我辈实亲尝其惨。欲避无可避,欲逃无可逃;其荣也非他人之所得攘,其惨也非他人之所得代。言念及此,夫宁可旁观耶?夫宁可旁观耶?吾岂好为深文刻薄之言以骂尽天下哉?毋亦发于不忍旁观区区之苦心,不得不大声疾呼,以为我同胞四万万人告也。

旁观之反对曰任。孔子曰:"天下有道,丘不与易也。"孟子曰:"如欲平治天下,当今之世,舍我其谁也。"任之谓也。

教学任务 12　繁盛芜杂——当代文学

所谓当代文学,就是指中华人民共和国成立迄今发生在中国政治版图内的文学运动、思潮和流派等文学现象和文学创作。中国当代文学是中国现代文学的继续与发展,分为两个阶段,即:中华人民共和国成立后三十年文学和新时期文学,其中中华人民共和国成立后三十年文学又可分为"十七年文学"和"文革文学"两个阶段。

一、中华人民共和国成立后的三十年文学

中华人民共和国成立到"文革"开始,本时期文学延续了解放区文学传统,强调文学向政治靠拢,文学创作上普遍追求重大社会题材,追寻现代历史上的重大事件和再现历史过程,不少作品直接切入政治命题。这段时间的文学被称为"十七年文学",主要成就有:

(一)小说

小说在"十七年"文学中成就显著,本期共有 200 多部小说正式出版,以革命历史题材为主,代表作品有"三红一创":《红旗谱》(梁斌)、《红日》(吴强)、《红岩》(罗广斌、杨益言)、《创业史》(柳青);以农村题材为主的:赵树理《三里湾》、孙犁的长篇《风云初记》《铁木前传》、周立波《山乡巨变》等。这些小说反映了中华人民共和国成立后的社会生活,具有相当的广度与深度,塑造了一批具有鲜明时代色彩的人物。但这些人物生活基础较少,显得类型化、模式化,表现手法、艺术风格等有些欠缺。

(二)诗歌

"十七年诗歌"创作成果可喜,主要体现在政治抒情诗、长篇叙事诗以及爱情诗创作三个方面。中华人民共和国成立,新老诗人沉浸在喜悦之中,他们以充沛的政治热情歌颂新时代、歌唱新生的祖国和充满阳光的新生活,如胡风的《时间开始了》、郭沫若的《新华颂》等。政治抒情诗成就最突出的是郭小川和贺敬之。郭小川的《致青年公民》、贺敬之的《雷锋之歌》等,是那个激情燃烧时代精神的集中体现。长篇叙事诗也出现了不少精品,代表作品有郭小川的"将军三部曲"、李季的《杨高传》、闻捷的《复仇的火焰》等。

(三)散文

这时期的散文主要是讴歌新时代,颂扬新人物,反映新成就,赞美新风尚,欢快的颂歌色彩是"十七年"散文的主旋律。这个时期的代表作品有老舍的《我热爱新北京》、冯雪峰的《鲁迅先生的逝世》、冰心的《小桔灯》等。

朝鲜战争爆发后,作为文学"轻骑兵"的报告文学和通讯特写,迅速及时地反映了抗美援朝战争中的将士、事迹、战火、深情、精神、友谊。这个时期的代表作有《我们会见了彭德怀司

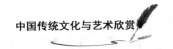
令员》(巴金)、《无名高地有了名》(老舍)、《谁是最可爱的人》《依依惜别的深情》(魏巍)和《朝鲜在战火中前进》(刘白羽)。

(四)戏剧

这时期的戏剧创作也取得了显著的成绩。老舍的《龙须沟》、胡可的《战斗里成长》及二次文代会后出现的夏衍的《考验》等都是当时的优秀作品。老舍的《茶馆》,是当代话剧史上最具代表性的现实主义杰作。剧作用"人像展览式"的方法,通过一个普通茶馆与出入该茶馆各种人物的沉浮际遇,用"坐标式"结构,以三幕戏反映了三个可诅咒的时代,深刻展示了从清朝末年到抗战胜利后五十年社会的沧桑变化,取得了巨大的成功。1957年反"右"后,出现一批优秀历史剧,如郭沫若的《蔡文姬》、田汉的《关汉卿》、曹禺的《胆剑篇》等。陈其通的话剧《万水千山》,第一次成功地将红军二万五千里长征的壮举搬上舞台。20世纪60年代初,文艺政策调整,话剧创作出现转机。沈西蒙(执笔),漠雁、吕兴臣合作的《霓虹灯下的哨兵》,描写中华人民共和国成立初期上海错综复杂的阶级斗争,戏剧冲突跌宕起伏,塑造了个性鲜明的艺术形象。

中华人民共和国成立后,文学的工具性已经远远高于文学的人文审美理性。这种文学为政治服务,政治第一性,文学第二性,"三突出"等极左文艺思潮逐渐统领整个文坛,最终导致整个"文革"时期文学内容、题材和样式的单一、贫乏。

二、新时期文学

1976年10月,"文化大革命"宣告结束,新时期文学拉开序幕。1978年5月,全国文联、作协、剧协等组织正式恢复工作,《文艺报》复刊。12月,党的十一届三中全会召开,文艺界思想解放运动和拨乱反正工作迅速、深入地进行,文艺开始复苏与繁荣。1980年7月26日,《人民日报》发表《文艺为人民服务,为社会主义服务》的社论,进一步使文学从"工具论"束缚中解放出来。文艺思想的讨论异常活跃,先后对文艺与政治的关系,文学中的人性、人道主义,歌颂与暴露的关系,借鉴西方现代派艺术,文艺批评的标准与新方法,文学的主体性,创作自由,文学多元化,"纯文学"与"通俗文学"等问题等进行讨论,积极探讨文艺的新观念、新方法,促进了文艺理论和文艺创作的发展。文学进入多元化时期,作家作品层出不穷,风格多样,并且受到西方文学思潮的影响。随着时间推移,进入21世纪后,文坛更是出现了很多新兴文学现象,文学彻底摆脱政治束缚,回归文学自身。

(一)小说

"新时期文学"小说创作成就最大,题材领域的深入开拓、表现方式的新变丰富等方面,都可从创作潮流的不断更迭与演进中窥见一斑:

伤痕小说——"新时期"小说最早涌现的潮流。粉碎"四人帮"后,"文革"引起全社会的历史反思。1977年11月,刘心武的《班主任》在《人民文学》发表,揭露极"左"路线下青少年灵魂被毒害的社会问题,发出了救救孩子的呼声,是"新时期文学"的开山之作。次年,卢新华的《伤痕》发表,引发了"伤痕小说"创作潮,代表作还有《弦上的梦》(宗璞)、《大墙下的红玉兰》(丛维熙)、《许茂和他的女儿们》(周克芹)等。它们恢复了现实主义精神,直面人生苦难,揭露控诉"四人帮"给无数人造成的生活和心理创伤,反映了对专制主义的斗争,也提出了很多发人深省的社会问题,对思想解放运动起到了启蒙作用。

反思小说——不再满足于控诉,试图站在一个较高的历史高度来观察与思考以往的教训,求得对历史有一个再认识,带有更强的理性色彩,显示了新时期小说现实主义精神的进一步发展。1979年2月,茹志鹃的《剪辑错了的故事》标志着"反思小说"的起步。代表作还有《芙蓉镇》(古华)、《被爱情遗忘的角落》(张弦)、《人到中年》(谌容)、《灵与肉》(张贤亮)等。

改革小说——随着社会重心转移,作家更加关注当下各个领域的改革进程。1979年7月,蒋子龙的《乔厂长上任记》开创了"改革文学"的先河。大批改革题材的小说相继出现,如《改革者》(张锲)、《沉重的翅膀》(张洁)、《男人的风格》(张贤亮)、《浮躁》(贾平凹)、《秋天的愤怒》(张炜)等。这些小说表达了人民渴望变革的愿望及引起的心理震荡,揭示了改革面临的困难、阻力,塑造了一批开拓者形象。

寻根小说——1985年前后,一批年轻的作家提出要构建中国当代小说的"民族品格"。他们的作品以现代意识观照现实与历史,反思传统文化,进而探寻民族灵魂重建的可能。"文化寻根小说"的主要作家、作品有韩少功的《爸爸爸》《归去来》《女女女》,阿城的《棋王》《树王》《孩子王》,王安忆的《小鲍庄》等。贾平凹的"商州系列"小说,李杭育的"葛川江系列",郑万隆的"异乡异闻系列",则侧重从特定的地域色彩进行文化寻根。表现形式上将传统的写实和现代的象征、暗示、抽象等手段交错使用,以对题材所蕴含的深层历史文化信息进行艺术传达。

现代派小说——20世纪70年代末,宗璞、茹志鹃和王蒙的《春之声》等"意识流"小说就已借鉴了西方现代主义的艺术表现方法,但被视为第一篇"真正有了现代派小说的味"的作品是20世纪80年代中期出现的刘索拉的《你别无选择》,小说以凌乱的组合展示了音乐学院作曲系一群学生杂乱无章的生活,表现了当代一部分青年人的复杂心态。另有徐星的《无主题变奏》,莫言的《透明的红萝卜》《红高粱》系列等作品,体现了意识流、荒诞、黑色幽默、魔幻等现代派创作思想和手法的影响。

先锋小说——又称"实验小说",20世纪80年代中期开始出现,以马原的《拉萨河女神》《冈底斯的诱惑》为肇始。主要作家、作品有苏童的《1934年的逃亡》、余华的《现实一种》、格非的《褐色鸟群》和孙甘露的《访问梦境》等。他们在文化内涵上对意识形态回避、反叛和消解,在文学观念上颠覆传统的真实观,在文本特征上体现为叙述游戏化,有激进的反叛色彩和实验品格。

新写实小说——20世纪80年代末90年代初开始出现,虽然现实主义创作手法仍是主导,但注重对生活原生态的还原,大多采用客观化的"冷漠叙述",表现现实的荒诞、丑恶、灰暗及叙述者的无奈与认同,作者"零度介入",不作明确的价值判断。新写实小说的代表作有刘震云的《一地鸡毛》、池莉的《烦恼人生》、方方的《风景》等。

新生代小说——又称"新状态小说""晚生代小说",是对20世纪80年代当代先锋文学的接续,是90年代边缘化文学语境的产物,个体性风格更为强烈。新生代小说的代表作有陈然的《私人生活》、林白的《一个人的战争》、张旻的《校园情结》、邱华栋的《环境戏剧人》等。

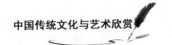

20世纪90年代是当代文学的长篇小说继60年代之后的第二个繁荣期。除了探索创新之外,坚持传统现实主义、浪漫主义手法的作家创作了许多"史诗性"作品,如张承志的《心灵史》、陈忠实的《白鹿原》、张炜的《九月寓言》等。

(二)诗歌

新时期诗歌以表现人民真实情感、愿望的1976年"四五"天安门诗歌运动为起点。最初的发展特点为悲歌与欢歌的交织,首先涌现出一批批判极左思想,批判封建主义的诗歌,新时期第一个诗潮——现实主义诗歌潮流应运而生。诗作有《周总理,你在哪里?》(柯岩)、《中国的十月》(贺敬之)、《光的赞歌》(艾青)、《祖国,我对你说》(张志民)等。

20世纪70年代后期,一大批"复出的诗人"重返诗坛,唱出"归来"的歌,代表作有《鱼化石》(艾青)、《假如生活重新开头》(邵燕祥)、《悬崖边的树》(曾卓)等,有着以历史反思为核心的理性思辨色彩。

20世纪70年代末80年代初,食指、芒克、北岛、顾城、舒婷、江河、杨炼等"文革"中成长的一代在诗坛崛起。他们不满足于旧的诗歌程式,"文革"时就开始了诗的探索,创作了一批具有新的审美特征的诗。新时期诗歌的代表作有《回答》(北岛)、《致橡树》(舒婷)、《一代人》(顾城)等。这些诗,在内容上揭示了时代给人造成的精神创伤,体现出强烈的社会批判意识与英雄主义、理想主义倾向;艺术上寻求新的诗美原则,借鉴西方现代诗艺,力避感情的直接表达,运用象征、暗示及隐喻等手段表达复杂的感情与独特的个性,诗歌内涵具有丰富性、多义性、哲理性的特点,语言有"强烈的陌生化"效果,因而被称为"朦胧诗"。

这一现代主义诗歌运动,在1979年至1984年曾引起诗坛广泛的论争。1984年后,朦胧诗发生变化,理性的激情减退,转向历史文化寻根和对人类生存状态的关注,代表作有杨炼和江河的《诺日朗》《天问》《与死亡对称》等。

20世纪80年代中期,朦胧诗衰微,更年轻的"新生代诗人"走上历史舞台。"新生代诗人"又称"第三代诗人",他们创作的诗歌被称为"先锋诗歌""实验诗""后新诗潮"等。这一群体构成复杂,代表群体有"他们""非非主义""新传统主义""整体主义"等60余家。诗人多为"文革"后接受高等教育的大学生,多受西方"黑色幽默""存在主义""后现代主义"的影响,反英雄、反崇高、平民化,有意反叛和超越"朦胧诗",露出反讽、调侃、戏谑的个性,抛弃意象,试图重新营构语体。代表作有《第二道假门》(周伦佑)、《大雁塔》(韩东)等。

在"新诗潮""后新诗潮"同一时期,一些年轻诗人主张诗歌"乡土化、民族化、大众化",又借鉴西方现代派的某些表现手段,形成风格独特的"新乡土诗"。代表作有丁庆友的组诗《忆念那一片泥土》、丁可的组诗《南方,田野的风》、胡鹏的《大地上生长出我的一组短歌》、李瑛的组诗《山草青长青》等。

(三)散文

新时期散文的复兴由挽悼性散文发端。作家们愤怒揭露"四人帮"的极"左"路线带来的巨大伤痛,代表作有巴金的《怀念萧珊》、丁宁的《幽燕诗魂》、陶斯亮的《一封终于发出的信》,与其他文体的作品汇成一股声势浩大的"伤痕文学"思潮。接着有老作家的回忆性散文,内容包括描述家事和国事、追记个人坎坷旅程、内省自剖、总结反思人生历史,如孙犁的

《耕堂读书记》、陈白尘的《云梦断忆》、萧乾的《一本褪色的相册》、杨绛的《干校六记》、丁玲的《牛棚小记》等。特别是巴金的《随想录》，其批判和自我批判精神震撼人心，被誉为"情透纸背、热透纸背、力透纸背"的一本"讲真话的大书""一部代表当代文学最高成就的散文作品"。

（四）戏剧

新时期话剧创作以揭批"四人帮"的讽刺喜剧《枫叶红了的时候》（金振家、王景愚）和反映党内斗争的《曙光》（白桦）为开端，引领《于无声处》（宗福先、贺国甫）、《丹心谱》（苏叔阳）等雨后春笋般涌现出来。这些作品勇于对特定历史时期的现实生活进行干预，及时地在舞台上表达了人民的愿望和要求，恢复和发扬了我国戏剧艺术的现实主义传统。各种面对现实的"社会问题剧"和以改革为题材的剧作应运而生，如《报春花》（崔德志）、《未来在召唤》（赵梓雄）等。

剧作题材空前拓展，突破了以往的禁区，无论是反映历史与现实，表现社会政治的重大题材，还是描写婚姻恋爱的题材，都得到了生动的艺术体现。塑造的人物形象数量和种类不断增加，注意多侧面、多层次表现人物，发掘人物丰满而又复杂的内心世界。歌颂革命领袖的如《西安事变》（程士荣等）、《陈毅出山》（丁一三）、《陈毅市长》（沙叶新）等，老一辈革命家开始以"人"的形象出现在舞台上。除了塑造英雄人物外，还浓墨重彩地塑造了普通人的形象，如《宋指导员的日记》（漠雁、肖玉泽）、《快乐的单身汉》（梁星明）等。历史剧创作也空前活跃，《秦王李世民》（颜海平）、《王昭君》（曹禺）、《大风歌》（陈白尘）等，在表现角度上发掘了新意。

随着社会热点的转移和多种艺术形式的迅猛发展，旧的戏剧艺术形式与演出方式已不适应观众的欣赏要求。1981年下半年始，开展了"戏剧观"问题和"戏曲现代化"等问题的讨论，剧作家大胆借鉴西方舞台的艺术手法，积极进行舞台实践，创作了一批带有探索性的剧作，如《我们》（王培公）、《一个死者对生者的访问》（刘树纲）、《魔方》（陶骏）、《街上流行红裙子》（贾鸿源、马中骏）、《寻找男子汉》（沙叶新）、《桑树坪纪事》（陈子展、杨建、朱晓平）等，令人耳目一新。另一些作家则执着于在坚持传统形式的基础上有所突破，苏叔阳的《家庭大事》《左邻右舍》，李龙云的《小井胡同》《有这样一个小院》等在日常生活中发掘戏剧性，使戏剧生活化，标志着当代戏剧进入了一个探索创新、多元发展的新阶段。

拓展阅读

作品赏析

（1）

一只特立独行的猪

王小波

插队的时候，我喂过猪，也放过牛。假如没有人来管，这两种动物也完全知道该怎样生活。它们会自由自在地闲逛，饥则食渴则饮，春天来临时还要谈谈爱情；这样一来，它们的生活层次很低,完全乏善可陈。人来了以后,给它们的生活做出了安排:每一头牛和每一口猪的生活都有了主题。就它们中的大多数而言,这种生活主题是很悲惨的:前者的主题是干活,后者的主题是长肉。我不认为这有什么可抱怨的,因为我当时的生活也不见得丰富了多少,除了八个样板戏,也没有什么消遣。有极少数的猪和牛,它们的生活另有安排。以猪为例,种猪和母猪除了吃,还有别的事可干。就我所见,它们对这些安排也不大喜欢。种猪的任务是交配,换言之,我们的政策准许它当个花花公子。但是疲惫的种猪往往摆出一种肉猪(肉猪是阉过的)才有的正人君子架势,死活不肯跳到母猪背上去。母猪的任务是生崽儿,但有些母猪却要把猪崽儿吃掉。总的来说,人的安排使猪痛苦不堪。但它们还是接受了:猪总是猪啊。

对生活做种种设置是人特有的品性。不光是设置动物,也设置自己。我们知道,在古希腊有个斯巴达,那里的生活被设置得了无生趣,其目的就是要使男人成为亡命战士,使女人成为生育机器,前者像斗鸡,后者像母猪。这两类动物是很特别的,但我以为,它们肯定不喜欢自己的生活。但不喜欢又能怎么样?人也好,动物也罢,都很难改变自己的命运。

以下谈到的一只猪有些与众不同。我喂猪时,它已经有四五岁了,从名分上说,它是肉猪,但长得又黑又瘦,两眼炯炯有光。这家伙像山羊一样敏捷,一米高的猪栏一跳就过;它还能跳上猪圈的房顶,这一点又像是猫——所以它总是到处游逛,根本就不在圈里待着。所有喂过猪的知青都把它当宠儿来对待,它也是我的宠儿——因为它只对知青好,容许他们走到三米之内,要是别的人,它早就跑了。它是公的,原本该阉掉。不过你去试试看,哪怕你把阉猪刀藏在身后,它也能嗅出来,朝你瞪大眼睛,嗷嗷地吼起来。我总是用细米糠熬的粥喂它,等它吃够了以后,才把糠对到野草里喂别的猪。其他猪看了嫉妒,一起嚷起来。这时候整个猪场一片鬼哭狼嚎,但我和它都不在乎。吃饱了以后,它就跳上房顶去晒太阳,或者模仿各种声音。它会学汽车响、拖拉机响,学得都很像;有时整天不见踪影,我估计它到附近的村寨里找母猪去了。我们这里也有母猪,都关在圈里,被过度的生育搞得走了形,又脏又臭,它对它们不感兴趣;村寨里的母猪好看一些。它有很多精彩的事迹,但我喂猪的时间短,知道的有限,索性就不写了。总而言之,所有喂过猪的知青都喜欢它,喜欢它特立独行的派头儿,还说它活得潇洒。但老乡们就不这么浪漫,他们说这猪不正经。领导则痛恨它,这一点以后还要谈到。我对它则不只是喜欢——我尊敬它,常常不顾自己虚长十几岁这一现实,把它叫作"猪兄"。如前所述,这位猪兄会模仿各种声音。我想它也学过人说话,但没有学会——假如学会了,我们就可以做倾心之谈。但这不能怪它。人和猪的音色差得太远了。

后来,猪兄学会了汽笛叫,这个本领给它招来了麻烦。我们那里有座糖厂,中午要鸣一次汽笛,让工人换班。我们队下地干活时,听见这次汽笛响就收工回来。我的猪兄每天上午十点钟就要跳到房上学汽笛叫,地里的人听见它叫就回来——这可比糖厂鸣笛早了一个半小时。坦白地说,这不能全怪猪兄,它毕竟不是锅炉,叫起来和汽笛还有些区别,但老乡们却硬说听不出来。领导因此开了一个会,把它定成了破坏春耕的坏分子,要对它采取专政手段——会议的精神我已经知道了,但我不为它担忧——因为假如专政是指绳索和杀猪刀的话,那是一点门都没有的。以前的领导也不是没试过,一百人也逮不住它。狗也没用,猪兄跑起来像颗鱼雷,能把狗撞出一丈开外。谁知这回是动了真格的,指导员带了二十几个人,手拿五四式手枪;副指导员带了十几人,手持看青的火枪,分两路在猪场外的空地上兜捕它。这就使我陷入了内心的矛盾:按我和它的交情,我该舞起两把杀猪刀冲出去,和它并肩战斗,但我又觉得这样做太过惊世骇俗——它毕竟是只猪啊;还有一个理由,我不敢对抗领导,我怀疑这才是问题之所在。总之,我在一边看着。猪兄的镇定使我佩服之极:它很冷静地躲在手枪和火枪的连线之内,任凭人喊狗咬,不离那条线。这样,拿手枪的人开火就会把拿火枪的打死,反之亦然;两头同时开火,两头都会被打死。至于它,因为目标小,多半没事。就这样连兜了几个圈子,它找到了一个空子,一头撞出去了;跑得潇洒至极。以后我在甘蔗地里还见过它一次,它长出了獠牙,还认识我,但已不容我走近了。这种冷淡使我痛心,但我也赞成它对心怀叵测的人保持距离。

我已经四十岁了,除了这只猪,还没见过谁敢于如此无视对生活的设置。相反,我倒见过很多想要设置别人生活的人,还有对被设置的生活安之若素的人。因为这个缘故,我一直怀念这只特立独行的猪。

——选自《沉默的大多数——王小波文集》,北方文艺出版社 2006 年版

【评析】

王小波(1952—1997),北京人。1982 年大学毕业,1988 年获美国匹兹堡大学硕士学位,回国后先在高校任教,1992 年起为自由撰稿人。当代著名作家,有《黄金时代》《白银时代》《青铜时代》三部中长篇小说集(合称"时代三部曲")等。20 世纪 90 年代开始思想随笔写作,出版有《思维的乐趣》《我的精神家园》《沉默的大多数》等。

本文说的是猪,实则讲的全是人世。作者虽然有他的大发现,却不急不躁,缓缓说猪事,涂涂道猪情,没有真理在手、睥睨一切的作态,也不剑拔弩张,而是从人们司空见惯、见怪不怪的地方刺上一刀,使麻木处因疼痛而恢复知觉。思想的锋芒如绵里藏针,冷冷地挑破遮蔽,脱颖而出,寒光闪处,如快刀斩乱麻般,使纠缠不清的、貌似丰富的事理显得荒谬,最终一刀斩断而后快。本文的写作风格幽默而严肃,活泼而平实,犀利深刻而具温情与善意。以鲜活而平庸的生活琐事作譬,引出严肃的论题,这也是作者议论深刻而不显枯燥的原因之一。

(2)

远和近

顾 城

你
一会儿看我
一会儿看云
我觉得
你看我时很远
你看云时很近

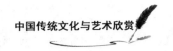

【评析】

顾城,1956 年 9 月 24 日出生于北京诗人之家,朦胧诗代表人物,被称为当代的唯灵浪漫主义诗人。早期的诗歌有孩子般的纯稚风格、梦幻情绪,用直觉和印象式的语句来咏唱童话般的少年生活。1973 年开始学画;1974 年回京在厂桥街道做木工;1977 年重新开始写作;1985 年加入中国作家协会;1988 年赴新西兰,讲授中国古典文学,被聘为奥克兰大学亚语系研究员;1993 年 10 月 8 日在其新西兰寓所因婚变杀死妻子谢烨后自杀。有诗集《白昼的月亮》《舒婷、顾城抒情诗选》《北方的孤独者之歌》《铁铃》《黑眼睛》等。

这首诗是朦胧诗里非常著名的诗篇,是被许多人传诵的诗歌。在诗歌中顾城表达了人对于远近的哲理思考,人和自然、人和人的关系。《远和近》虽只有短短的六句,却容纳了对历史反思的丰富内涵。"远""近"是物理距离概念,这是客观存在,有科学的衡量标准。但在情感作用下产生的心理距离都不同,"远"可以变"近","近"可以变"远"。诗中用"你""我""云"心理距离的变换,曲折地反映了人与人之间的隔阂、戒备,以及诗人对和谐、融洽的理想人际关系的向往和追求。

探究思考

1.简述"伤痕小说"和"现代派小说"的主要特点及其代表作品。

2.从《一只特立独行的猪》中这头猪身上,你看到了什么精神?你是否认同这种生活方式?

3.推荐阅读:路遥《平凡的世界》。

知识链接

[凤凰网文化讯] 瑞典文学院宣布,2012 年诺贝尔文学奖授予中国作家莫言。莫言成为有史以来首位获得诺贝尔文学奖的中国籍作家。

委员会的授奖词称,莫言将现实和幻想、历史和社会结合在一起。他创作中的世界令人联想起福克纳和马尔克斯作品的融合,同时又在中国传统文学和口头文学中寻找到一个出发点。

本届诺贝尔文学奖吸引了全球文学爱好者,尤其是中国人的热烈关注。在早前的两家著名博彩公司诺奖赔率表上,中国作家莫言和日本作家村上春树分别占据头两名。

莫言,原名管谟业,1955 年 2 月 17 日生,祖籍山东高密,是第一个获得诺贝尔文学奖的中国籍作家。他自 1980 年代以一系列乡土作品崛起,充满着"怀乡"以及"怨乡"的复杂情感,被归类为"寻根文学"作家。2000 年,莫言的《红高粱》入选《亚洲周刊》评选的"20 世纪中文小说 100 强"。2005 年《檀香刑》全票入围茅盾文学奖初选。2011 年莫言荣获茅盾文学奖。2012 年莫言获得诺贝尔文学奖。2013 年 10 月 30 日,中国首家培养网络文学原创作者的公益性大学"网络文学大学"开学,莫言担任该校的名誉校长。2014 年 12 月,莫言先后获颁香港中文大学、澳门大学荣誉文学博士学位。据不完全统计,莫言的作品目前至少已经被翻译成 40 种语言。

诺贝尔 1833 年生于瑞典斯德哥尔摩,毕生致力于炸药研究,并取得了重大成就。他一生共获技术发明专利 355 项,并在 20 个国家开设了约 100 家公司和工厂,积累下巨额财富。然而对于自己的发明被用于战争,诺贝尔感到震惊和遗憾。1896 年 12 月 10 日,诺贝尔在意大利逝世。逝世的前一年,他留下遗嘱提出,将其部分遗产作为基金,以其利息分设物理学、化学、生理学或医学、文学及和平 5 个奖项,授予世界各国在这些领域对人类作出重大贡献的人士。

1900 年 6 月,瑞典政府批准设置了诺贝尔基金会,瑞典议会通过了《颁发诺贝尔奖金章程》,并于次年诺贝尔逝世 5 周年纪念日,即 1901 年 12 月 10 日首次颁发诺贝尔奖。自此以后,除因战时中断外,每年的这一天分别在瑞典首都斯德哥尔摩和挪威首都奥斯陆举行隆重授奖仪式。

第二章　悠久的文明

中国传统文化是指 6000 年前至鸦片战争时期的中国文化。它经先秦、两汉、魏晋南北朝、隋唐五代、宋金、元明清等时代，而形成泱泱华夏的文明史，源远流长、博大精深。它不仅是中华民族的传统信仰和价值观，而且作为世代相传的思维方式、价值观念、行为准则、风俗习惯等，已经渗透在每个中国人的血脉中，影响甚而制约着现代中国人的行为方式和思维方式。中国传统文化是中华民族根据自己的美学或哲学观点与思维模式，在认识与改造自然、社会及其民族自身发展过程中所创造和积累的全部文明成果。中华文化具有自身的特色：一是独具特色的语言文字；二是翰如烟海的文化典籍；三是惠及世界的科技工艺；四是精彩纷呈的文学艺术；五是充满智慧的哲学宗教；六是完备深刻的道德伦理。这六个方面，既是中华文化民族与国度的特色，又共同构成了中华传统文化的基本内容。

教学任务 13 百花齐放——经学（儒学等）

北宋初年的宰相赵普（杰出的政治家、学问家）说"半部《论语》治天下"，足见"论语"影响之重大深广。"诸子百家"一词出自西汉·司马迁《史记·屈原贾生列传》："贾生年少，颇通诸子百家之书。文帝召以为博士。"

一、诸子百家

（一）儒家、经学及十三经

1.概要

诸子百家中，儒家创始人孔子因继承三代中原文化正统，在诸子百家中脱颖而出，以至儒家学说不仅在诸子百家中地位显著，而且还成为传统文化的主流。

儒家经典又称儒家典籍，是儒家学派的典范之作，被世人奉为"经"，受到人们的广泛推崇。历来有"四书""五经"之说，"四书"指《论语》《孟子》《大学》《中庸》，"五经"指《诗经》《尚书》《礼记》《周易》《春秋》《乐》（原为"六经"，因"乐经"亡佚，只剩下"五经"）。

儒家经典的"经"主要指"十三经"，包括历代儒家学者的评注和解说，它是儒家文化的基本著作。就传统观念而言，《易》《诗》《书》《礼》《春秋》谓之"经"，《左传》《公羊传》《谷梁传》属于《春秋》之"传"，《礼记》《孝经》《论语》《孟子》均为"记"，《尔雅》则是汉代经师的训诂之作。其中，"经"的地位最高，"传""记"次之，《尔雅》又次之。

2.演变与地位

十三种儒家文献取得"经"的地位，经过了一个相当长的时期。最初只有"六经"，后来《乐》失传，剩下"五经"，随着历史的发展，便有了"七经""九经""十经""十三经"等名称。在汉代，以《易》《诗》《书》《礼》《春秋》为"五经"，官方颇为重视，立于学官。唐代有"九经"，也立于学官，并用以取士。所谓"九经"包括《易》《诗》《书》《周礼》《仪礼》《礼记》和《春秋》三传。唐文宗开成年间于国子学刻石，所镌内容除"九经"外，又增添《论语》《尔雅》《孝经》。五代时蜀主孟昶刻"十一经"，排除《孝经》《尔雅》，收入《孟子》，《孟子》首次跻入诸经之列。南宋大儒朱熹以《礼记》中的《大学》《中庸》与《论语》《孟子》并列，形成了人们所熟知的"四书"，并为官方所认可，《孟子》便正式成为"经"。至此，儒家的十三部文献确立了经典地位。清乾隆时期，镌刻《十三经》经文于石，阮元又合刻《十三经注疏》，从此，"十三经"之称及其在儒学典籍中的尊崇地位更加深入人心。

3.内容

"十三经"内容极为广博：《周易》是占卜之书，其外层神秘，而内蕴的哲理至深至弘。《尚书》是上古历史文件汇编，主要内容为君王的文告和君臣谈话记录。《诗经》是西周初至春秋中期的诗歌总集，内分"风""雅""颂"三部分，"风"为土风歌谣，"雅"为西周王畿的正声雅乐，"颂"为上层社会宗庙祭祀的舞曲歌词。《周礼》主要汇集周王室官制和战国时期各国制度。《仪礼》主要记载春秋战国时代的礼制。《礼记》是秦汉以前有关各种礼仪的论著汇编。《春秋》三传是围绕《春秋》经而形成的著作,《左传》重在史事的陈述,《公羊传》《谷梁传》重在论议。《论语》是孔子及其门徒的言行录。《孝经》为论述孝道的专著。《孟子》是专载孟子的言论、思想和行迹的散文集。《尔雅》训解词义,诠释名物,经学家多据以此解说经义。

4.评价和影响

儒家文化在封建时代居于主导地位,"十三经"作为儒家文化的经典,其地位之尊崇,影响之深广,是其他任何典籍所无法比拟的。统治者不但从中寻找治国平天下的方针大计,而且对臣民思想的规范、伦理道德的确立、民风民俗的导向,无一不依从儒家经典。儒家经典施于社会的影响无时不在,无处不在。了解和研究中国封建社会的方方面面,不能不阅读"十三经"。

5.儒家代表人物——"儒家五圣"

"儒家五圣"是指包括儒家学派创始人孔子,以及孟子、颜子、曾子、子思五人的合称。

孔子(前551—前479),名丘,字仲尼,春秋时鲁国人。孔子是我国古代著名的思想家、教育家、儒家学派创始人,世界最著名的文化名人之一。相传有弟子三千,贤弟子七十二人,孔子曾带领弟子周游列国14年。孔子还是一位古文献整理家,曾修《诗》《书》,定《礼》《乐》,序《周易》,作《春秋》(我国第一部编年体史书)。孔子教学和生活中的言论,由学生记录下来,并汇集编纂成为《论语》。孔子集华夏上古文化之大成,在世时已被誉为"天纵之圣""天之木铎",是当时社会上的最博学者之一,被后世统治者尊为孔圣人、至圣、至圣先师、万世师表,被联合国教科文组织评选为"世界十大文化名人"之首。孔子与孟子并称"孔孟",他们的思想并称为"孔孟之道"。

孟子,名轲,字子舆,中国古代著名思想家、教育家,战国时期儒家代表人物。孟子及其门人著有《孟子》一书。孟子在政治上主张法先王、行仁政;在学说上推崇孔子,反对杨朱、墨翟。他继承并发扬了孔子的思想,成为仅次于孔子的一代儒家宗师,对后世中国文化的影响全面而巨大,有"亚圣"之称,与孔子合称为"孔孟"。

颜子,即颜回,字子渊,春秋时期鲁国人。他14岁即拜孔子为师,此后终生师事之。在孔门诸弟子中,孔子对他称赞最多,不仅赞其"好学",而且还以"仁人"相许。自汉高帝以颜回配享孔子、祀以太牢,三国魏正始年间将此举定为制度以来,历代统治者封赠有加,无不尊奉颜子。此后历代不断追加谥号:唐太宗尊之为"先师",唐玄宗尊之为"兖公",宋真宗加封为"兖国公",元文宗又尊为"兖国复圣公",明嘉靖九年改称"复圣"。山东曲阜还有"复圣庙"。

曾子,姓曾,名参,字子舆,春秋末年鲁国人。16岁拜孔子为师,他勤奋好学,颇得孔子真传。积极推行儒家主张,传播儒家思想。上承孔子之道,下启思孟学派,对孔子的儒学学派思想既有继承,又有发展和建树。他修齐治平的政治观,省身、慎独的修养观,以孝为本、孝道为先的孝道观影响中国两千多年,至今仍具有极其宝贵的社会意义和实用价值。曾参是孔子学说的主要继承人和传播者,在儒家文化中具有承上启下的重要地位。

子思,名孔伋,字子思,孔子嫡孙。春秋战国时期著名的思想家。受教于孔子的高足曾参,孔子的思想学说由曾参传子思,子思的门人再传孟子。因子思上承曾参,下启孟子,在孔孟"道统"的传承中有重要地位,并对宋代理学产生了重要的影响,后人把子思、孟子并称为"思孟学派"。

(二)儒家以外的其他百家

1.道家

代表人物老子、庄子、列子。作品有《道德经》《庄子》《列子》。道家是战国时期重要学派之一,又称"道德家"。这一学派以春秋末年老子关于"道"的学说作为理论基础,以"道"说明宇宙万物的本质、本源、构成和变化。认为天道无为,万物自然化生,否认上帝鬼神主宰一切,主张道法自然,顺其自然,提倡清静无为,守雌守柔,以柔克刚。政治理想是"小国寡民""无为而治"。老子以后,道家内部分化为不同派别,著名的有四大派:庄子学派、杨朱学派、宋尹学派和黄老学派。道家对中国文化也产生了较大的影响,如李白等。

2.墨家

代表人物墨子。作品有《墨子》。墨家是战国时期重要学派之一,创始人为墨翟。这一学派以"兼相爱,交相利"作为学说的基础。兼,视人如己;兼爱,即爱人如己。"天下兼相爱",就可达到"交相利"的目的。政治上主张尚贤、尚同和非攻;经济上主张强本节用;思想上提出尊天事鬼。同时,又提出"非命"的主张,强调靠自身的强力从事。

墨家有严密的组织,成员多来自社会下层,相传皆能赴火蹈刀,以自苦励志。其徒属从事谈辩者,称"墨辩";从事武侠者,称"墨侠";领袖称"巨(钜)子"。其纪律严明,相传"墨者之法,杀人者死,伤人者刑"(《吕氏春秋·去私》)。墨翟死后,分裂为三派。至战国后期,汇合成二支:一支注重认识论、逻辑学、数学、光学、力学等学科的研究,是谓"墨家后学"(亦称"后期墨家"),另一支则转化为秦汉社会的游侠。

3.法家

代表人物韩非、李斯,作品有《韩非子》。法家是战国时期的重要学派之一,因主张以法治国,"不别亲疏,不殊贵贱,一断于法",故称之为法家。春秋时期,管仲、子产即是法家的先驱。战国初期,李悝、商鞅、申不害、慎到等开创了法家学派。至战国末期,韩非综合商鞅的"法"、慎到的"势"和申不害的"术",以集法家思想学说之大成。这一学派,经济上主张废井田,重农抑商,奖励耕战;政治上主张废分封,设郡县,君主专制,仗势用术,以严刑峻法进行统治;思想和教育方面,则主张禁断诸子百家学说,以法为教,以吏为师。其学说为君主专制的大一统王朝的建立,提供了理论根据和行动方略。《汉书·艺文志》著录法家著作有270篇,今存近半,其中最重要的是《商君书》和《韩非子》。

4.名家

代表人物邓析、惠施、公孙龙和桓团,作品有《公孙龙子》。名家是战国时期的重要学派之一,因从事论辩名(名称、概念)实(事实、实在)为主要学术活动而被后人称为名家。当时被人称为"辩者""察士"或"刑(形)名家"。

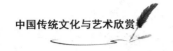

5.阴阳家

代表人物邹衍等。阴阳家是战国时期重要学派之一,因提倡阴阳五行学说,并用它解释社会人事而得名。这一学派,当源于上古执掌天文历数的统治阶层,代表人物为战国时齐人邹衍。

阴阳学说认为,阴阳是事物本身具有的正反两种对立和转化的力量,可用以说明事物发展变化的规律。五行学说认为万物皆由木、火、土、金、水五种元素组成,其间有相生和相胜(菱)两大定律,可用以说明宇宙万物的起源和变化。邹衍综合二者,根据五行相生相胜说,把五行的属性释为"五德",创"五德终始说",并以之作为历代王朝兴废的规律,为新兴的大一统王朝的建立提供理论根据。《汉书·艺文志》著录此派著作21种,已全部散佚。成于战国后期的《礼记·月令》,有人说是阴阳家的作品。《管子》中有些篇亦属阴阳家之作,《吕氏春秋·应同》《淮南子·齐俗训》《史记·秦始皇本纪》中保留一些阴阳家的材料。

6.纵横家

代表人物苏秦、张仪,创始人鬼谷子,主要言论传于《战国策》。纵横家是中国战国时以纵横捭阖之策游说诸侯,从事政治、外交活动的谋士,列为诸子百家之一。战国时南与北合为纵,西与东连为横,苏秦力主燕、赵、韩、魏、齐、楚合纵以拒秦,张仪则力破合纵,连横六国分别事秦,纵横家由此得名。他们的活动对于战国时政治、军事格局的变化有重要的影响。《战国策》对其活动有大量记载。据《汉书·艺文志》记载,纵横家曾有著作"十六家百七篇"。

7.杂家

代表人物吕不韦。杂家是战国末期的综合学派,因"兼儒、墨,合名、法""于百家之道无不贯综"(《汉书·艺文志》及颜师古注)而得名。秦相吕不韦聚集门客编著的《吕氏春秋》,是一部典型的杂家著作集。

8.农家

农家是战国时期的重要学派之一,因注重农业生产而得名。此派出自上古管理农业生产的官吏,他们认为农业是衣食之本,应放在一切工作的首位。《孟子·滕文公上》记有许行其人,"为神农之言",提出贤者应"与民并耕而食,饔飧而治",表现了农家的社会政治理想。此派对农业生产技术和经验也注意记录和总结。《吕氏春秋》中的《上农》《任地》《辩土》《审时》等篇,是研究先秦农家的重要资料。

9.小说家

小说家,先秦九流十家之一,乃采集民间传说议论,借以考察民情风俗。《汉书·艺文志》云:"小说家者流,盖出于稗官。街谈巷语,道听途说者之所造也。"

10.兵家

兵家主张运用武力通过战争来达到统一国家的目的,创始人是孙武。兵家又分为兵权谋家、兵形势家、兵阴阳家和兵技巧家四类。

兵家主要代表人物,春秋末有孙武、司马穰苴;战国有孙膑、吴起、尉缭、魏无忌、白起等;汉初有张良、韩信等。今存兵家著作有《黄帝阴符经》《六韬》《三略》《孙子兵法》《司马法》《孙膑兵法》《吴子》《尉缭子》《将苑》《百战奇略》《唐太宗李卫公问对》等,各家学说虽有异同,然其中包含丰富的朴素唯物论与辩证法因素。兵家的实践活动与理论,影响当时及后世甚大,为我国古代宝贵的军事思想遗产。

二、儒家思想

（一）儒家的思想内容

儒家，一般指儒家思想，又称为儒教或儒学。"儒学""儒家""儒教"等概念，儒学作为一种学说，儒家作为一个阶层，儒教作为一种信仰，三者需要区分开来。

儒家是中国古代最有影响力的学派，并非通常意义上的学术或学派。在先秦时，虽然儒家是最有影响力的学派，但也只是诸子之一，与其他诸子一样，地位本无所谓主从关系。"儒"本是鄙称，儒家这一称号不是孔子自家封号，而是墨家对孔子这一学派的称呼。儒学由孔子创立，最初指的是司仪，代表人物孔子、孟子，后来逐步发展为以"仁"为核心的思想体系，是先秦诸子百家学说之一，也是中国古代的主流意识。孔子还是一位古文献整理家，曾修《诗》《书》，定《礼》《乐》，序《周易》，作《春秋》。

图 2-13-1　孔子

儒家思想内容丰富，从个体来讲有仁、义、礼、智、信、恕、忠、孝、悌等；就社会而言，是德道思想，即博爱、厚生，公平（涵盖"中"）、正义（涵盖"正"），诚实、守信，革故、鼎新，文明、和谐，民主、法治等，它是我们社会核心价值观的基石。儒家思想的精华包括先秦儒家思想，即孔子的仁与礼，从孔子时代的礼乐制度到孔子的仁礼思想；孟子的性善论与孟子的仁政学说；荀子的性恶论与礼治说；董仲舒的"性即理"——周、张、程、朱的理学思想；"心即理"——象山、阳明的心学思想等内容。

儒家思想的内涵丰富复杂，封建皇权逐步发展出基础理论和思想，即讲大一统、讲君臣父子。创始人孔子第一次打破旧统治阶级垄断教育的局面，一变"学在官府"而为"私人讲学"，使传统文化教育传播到整个民族。这样，儒家思想就有了坚实的民族心理基础，为全社会所接受并逐步儒化全社会。

儒学思想的精髓是主张"仁义"。孔子其思想以"仁"为核心，以为"仁"即"爱人"。提出"己所不欲，勿施于人""己欲立而立人，己欲达而达人"等观点，提倡"忠恕"之道，又以为推行"仁政"应以"礼"为规范："克己复礼为仁"。

仁：仁爱。孔子思想体系的理论核心。它是孔子社会政治、伦理道德的最高理想和标准，也反映他的哲学观点，对后世影响亦甚深远。"'仁以处人，有序和谐'是孔子思想的原发点，是儒家思想核心之核心。"（陈志岁《载敬堂集》）"仁"体现在教育思想和实践上是"有教无类"。"仁"体现在政治上是强调"德治"，德治的基本精神实质是泛爱众和博施济众，孔子把"仁"引入"礼"中，变传统"礼治"为"德治"，他并没有否定"礼治"，他的"德治"无疑是对"礼治"的继承和改造。爱人为"仁"的实质和基本内容，此种爱人又是推己及人，由亲亲而扩大到泛众。

义：原指"宜"，即行为适合于"礼"。孔子以"义"作为评判人们的思想、行为的道德原则。"义（谊）者，人所宜也。"段玉裁注《说文·言部》曰："谊、义，古今字，周时作谊，汉时作义，皆今之仁义字也。'义有君子义与小人义，君子义大我，小人义小我。大我，为大众、为社会也；小我，撮伙偏党也，今所谓'哥们义气'是也。"

礼:孔子及儒家的政治与伦理范畴。"礼"有三个层面,一指"自然法",即指永恒普世的天道;二指体现自然法的规则体系,即君臣父子之"礼法"和习惯法,社会自发秩序之"礼俗";三指"礼仪"。在长期的历史发展中,"礼"作为中国封建社会的道德规范和生活准则,对中华民族精神素质的培养起了重要作用。

图 2-13-2　孔子问礼图

智:同"知",孔子的认识论和伦理学的基本范畴。指知道、了解、见解、知识、聪明、智慧等。内涵主要涉及知的性质、知的来源、知的内容、知的效果等几方面。关于"知"的性质,孔子认为,"知"是一个道德范畴,是一种人的行为规范知识。

信:指待人处世的诚实不欺,言行一致的态度,为儒家的"五常"之一。孔子将"信"作为"仁"的重要体现,是贤者必备的品德,凡在言论和行为上做到真实无妄,便能取得他人的信任,当权者讲信用,百姓也会以真情相待而不欺上。

恕:己所不欲,勿施于人,含有宽恕、容人之意。

忠:己欲立而立人,己欲达而达人。孔子认为忠乃表现于与人交往中的忠诚老实。

孝:孔子认为孝悌是仁的基础,孝不仅限于对父母的赡养,而应着重对父母和长辈的尊重。

悌:指对兄长的敬爱之情。孔子的弟子有若根据他的思想,把悌与孝并称,视为"为仁之本"。

(二)儒学的形成与发展

儒家学派之前,古代社会贵族和士通过"师"与"儒"接受传统的六德(智、信、圣、仁、义、忠),六行(孝、友、睦、姻、任、恤)、六艺(礼、乐、射、御、书、数)的社会化教育。从施教的内容看,中国古代的社会教育完全是基于华夏民族在特定生活环境中长期形成的价值观、习惯、惯例、行为规范和准则等文化要素之上而进行的。儒家学派吸收这些文化要素并上升到系统的理论高度。

1.儒学产生的背景

中国文明史在经历了夏、商、周的近 1700 年之后,春秋末期孔子所创立的儒家学说,在总结概括和继承了夏、商、周三代尊尊亲亲传统文化的基础上,形成的一个完整的思想体系。

东周时期,中国社会处于历史变革时期,周王室衰微,诸侯坐大,维护封建宗法等级制度的"周礼"遭到极大破坏,诸侯争霸,社会处于动荡之中。这时候代表各阶级利益的知识分子异常活跃,成为一支重要的社会力量,他们纷纷登上历史舞台,著书立说,提出解决社会现实问题的办法,形成了"百家争鸣"的繁荣局面。当时代表社会各个阶级、阶层利益的诸子百家,纷纷提出各自的主张,其中一个最主要的争论焦点就是如何对待传统文化的问题。围绕这个问题而进行的思想交锋,儒、法两大思想流派最有代表性。他们旗鼓相当,针锋相对,英者云集,皆为显学。另外还有墨家、道家、阴阳家、兵家等学派,可谓学派林立,学术与言论的开明为儒家思想的形成创造了条件。

2.儒学的兴起

秦朝是以法家思想作为政权的统治思想,而汉朝在汉武帝之前以道家思想作为正统思想。秦始皇"焚书坑儒"后,加之汉字尚处于雏形,不具备准确表达的功能,正统的儒家思想已基本消失。

汉代董仲舒提出"春秋大一统"和"罢黜百家,独尊儒术"的主张,强调以儒家思想为国家的哲学根本,杜绝其他思想体系。汉武帝采纳了他的主张,从此儒学成为正统思想,研究"四书""五经"的经学也成了显学。董仲舒在具体的政策上将道家、阴阳家和儒家中有利于封建帝王统治的部分加以发展,形成了"新儒家"思想。

西汉武帝在位时期封建国家十分强盛,这给封建统治的稳定奠定了基础。纵观儒家之所以能独领风骚,一方面是因其思想内核即哲学上的"天人"观念,伦理上以"仁"为核心的"三纲五常",政治上的大一统主张,在根本上有适应封建专制统治需要的因素;另一方面是因为儒家具有强烈的社会责任感,能够随时代需要的变化而不断改变面目。先秦儒学的内容体系充满着浓厚的、温柔淳朴的伦理亲情色彩,显得"迂远而阔于事情"。

儒家提倡德政、礼治和人治,强调道德感化;法家提倡"一断于法",实行法治,强调暴力统治;道家提倡顺乎自然,"无为而治",三者具有很大的互补性。经过秦、西汉初年的治国实践从正反两个方面证明:在动荡年代,军阀割据,难以用儒家路线实行全国大一统,而法家路线却能收到这样的效果;在动荡结束之初,人口凋敝,生产秩序遭到破坏,应该实行道家无为政治,与民休息,以恢复和发展生产;当国家稳定,走上正常运行轨道之后,不能再实行严刑峻法的暴力统治,而以儒家路线为宜。三者之间表现出了互相融合趋势。从此以后,以儒家伦理道德为中心,以法家的严刑峻法为辅助,以道家权术政治为手段的治国模式基本上符合中国古代的国情,成为历代统治阶级奉行不变的治国圭臬。

汉兴以来,除黄老之学外,儒家思想也一直比较活跃并有所发展,景武之际的董仲舒便是西汉儒学的代表人物。他在《天人三策》中提出,思想统治,也应遵循"大一统"的"常经通谊",而"今师异道,人异论,百家殊方,指意不同,是以上亡以持一统",因此他建议,"诸不在六艺之科孔子之术者,皆绝其道,勿使并进。"董仲舒从理论上阐明尊崇儒学的思想统治原则,受到汉武帝赏识。随后武帝采取一系列措施,从而确立了儒学的统治思想地位。

建元五年(前136),汉武帝设置儒学五经博士,同时罢免其他诸子博士,把儒学以外的百家之学排斥出官学,史称"抑黜百家,表彰六经"。元朔五年(前124),汉武帝下诏批董仲舒、公孙弘建议,在长安兴办太学,用儒家经书教育青年子弟,从此儒学成为官办学校的主体内容。

汉武帝这一政策与秦代有很大不同,官学独尊后其他思想学派并未被禁止,所提倡的儒学本身也广泛吸收了法家、阴阳家等各家学说,因而获得成功。儒家兴学,把教育、考试与选官结合起来,在客观上促进了重视知识、重视教育的社会风尚,儒家思想逐渐渗透到社会各方面,造成了中国传统文化的基本范式。

3.儒学的历代变迁

汉朝以后,儒学在魏晋时期演变成玄学。唐代政权基本上以儒家思想为主导,但是也渗透了道教思想和佛教思想。宋代时发展为理学,尊周敦颐、程颢、程颐为始祖,朱熹为集大成者,后取得了官方地位。元明清时期,科举考试都以朱熹的理学内容为考试题目,对思想产生了很大的束缚。直到五四运动才取消了儒学的统治地位。

(1)孔子是儒家学派创始人,他提出"仁",具有古典人道主义的性质;主张"礼",维护周礼这是孔子政治思想中的保守部分。儒家文化后来发展成为中国古代正统文化。

(2)孟子是战国时期儒家的代表,他主张施行仁政,并提出"民贵君轻"思想;主张"政在得民",反对苛政;主张给农民一定的土地,不侵犯农民劳动时间,宽刑薄税。

(3)西汉的董仲舒以儒学为基础,以阴阳五行为框架,兼采诸子百家,建立起新儒学。其核心是"天人感应""君权神授"。他的思想集中于《天人三策》和《春秋繁露》。

(4)魏晋之际出现的玄学,用老庄思想解释儒家的易经,这是为士族辩护的一种消极思想。《周易》《老子》《庄子》称之为"三玄"。玄学主张君主无为、门阀专政,主要活动在洛阳。代表人物有何晏、王弼和竹林七贤。

(5)唐朝中期的儒学大师韩愈,从维护封建统治出发,用儒家的天命论和封建纲常来反对佛道的观点。

(6)理学是以儒家思想为基础,吸收佛教和道教思想形成的新儒学,是宋代主要的哲学思想。朱熹是理学发展的集大成者,朱熹继承了北宋哲学家程颢、程颐的思想,进一步完善和发展了客观唯心主义的理学体系,后人称之为"程朱理学"。其核心内容为:"理"是宇宙万物的本源,是第一性的;"气"是构成宇宙万物的材料,是第二性的。把"天理"和"人欲"对立起来,认为"人欲"是一切罪恶的根源,因此他提出"存天理,灭人欲",这实际上是为封建等级秩序辩护。

(7)明中叶的王阳明反对朱熹把"心"与"理"视为两种事物的观点,创立与朱熹相对立的主观唯心主义理论——"心学"。理学由客观唯心主义向主观唯心主义演变,说明它已经走到极端。

(8)元朝的邓牧,自称"三教外人",著书大胆否定封建君主专制统治,其非君思想,对明清进步思想家有一定影响。

(9)明朝:李贽是明后期"异端"进步思想家,他指责儒家经典并非"万世之至论",揭露道学的虚伪,反对歧视妇女和压抑商人。他是中国反封建的思想先驱,他的思想在一定意义上反映了资本主义萌芽时代的要求,带有民主性色彩。

(10)明末清初

①黄宗羲:在明亡后,隐居著述,对封建君主专制制度进行激烈的批判,提倡"法治"反对"人治",反对重农抑商,他的思想震动了当时的学术界,对晚清民主思潮的兴起也有一定的影响。

②顾炎武:明末清初思想家,强调"经世致用"的实际学问。主张把学术研究与解决社会问题结合起来,力图扭转明末不切实际的学风。著《天下郡国利病书》,他提倡"实学"的目的在于批判理学,反对君主专制政治,顾炎武的学风对清代学者影响很大。

③王夫之：是一位杰出的唯物主义思想家，他认为"气"是物质实体，"理"是客观规律；提出"气者，理之依也"和"天下惟器"的唯物主义观点，对朱熹的理学和王阳明的心学给予批判，他还提出"静即含动，动不舍静"，否定理学家主静的形而上学思想。他用发展观点来看待历史，认为历史发展是有规律的，他提出在政治上要"趋时更新"。王夫之的思想闪烁着革新的光芒。

（11）清末民初：儒家学派的法脉传人何子渊，以"敢夸才依马，唯骧道南吾""同人于野，仁者乐也""求真、尚善、包容"等教育思想和理念，作为其哲学旨归，创导新学，摒弃科举。另一方面，他又以弘扬儒家文化，振奋民族精神为己任，"师从尧、舜、禹、汤、文、武、周、孔"，与孙中山先生一起，致力"驱逐鞑虏，振兴中华"。

（三）儒家的主要学派

1.明代的程朱理学

广义的理学泛指以讨论天道性命问题为中心的整个哲学思潮；狭义理学专指程朱学派。广义的理学包括以陆九渊、王守仁为代表的心学，狭义理学肇始于北宋的周敦颐，奠基于程颢、程颐，完成于南宋的朱熹。朱熹集前人之大成，建立了理学体系。他把太极之理作为哲学的最高范畴，提出了系统的"格物致知说"和"知行学说"，建立了完整的人性学说和有关修养方法的学说。

2.宋明时期的陆王心学

宋明时期的哲学流派以陆九渊、王守仁为代表。南宋时期，针对朱熹等人的"理"在人心之外，陆九渊提出"心即理"；针对朱熹"即物"才可"穷理"的理论，陆九渊提出更为便捷的"发明本心"的主张。到明代中期，王守仁提出"心外无物""心外无理"的命题，在认识论上主张"致良知"和"知行合一"。

陆九渊的哲学观点是"明心见性""心即是理"，经明代王阳明发展为心学，形成了"陆王心学"。程朱理学的理论基础是《大学》中的"格物致知"，而陆王心学的根据则是《尚书》中的十六字心传——"人心惟危，道心惟微，惟精惟一，允执厥中"。

3.清代宋学与汉学

汉学与宋学的对立是清代儒学的主线，又因清代变成儒学和皇权的道统之争，康熙等以宋学的名义逐渐从儒学士人手中夺取儒学道统。汉学大师惠栋认为"宋儒之祸，甚于秦火"。戴震进而指出无论程朱还是陆王都掺杂了释道的成分，作《原善》《诸言》《孟子私淑录》及《孟子字义疏证》，寻找纯粹的孔孟之道。

4.三个主义

（1）"礼治"主义。儒家"礼治"主义的根本含义为"异"，即贵贱、尊卑、长幼各有其特殊的行为规范。只有贵贱、尊卑、长幼、亲疏各有其礼，才能达到儒家心目中君君、臣臣、父父、子子、兄兄、弟弟、夫夫、妇妇的理想社会。国家的治乱，取决于等级秩序的稳定与否。儒家的"礼"也是一种法的形式。它是以维护宗法等级制为核心，如违反了"礼"的规范，就要受到"刑"的惩罚。

（2）"德治"主义。儒家的"德治"主义就是主张以道德去感化教育人。儒家认为，无论人性善恶，都可以用道德去感化教育人。这种教化方式，是一种心理上的改造，使人心良善，知道耻辱而无奸邪之心。这是最彻底、根本和积极的办法,非法律制裁所能办到。

(3)"人治"主义。儒家的"人治"主义,就是重视人的特殊化,重视人可能的道德发展,重视人的同情心,把人当作可以变化并可以有很复杂的选择主动性和有伦理天性的"人"来管理统治的思想。从这一角度看,"德治"主义和"人治"主义有很大的联系。"德治"强调教化的程序,而"人治"则偏重德化者本身,是一种贤人政治。由于儒家相信"人格"有极大的感召力,所以在此基础上便发展为"为政在人""有治人,无治法"等极端的"人治"主义。

(四)儒家思想的文化影响

儒家思想对中国文化的影响很深,几千年来的封建社会,所传授的不外"四书""五经",传统的责任感思想、节制思想和忠孝思想,都是它和封建统治结合的结果。儒学在中国已存在几千年,对中国和世界政治、经济等各个方面产生了巨大的潜在影响。

1.对东亚的影响

儒家思想在东亚各国都有广泛的影响。在韩国和日本,人们的伦理和礼仪都受到了儒家仁、义、礼等观点的影响,至今都还很明显。在韩国,信奉各种宗教的人很多,但是在伦理道德上却以儒家为主。在西方文明侵入韩国社会后,各种社会问题有所增加,但韩国政府以儒家思想的伦理道德作为维护社会稳定的重要力量,并在教育中深化儒家思想。

在朝鲜,早在公元1世纪初,就有一些人能背诵《诗经》和《春秋》等儒家典籍,这说明儒学早已传入朝鲜。三国时期,朝鲜统治阶级非常重视儒学,把它视为维护秩序、加强王权的思想武器,采取各种措施加以引进和推广。

儒学大约在5世纪前传入日本。日本"冠位十二阶"是以德、仁、礼、信、义、智为基本位阶,再各分大小两等,如大德、小德,共成十二阶。日本"十七条宪法"的宗旨是强调"君主至上",如"国无二君,民无二主,率土兆民,以王为主""群臣百僚,以礼为本""承诏必谨"等,均反映了儒家的政治思想。日本圣德太子还多次向中国派遣使节和留学生,积极摄取中国文化,于是儒学在日本迅速发展,并逐渐成为贵族官僚必修的教养。

儒学对越南文化也产生了很大影响。

2.对欧洲的影响

文化或是文明,都是人类共同劳动与智慧的结晶。中国古代的四大发明曾经改变了世界的面貌;中国古代的儒家文化也影响了世界的现代文明。

明清之际,欧洲的耶稣教士历经千辛万苦,沟通中西文化,把中国当时的主体文化儒学、程朱理学,用轮船"运往"17—18世纪的欧洲,在那里曾经掀起过100年的中国文化热;儒家思想与意大利文艺复兴以来所形成的欧洲新思想相结合,成为欧洲近代历史发展的主导精神——启蒙思想的一个重要思想渊源。

法国启蒙运动领袖伏尔泰是中国儒学在欧洲最有力的鼓吹者,他和他的"百科全书派"把中国儒学作为反对神权统治下欧洲君主政治的思想武器;程朱理学——新儒学,成为德国哲学家莱布尼茨创立古典哲学的依据,并用以反对罗马教廷的启示神学;被称为"欧洲孔子"的魁奈,以儒学为依据,开创了近代欧洲政治经济学的新纪元,为英国古典政治经济学的形成与发展奠定了理论基础。

半个世纪以前,有西方人指出,以儒学为代表的中国传统文化曾经是17—18世纪欧洲资本主义社会形成和发展的一种精神动力；半个世纪之后的今天，尤其是中国近30多年飞速发展的历史，向世人显示了中国的传统文化、东方文明，不是实现社会现代化的一种精神阻力，而是一种巨大的精神动力源。

探究思考

1.孔子是一个什么样的人？我们如何批判地继承和发扬他的思想精髓？

2.儒家文化的核心是什么？与我们今天弘扬和践行社会主义核心价值观有何联系与区别？

知识链接

何谓"文化"？文化是一个内涵丰富、外延宽广的多维概念。"文"的本义是指各色交错的纹理。《周易》："物相杂，故曰文。""文"在古人心目中，起初指纹理，后来又引申出十几种引申义。其中，文字、文章和文明与现在人们理解的"文化"一词的意义最为接近。"化"主要指事物动态变化的过程，本义有三个层面：一是变化；二是生化；三是造化。《庄子·逍遥游》"化而为鸟，其名曰鹏"中的"化"即指变化。《周易》中"男女构精，万物化生"，雌雄构精，于是生成各种动物及某些植物。"化"即生成，化生也是生成。《易·贲卦》："刚柔交错，天文也。文明以止，人文也。观乎天文，以察时变；观乎人文，以化成天下。"这是"文"与"化"最早并联使用的记录。日月往来，阴阳并陈，刚柔交错成文，这就叫作"天文"。文化教育旨在使人行当所行、止当所止，这就叫"人文"。

"文化"作为一个内涵丰富、众多学科探究的对象，发源于近代欧洲。1871年，英国人类学家泰勒在他的《原始文化》一书中对文化作了系统阐释："文化或文明，就其广泛的民族的意义来说，乃是包括知识、信仰、艺术、道德、法律、习俗和任何人作为一名社会成员而获得的能力和习惯在内的复杂整体。"美国文化学者克罗伯和克拉克洪在《文化的概念》中对西方当时搜集到的160多个关于文化的定义作了梳理与分析，指出：文化既是人类行为的产物，又是决定人类行为的某种要素。据当今学者不完全统计，在中国自"五四"前后至今，关于文化的定义有260多条，我们一般采纳冯天瑜先生的说法："文化是人与自然、主体和客体在实践中的对立统一物。"

文化体系的构成，从文化形态学的角度来看分有四层：

①物态文化层：相当于物质文化，表现为物体形态，故称物态文化，它是人的物质生产活动及其产品的总和，属实体文化，如服饰文化、饮食文化、建筑艺术文化均属物态文化层。②制度文化层：指各种社会规范，它规定人们必须遵循的制度，反映出一系列的处理人与人相互关系的准则，如家族制度、婚姻制度、官吏制度、经济制度、政治法律制度、伦理道德。③行为文化层：指人际关系中约定俗成的礼仪、民俗、风俗，即行为模式，具有鲜明的民族、地域特色：a.集体约定俗成，并反复履行，如春节、五月初五端午节、八月十五中秋节等。西方的复活节、圣诞节、情人节。b.形式类型化、模式化。如春节要贴对联、放鞭炮、包饺子。端午节包粽子，八月十五吃月饼。c.时间上一代传一代。但有些传统风俗也是可以改变的，"移风易俗"是文明进步的表现。④心态文化层：指价值观念、审美情趣、思维方式、心理活动

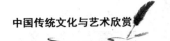

等。这是文化的核心。心态文化大致相当于通常所说的社会意识,可以再细分为社会心理和社会意识形态。社会心理是暂时的,有流动性和变化性,如要求、愿望、情绪、风尚。如唐代以肥为美,魏晋时期以清瘦为美。社会意识形态则是指经过社会科学家系统加工过的社会意识,并且经过物化形态,如书籍、绘画、书法、雕塑等固定下来,传播天下。

教学任务 14　究天人之际——史学

"我是谁?我从哪里来?"我们常常会询问和思考。唐太宗说:"以铜为镜,可以正衣冠;以史为镜,可以知兴替;以人为镜,可以明得失。"以史为镜,关键在于发现错综复杂的历史事实之间的内在联系,理出导致朝代兴替的中心线索,才能达到借鉴史实、古为今用之目的。

一、重点史书:

《尚书》、《春秋》、《春秋三传》、《左传》(附《国语》《战国策》)、《史记》、《汉书》、范晔《后汉书》、陈寿《三国志》、刘知几《史通》、杜佑《通典》(附吴兢《贞观政要》)、欧阳修《新五代史》与《新唐书》、司马光《资治通鉴》、朱子《通鉴纲目》与袁枢《通鉴纪事本末》、郑樵《通志》、马端临《文献通考》、章实斋《文史通义》。

二、中国史学名著选介

(一)《尚书》

中国第一部大的史学名著是《尚书》,准确地说,应该是《西周书》。"尚"者,远古、上古之意也,《尚书》就是一部上古的散文集。孔子以《诗》(《诗经》)、《书》(《尚书》)教弟子。《尚书》分虞、夏、商、周四代。后人把夏、商、周称三代,唐、虞属于五帝,因此《尚书》是一部五帝三代之书。从唐、虞到现在,已有4000多年;从西周以来,也有3000年以上,《尚书》真可说是一部中国的远古书。《尚书》有今文、古文版本,古文《尚书》是假的,只有28篇,今文《尚书》是伏生传下来的,是真的。孔安国所传本也是真《尚书》,可是后来丢失了(只因为不立博士官,就亡佚了)。唐代韩昌黎(愈)说,《尚书》"周诰殷盘,佶屈聱牙"。《西周书》的主要中心人物是周公,他在中国历史上影响了几千年。

(二)《春秋》

《春秋》是中国正式的第一部历史书。它是编年体史书,前后242年,从鲁隐公元年开始,照着年月日一年一年地顺序编下去。《春秋》是中国一部编年史的开始,又是当时开辟的一部民间私家著作,同时又是以天下一家的大一统观点来写作的一部世界通史。《春秋》是中国一部极伟大的历史书,从内容来说,主要是一部诸夏霸政兴衰史。《春秋》只是开拓者,《左传》才算是编年史的正式完成。

(三)《左传》

《左转》是我国现存第一部叙事详细的编年体史书,(最早的编年体史书为《春秋》,最大的编年体史书为《资治通鉴》,所以《左传》只说是最早的详细的编年体史书)全称《左氏春秋传》。《左传》是配合《春秋》的编年史,后人将它与《春秋》配合作为解经之书,称《春秋左氏传》,它与《春秋公羊传》《春秋谷梁传》合称"春秋三传"。汉朝时又名《春秋左氏》,汉朝以后才多称《左传》。《左传》共三十五卷,记事自鲁隐公元年(前722),讫于鲁悼公十四年(前453),取材于王室档案、鲁史策书、诸侯国史等,内容包括诸侯国之间的聘问、会盟、征伐、婚丧、篡弑等。《左传》的作者,司马迁和班固都证明是左丘明,这是目前最为可信的史料,现在有些学者认为是战国初年之人所作,但均仅为质疑,并无任何史料佐证。《左传》实质上是一部独立撰写的史书,既是一部战略名著,又是一部史学名著,还是儒家"十三经"之一。

(四)《史记》

《史记》是中国西汉时期历史学家司马迁编写的一本历史著作,是中国古代非常著名的古典典籍之一,与后来的《汉书》《后汉书》《三国志》合称"前四史"。

《史记》最初没有固定书名,或称"太史公书",或称"太史公记",也省称"太史公"。"史记"本来是古代史书的通称,从三国时期开始,"史记"由史书的通称逐渐成为"太史公书"的专称。《史记》记载了上自中国上古传说中的黄帝时代,下至汉武帝元狩元年,共3000多年的历史。全书包括十二本纪、三十世家、七十列传、十表、八书,共130篇、526500余字。作者司马迁以其"究天人之际,通古今之变,成一家之言"的史识,使《史记》成为中国第一部最著名的纪传体通史。

《史记》对后世史学和文学的发展都产生了深远影响。其首创的纪传体编史方法为后来历代"正史"所传承。同时,《史记》还是一部优秀的文学著作,在中国文学史上有重要地位。鲁迅称其为"史家之绝唱,无韵之离骚"。

图 2-14-1 《史记》《资治通鉴》

(五)《汉书》

继司马迁撰写《史记》之后,班固撰写了《汉书》。班固的父亲班彪是一个史学家,曾作《后传》六十五篇来续补《史记》。《汉书》是在《后传》的基础上完成的。和帝永元元年,班固随从车骑将军窦宪出击匈奴,参与谋议。后因事入狱,永元四年死在狱中。那时《汉书》还有八表和《天文志》没有写成,汉和帝叫班固的妹妹班昭补作,马续协助班昭作了《天文志》。班昭是"二十四史"中绝无仅有的女作者。《汉书》包括本纪12篇,表8篇,志10篇,列传70篇,共100篇,后人划分为120卷。它的记事始于汉高帝刘邦元年,终于王莽地皇四年。

《汉书》的体例与《史记》相比，已经发生了变化。《史记》是一部通史，《汉书》则是一部断代史。《汉书》把《史记》的"本纪"省称"纪"，"列传"省称"传"，"书"改曰"志"，取消了"世家"，汉代勋臣"世家"一律编入"传"。这些变化，被后来的一些史书沿袭下来。

《汉书》记载的时代与《史记》有交叉，汉武帝中期以前的西汉历史，两书都有记述。这一部分，《汉书》常常移用《史记》。但由于作者思想境界的差异和材料取舍标准不尽相同，移用时也有增删改易。《汉书》新增加了《刑法志》《五行志》《地理志》《艺文志》。《刑法志》第一次系统地叙述了法律制度的沿革和一些具体的律令规定。《地理志》记录了当时的郡国行政区划、历史沿革和户口数字，有关各地物产、经济发展状况、民情风俗的记载更加引人注目。《艺文志》考证了各种学术别派的源流，记录了存世的书籍，它是我国现存最早的图书目录。《食货志》是由《平准书》演变来的，但内容更加丰富了。它有上下两卷，上卷谈"食"，即农业经济状况；下卷论"货"，即商业和货币的情况，是当时的经济专篇。

《汉书》"八表"中有一篇《古今人表》，从太昊帝记到吴广，有"古"而无"今"，因此引起了后人的讥责。后人非常推崇《汉书》的《百官公卿表》，这篇表首先讲述了秦汉分官设职的情况，各种官职的权限和俸禄的数量，然后用分为十四级、三十四官格的简表，记录汉代公卿大臣的升降迁免。

（六）《后汉书》

《后汉书》是一部由我国南朝宋时期的历史学家范晔编撰，记载东汉历史的纪传体史书。书中分十纪、八十列传和八志（司马彪续作），全书主要记述了上起东汉的汉光武帝建武元年（25），下至汉献帝建安二十五年（220），共195年的史事。

《后汉书》纪10卷和列传80卷的作者是范晔，章怀太子李贤注，此书综合当时流传的七部后汉史料，并参考袁宏所著的《后汉纪》，简明周详，叙事生动，故取代以前各家的后汉史。北宋时，有人把晋朝司马彪《续汉书》志30卷，刘昭注，与之合刊，成为今天《后汉书》。

《后汉书》大部分沿袭《史记》《汉书》的现成体例，但在成书过程中，范晔根据东汉一代历史的具体特点，则又有所创新，有所变动。首先，在本纪方面，它不同于《汉书》的一帝一纪，而是援引《史记·秦始皇本纪》附二世胡亥和秦王子婴的先例，在《和帝纪》（和帝刘肇）后附殇帝（殇帝刘隆），《顺帝纪》（顺帝刘保）后附冲、质二帝，既节省了篇幅，又不遗漏史实，一举两得。其次，在帝纪之后添置了皇后纪，改变《史记》与《汉书》将皇后列入《外戚传》（吕后除外）的写法，为皇后写本纪。这样改动，符合东汉六个皇后临朝称制的史实。再次，《后汉书》新增加了《党锢传》《宦者传》《文苑传》《独行传》《方术传》《逸民传》《列女传》七个类传。范晔是第一位在纪传体史书中专为妇女作传的史学家，《列女传》所收集的17位杰出女性，并不都是贞女节妇，还包括并不符合礼教道德标准的才女蔡琰。

《后汉书》结构严谨，编排有序。如八十列传，大体是按照时代的先后进行排列的。最初的三卷为两汉之际的风云人物，其后的九卷是光武时代的宗室王侯和重要将领。

（七）《三国志》

《三国志》是晋代陈寿编写的一部主要记载魏、蜀、吴三国鼎立时期的纪传体国别史，详细记载了从魏文帝黄初元年（220）到晋武帝太康元年（280）六十年的历史，含魏书30卷，蜀书 15 卷,吴书 20 卷,共 65 卷。

作者陈寿(亦作长寿,233—297),字承祚。蜀国巴西安汉(今四川南充北)人。仕蜀时为散骑黄门侍郎,入晋后曾任著作郎、治书侍御史。晋灭吴后,陈寿著《三国志》,受到大臣张华的称赞,并说要把"晋史"也托付给他。

《三国志》成书年代不能确定。当时魏、吴两国先已有史,如王沈的《魏书》、鱼豢的《魏略》、韦昭的《吴书》,此三书当是他依据的基本材料。蜀国无史,由其自采资料。《三国志》以曹魏为正统,魏志列在全书之首,称曹操、曹丕、曹睿为帝。吴、蜀君主即位,都记明魏的年号,以明正朔所在。这是因为晋朝受禅于魏,晋的史家尊重本朝的合法性,就必须以魏为正统。孙吴为晋所灭,孙皓乃晋之降臣,因而如此处理。蜀汉刘备父子称先主后主,不同于孙吴,反映陈寿了对于蜀汉的故国之思。

三国时期在政治、经济、军事上有关系的人物,以及在学术思想、文学、艺术、科学技术上有贡献的人,书中都记录下来。此外也记载了国内少数民族以及邻国的历史,《魏志·倭人传》就是日本古代历史的重要史料。陈寿对于史料的取舍选择,比较审慎谨严,文字也以简洁见长,所以前人说其书"裁制有余,文采不足"。

(八)《唐书》

《唐书》是记载唐朝历史的纪传体史书,共 200 卷。分内帝纪 20 卷,志 30 卷,列传 150 卷,为五代后晋时刘昫、张昭远等撰。记载了唐朝自高祖武德元年(618)至哀帝天祐四年(907)共 290 年的历史。在北宋编撰的《新唐书》问世以后,《唐书》始称《旧唐书》。

《新唐书》由北宋时期宋祁、欧阳修、范镇、吕夏卿等合撰,是一部记载唐朝历史的纪传体断代史书,"二十四史"之一。全书共有 225 卷,其中包括本纪 10 卷,志 50 卷,表 15 卷,列传 150 卷。《新唐书》前后修史历经 17 年,于宋仁宗嘉祐五年(1060)完成,《新唐书》修成后,其主编曾公亮曾上皇帝表"其事则增于前,其文则省其旧",认为这是本书胜过《旧唐书》的地方。《新唐书》在体例上第一次写出了《兵志》《选举志》,系统论述唐代府兵等军事制度和科举制度。

(九)《资治通鉴》

它是中国第一部编年体通史,在中国官修史书中占有极重要的地位。《资治通鉴》是我国古代著名历史学家、政治家司马光和他的助手刘攽、刘恕、范祖禹、司马康等人,历时 19 年编纂的一部规模空前的多卷本编年体通史巨著。《资治通鉴》全书 294 卷,有考异、目录各三十卷,约 300 万字。《资治通鉴》以时间为纲,事件为目,所记历史断限,上起周威烈王二十三年(前 403),下迄后周显德六年(959)征淮南停笔,前后涵盖 16 朝共 1362 年的历史。《资治通鉴》的内容以政治、军事和民族关系为主,兼及经济、文化和历史人物评价,目的是通过对事关国家盛衰、民族兴亡的统治阶级政策的描述,以警示后人。《资治通鉴》自成书以来,历代帝王将相、文人骚客、各界要人争读不止,对《资治通鉴》的称誉,除《史记》之外,几乎没有任何一部史著可与《资治通鉴》媲美。

《资治通鉴》主编和主要执笔人司马光(1019—1086),字君实,北宋政治家、史学家,陕州夏县(今属山西)人。司马光《资治通鉴》书名的由来,是宋代神宗皇帝认为该书"鉴于往

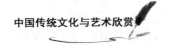

事,有资于治道",而钦赐此名的。

(十)《新元史》

《新元史》是清末民初柯劭忞所撰。由于明代的《元史》编纂工作过于草率,错误百出,后代学者皆呼吁重修元史。柯劭忞以《元史》为底本,利用明清有关元史的研究,例如参考《元经世大典》残本、《元典章》,又吸收了西方有关元史的研究成果,例如法国的《多桑蒙古史》、波斯人拉施特《蒙古全史》等书,参考《四库全书》未收录之秘籍及元碑拓本等,以三十年之功,重修新史。此书成书于1920年,次年,北洋政府总统徐世昌,下令把《新元史》列入正史,1922年刊行于世。《新元史》是一部讲述元代历史的史书,分为本纪、表、志、列传四个部分,共257卷,包括本纪26卷、表7卷、志70卷、列传154卷。

(十一)《清史稿》

全书536卷,其中本纪25卷、志142卷、表53卷、列传316卷,以纪传为中心。所记之事,上起1616年清太祖努尔哈赤在赫图阿拉建国称汗,下至1911年清朝灭亡,共296年历史。《清史稿》是中华民国初年由北洋政府设馆编修的记载清朝历史的正史——《清史》的未定稿。《清史稿》以馆长赵尔巽任主编,缪荃孙、柯劭忞等为总纂,另设纂修、协修、提调、校勘等职,参加编写工作的先后有100多人。于1914年开始编纂,1920年编成初稿,1926年修订一次,1927年秋大致完稿,前后历时十四年。主编赵尔巽见全稿已初步成型,担心时局多变及自己时日无多,遂决定以《清史稿》之名将各卷刊印出版,以示其为未定本。因尚无中国传统正史体例编写的清朝史书,加上《清史稿》本身史料丰富,其价值仍不可忽视。

探究思考

1.《左传》或《史记》或《资治通鉴》述评。
2.举例说明,你如何理解司马迁"究天人之际,通古今之变"的史学观?
3.推荐阅读:
(1)易中天《百家讲坛.品〈三国〉·汉代风云人物》。
(2)王立群《百家讲坛.读〈史记〉》。

知识链接

"二十四史""二十五史""二十六史""前四史":《史记》《汉书》《后汉书》《三国志》《晋书》《魏书》《北齐书》《周书》《宋书》《南齐书》《梁书》《陈书》《北史》《南史》《隋书》《旧唐书》《新唐书》《旧五代史》《新五代史》《宋史》《辽史》《金史》《元史》《明史》,后来又加入《新元史》(1921—1923年,中华民国总统徐世昌下令将《新元史》列入正史,与"二十四史"合称为"二十五史",若再加上《清史稿》,则称为"二十六史")。但也有人不将《新元史》列入,而改将《清史稿》列为二十五史之一。后人把司马迁的《史记》、班氏的《汉书》、范晔的《后汉书》和陈寿的《三国志》合称"四史"或"前四史"。

教学任务 15 影响深远——农学、中医及水利技术

勤劳智慧的中国人民在农学、医学、水利等领域作出了独特的贡献。中医中药是我国灿烂文化的重要组成部分,是中华民族"四大国粹"(中华武术、中医中药、京剧、书法)之一,在国际上有着重大的影响,深受中国人民和世界人民的热爱和欢迎;在明代末还产生了"四大科技名著"(李时珍《本草纲目》、徐光启《农政全书》、宋应星《天工开物》、徐霞客《徐霞客游记》)。

一、中国古代农学

从先秦时代开始,中国就出现了农家学派(代表人物许行)和农书,流传至今的《吕氏春秋·上农》4篇(前239),就是其中的代表。

到汉代出现了《氾胜之书》和《四民月令》两部著名的农书。《氾胜之书》是西汉晚期的一部重要农学著作,是我国最早的一部农书。作者氾胜之,汉成帝时人。该书是他对西汉黄河流域的农业生产经验和操作技术的总结,主要内容包括耕作的基本原则,播种日期的选择,种子处理,个别作物的栽培、收获、留种和储藏技术,区种法等对个别作物的栽培技术的记载较为详细,这些作物有禾、黍、麦、稻、稗、大豆、小豆、枲、麻、瓜、瓠、芋、桑等十三种。区种法(即区田法)在该书中占有重要地位。《四民月令》东汉晚期写成,是叙述一年例行农事活动的专书,描述古代汉族社会地主阶级的农业运作。

北魏时期出现了中国历史上最伟大的农学著作,被称为"中国古代百科全书"的贾思勰所著《齐民要术》(532—544),同时也是我国现存最早、最完整的农书。《齐民要术》是综合性农书,记述了黄河流域下游地区,即今山西东南部、河北中南部、河南东北部和山东中北部的农业生产,以及农、林、牧、渔、副等部门的生产技术知识。

明朝徐光启的《农政全书》综合介绍了我国传统农学成就,建立了一个比较完整的农学体系,被称为"农业百科全书"。徐光启被誉为"中国近代科学先驱"。《农政全书》按内容大致上可分为农政措施和农业技术两部分,前者是全书的纲,后者是实现纲领的技术措施。

《齐民要术》以前的农书都是以北方农业技术为主要写作对象,在《齐民要术》出现之后六百余年,才出现了第一部反映南方水田农业技术的农书,这便是南宋陈旉的《农书》(1149),重点介绍生产工具的变革,《农器图谱》占4/5的篇幅。

明朝宋应星的《天工开物》总结了明代农业、手工业的生产技术。该书共三卷18篇,全书收录了农业、手工业,诸如机械、砖瓦、陶瓷、硫黄、烛、纸、兵器、火药、纺织、染色、制盐、采煤、榨油等生产技术。《天工开物》是世界上第一部关于农业和手工业生产的综合性著作,是中国古代一部综合性的科学技术著作,有人也称它是一部百科全书式的著作。作者在书中强调人类要和自然相协调,人力要与自然力相配合,是中国科技史料中保留最为丰富的一部,它更多地着眼于手工业,反映了中国明代末年出现资本主义萌芽时期的生产力状况。

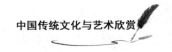

二、中国古代医学药学

中国中医药学是一个伟大的宝库,它建立在严密的理论体系之上,形成了一整套系统化的诊治经验和疗法体系。

(一)春秋战国时期的中医中药

中医产生于原始社会,春秋战国中医理论已经基本成型,出现了解剖和医学分科,已经采用"四诊",著名医生扁鹊在诊治中采用"望、闻、问、切",形成了中医的传统方法;治疗法有砭石、针刺、汤药、艾灸、导引、布气、祝由等。

自古以来就有"医道相通"的说法,这种影响最早可以追溯到黄老道家的典籍——《黄帝内经》。《黄帝内经》分《灵枢》《素问》两部分,它是一部医学理论和临床实践相结合的巨著,奠定了中医学的理论基础,是中国最早的医学典籍,传统医学四大经典著作之一(其余三者为《难经》《伤寒杂病论》《神农本草经》),同时是研究人的生理学、病理学、诊断学、治疗原则和药物学的医学巨著。《黄帝内经》是一本综合性的医书,在黄老道家理论上建立了中医学上的"阴阳五行学说""脉象学说""藏象学说""经络学说""病因学说""病机学说""病症""诊法""论治"及"养生学""运气学"等学说,从整体观上来论述医学,呈现了自然、生物、心理、社会"整体医学模式"。其基本素材来源于中国古人对生命现象的长期观察、大量的临床实践以及简单的解剖学知识。它奠定了人体生理、病理、诊断以及治疗的认识基础,是中国影响最大的一部医学著作,被称为"医之始祖"。

(二)秦汉时期的中医中药

我国现存最早的医药学专著是秦汉时期的《神农本草经》。《神农本草经》又称《本草经》或《本经》,中医四大经典著作之一。作为现存最早的中药学著作约起源于神农氏,代代口耳相传,于东汉时期结集整理成书。成书非一时,作者亦非一人,是秦汉时期众多医学家搜集、总结、整理当时药物学经验成果的专著,是对中国中医药的第一次系统总结。其中规定的大部分中药学理论和配伍规则以及提出的"七情和合"原则,在几千年的用药实践中发挥了巨大作用,是中医药药物学理论发展的源头。《神农本草经》系统地总结了古代医家等各方面的用药经验,对已经掌握的药物知识进行了一次全面而系统的整理。全书共计收录了365种药物,正好与一年365天相合,将365种药物按照上、中、下分为三类,这被称为"三品分类法",分类的依据主要是药物的性能功效。

(三)东汉时期的中医中药

张仲景,字玑,东汉著名医学家,被称为"医圣",约生于桓帝和平元年(150),卒于献帝建安二十四年(219),南阳郡涅阳(今河南省南阳县)人。张仲景的《伤寒杂病论》是人类医药史上第一部"理、法、方、药"完备的医学典籍,他第一次系统完整地阐述了流行病和各种内科杂症的病因、病理以及治疗原则和治疗方法,并为后世临床各科的发展奠定了坚实的理论基础。后人将《伤寒杂病论》改编成《伤寒论》及《金匮要略》两书。前者论伤寒诸证,后者论杂病。他在医学上的成就主要是奠定了辨证论治的基础,即根据病变的表、里、阴、阳、虚、实、寒、热八纲,决定治病原则的一些理论,世称八纲辨证。《伤寒论》与《金匮要略》记载了300多个药方,方中列举了汤剂、丸剂、散剂等十余种做法,开后世方剂学的先河。

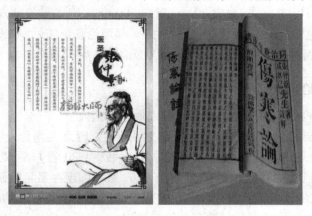

图 2-15-1 张仲景《伤寒论》

(四)东汉末年时期的中医中药

华佗与董奉、张仲景(张机)并称为"建安三神医"。华佗是三国著名医学家,他医术全面,熟练地掌握了养生、方药、针灸和手术等治疗手段,精通内、外、妇、儿各科,临证施治,诊断精确,方法简捷,疗效神速,被誉为"神医"。华佗尤其擅长外科,精于手术,在进行外科手术时已经开始使用麻醉药物,被后人称为"外科圣手""外科鼻祖"。行医足迹遍及安徽、河南、山东、江苏等地。

图 2-15-2 五禽戏

华佗还首创了模仿五种动物动作的保健操——五禽戏。

(五)魏晋南北朝时期的中医中药

皇甫谧(215—282),幼名静,字士安,自号玄晏先生,是东汉太尉皇甫嵩的曾孙,拜乡人席坦为师,安定朝那(今甘肃灵台县朝那镇)人。皇甫谧把古代著名的三部医学著作,即《素

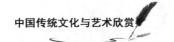

问》《针经》《明堂孔穴针灸治要》纂集起来,加以综合比较,并结合自己的临症经验,写出了一部为后世针灸学树立了规范的巨著——《针灸甲乙经》,简称《甲乙经》。书中校正了当时的腧穴总数的穴位 649 个(包括单穴 49 个,双穴 300 个),记述了各部穴位的适应证和禁忌证,说明了各种操作方法。这是我国现存最早的一部理论联系实际、有重大价值的针灸学专著,被人们称作"中医针灸学之祖",被列为学医必读的古典医书之一。

(六)隋唐时期的中医中药

唐朝《新修本草》是我国历史上第一部国家颁布的药典。

孙思邈(581—682),世称孙真人,后世尊之为药王,唐京兆华原(今陕西耀县)孙家塬人。他集数十年的心血,撰写成《备急千金要方》一书(共 30 卷),后又作《千金翼方》一书(共 30 卷),这两部巨著一共记载了 6500 多个药方,是我国现存最早的医学百科全书。孙思邈对中医学的生理、病理、诊断、治疗、药物、方剂等基础理论以及临床均有精辟的论述,较全面地总结了自上古至唐代的医疗经验和药物学知识,丰富了我国医学内容。

(七)宋元时期的中医中药

唐朝以后,中国医学理论和著作大量外传到高丽、日本、中亚、西亚等地。两宋时期,宋政府设立翰林医学院,医学分科接近完备,并且统一了中国针灸由于传抄引起的穴位紊乱,出版《图经》。金元以降,中医开始没落。

北宋唐慎微的《经史证类备急本草》,是公认的本草学范本。金元时期出现了不同的医学流派,著名的有"金元四大家",他们是金代的刘完素、张从正,金元时的李杲和元代的朱震亨。

(八)明清时期的中医中药

明清以后,出现了温病派、时方派,逐步取代了经方派中医。在明朝后期成书的李时珍的《本草纲目》标志着中药药理学没落。

李时珍,字东璧,晚年自号濒湖山人,湖北蕲州(今湖北省黄冈市蕲春县蕲州镇)人,汉族,生于明武宗正德十三年(1518),卒于神宗万历二十二年(1593)。李时珍着重药物研究,重视临床实践,所著《本草纲目》是我国药学史上的重要里程碑。《本草纲目》共 52 卷,收录药物 1892 种,附有 1109 幅图画,全面系统地总结了 16 世纪以前的药物学成就,创立了当时世界上最先进的生物分类法,被称作"东方医学的巨典"。他还著有《濒湖脉学》《奇经八脉考》《命门考》等流传于世。

明末吴有性《温疫论》首创温病学说,清代温病学说形成了完整的理论体系,有名的医家有叶天士、王士雄等。

三、中国古代水利技术

水利是农业的命脉。几千年来,勤劳、勇敢、智慧的中国人民因地制宜地创造了多种形式的水利工程,有的工程就其规模之大、设计的巧妙和高超技术,都居于当时世界先进之列。下面重点介绍几项中国古代著名的水利工程。

（一）芍陂（安丰塘）

春秋时期楚庄王十六年至二十三年（前 598—前 591）由孙叔敖创建（一说为战国时楚子思所建），与都江堰、漳河渠、郑国渠并称为我国古代四大水利工程，迄今 2500 多年一直发挥着不同程度的灌溉效益。芍陂工程在安丰城（今安徽省寿县境内，因此又称安丰塘）附近，位于大别山的北麓余脉，东、南、西三面地势较高，北面地势低洼，向淮河倾斜。每逢夏秋雨季，山洪暴发，形成涝灾，雨少时又常常出现旱灾。孙叔敖根据当地的地形特点，组织当地人民修建工程，将东面的积石山、东南面龙池山和西面六安龙穴山流下来的溪水汇集于低洼的芍陂之中，并修建五个水门，以石质闸门控制水量，"水涨则开门以疏之，水消则闭门以蓄之"，不仅天旱有水灌田，又避免水多洪涝成灾。后来又在西南开了一道子午渠，上通淠河，扩大芍陂的灌溉水源，使芍陂达到"灌田万顷"的规模。现在芍陂成为淠史杭水利工程的一个组成部分。

（二）都江堰

都江堰，在秦昭襄王五十一年（前 256），李冰（约前 280—约前 220）任蜀郡守后，领导群众修筑的。都江堰位于成都平原西部灌县（今都江堰市）附近的岷江上，是一座灌溉成都平原的大型古代水利工程。晋代称都安大堰、湔堰，唐代又名楗尾堰，宋代始称都江堰。都江堰相沿 2200 多年，是现存世界上历史最长的无坝引水水利工程。

都江堰由分水"鱼嘴""飞沙堰"和"宝瓶口"三项主要工程组成。分水"鱼嘴"是都江堰的分水工程，中流作堰，把岷江一分为二，西边称外江，俗称"金马河"，是岷江正流，主要用于排洪；东边沿山脚的称内江，是人工引水渠道，主要用于灌溉。飞沙堰溢洪道又称"泄洪道"，具有泄洪、排沙和调节水量的显著功能，故又称为"飞沙堰"。宝瓶口起"节制闸"作用，它是人工凿成控制内江进水的咽喉，能自动控制内江进水量。都江堰的规划、设计和施工都具有比较好的科学性和创造性。工程规划相当完善，分水鱼嘴、飞沙堰和宝瓶口联合运用，能按照灌溉、防洪的需要，分配洪、枯水流量。通过内江进水口水位观察，掌握进水流量，再用鱼嘴、飞沙堰和宝瓶口的分水工程来调节水位，这样就能控制渠道进水流量，这说明早在 2200 多年前，我国劳动人民在管理灌溉工程中，已经掌握并且利用了在一定水头下通过一定流量的"堰流原理"。

有了都江堰，成都平原"旱则引水浸润，雨则杜塞水门"，成为富有的粮仓，享有"天府"的称号。都江堰水利工程不仅在当时对经济建设发挥了重要的作用，就是在现代仍然是兴利除弊的骨干工程，尤其是"与自然和谐相处，因势利导"的治水思想更是今天应该借鉴和发扬的。

（三）京杭大运河

大运河是世界上开凿最早、规模最大、里程最长的航行运河。它北起北京，南到杭州，全长 1794 千米，沟通海河、黄河、淮河、长江和钱塘江五大水系。它的建成克服了过去没有南北水路的缺陷，发挥了很大作用，直到京广铁路修筑前，是南北的交通干线。

京杭大运河的开凿与演变大致分为三期：

第一期运河。运河的萌芽时期。春秋吴王夫差十年（前486），在扬州开凿邗沟以通江淮，至战国时代又先后开凿了大沟（从今河南省原阳县北引黄河南下，注入今郑州市以东的圃田泽）和鸿沟，从而把江、淮、河、济四水沟通起来。

第二期运河。其主要指隋代的运河系统。以东部洛阳为中心，隋炀帝大业年间（605—613）开凿通济渠，直接沟通黄河与淮河的交通，并改造邗沟和江南运河；三年后又开凿永济渠，北通涿郡，连同公元584年开凿的广通渠，形成多枝形运河系统。

第三期运河。其主要指元、明、清阶段。元代开凿的重点段一是山东境内泗水至卫河段，一是大都至通州段。至元十八年（1281）开济州河，从任城（济宁市）至须城（东平县）安山，长75千米；至元二十六年（1289）开会通河，从安山西南开渠，由寿张西北至临清，长125千米；至元二十九年（1292）开通惠河，引京西昌平诸水入大都城，东出至通州入白河，长25千米；至元三十年（1293）元代大运河全线通航，漕船可由杭州直达大都，成为今京杭运河的前身。

大运河是我国仅次于长江的第二条"黄金水道"，价值堪比长城，是世界上开凿最早、最长的一条人工河道，一向为历代漕运要道，对南北经济和文化交流曾起到重大作用，同时还将成为南水北调的输水通道，继续发挥重要作用。

（四）郑国渠、灵渠、坎儿井、王景治河等水利工程

郑国渠：秦始皇元年（前246）由一个名叫郑国的水工设计和领导修筑的。郑国渠从现今陕西泾阳境里起，引泾水向东注入洛水，全长150多千米，灌溉关中平原。渠成以后，人们用于灌溉，把关中平原两百多万亩盐碱地改良成平均亩产一百多千克的良田。从此"关中为沃野，无凶年"。郑国渠的建设也体现了比较高的河流水文学知识。

灵渠：位于广西兴安，它是秦始皇统一六国以后，为了进一步完成统一事业，克服五岭障碍，解决运输军粮问题，派史禄领导开凿的。它长约十五千米，宽约五米，连接湘水（长江水系）和漓水（珠江水系）。开凿过程：先在湘水中用石堤筑成分水"铧嘴"和大小"天平"，把湘水隔断。在铧嘴前开南北两条水渠，北渠仍通湘水，南渠就是灵渠，和漓水相通。湘水上游，海阳河流来的水被铧嘴一分为二，分别流入南渠和北渠，这样就连接了湘水和漓水，沟通了长江和珠江两大水系。灵渠的设计和布局都很科学，在世界航运史上占有重要的地位。

坎儿井：起源于汉代关中井渠，是利用其上若干竖井的地下渠道，来引用地下水、实现自流灌溉的一种水利设施。坎儿井的做法：先凿竖井探明水脉（含水层），然后沿水脉上游和下游挖掘一长排竖井。竖井间距一般在上游为80至100米；下游每隔10至20米一个。竖井的深度，向下游逐渐减小。各个竖井之间的地层挖通成为高约2米、宽约1米的卵形暗渠，暗渠长度不一，最长可达30千米。新疆吐鲁番盆地各县和哈密一带采用较多。

王景治河：西汉末年，黄河、汴渠决坏，水患持续60余年，到东汉永平十二年（69）夏，王景奉昭与王吴共同主持对汴渠和黄河的综合治理活动。王景治理黄河是在新河道上开展的大规模治理工程，主要内容有修筑黄河和汴河堤防、建分水和减水水门、整治河道等，实施改

河、筑堤、疏浚等工程。王景治理后的黄河河道，大约穿过东郡、济阴郡北部，经济北平原，最后由千乘入海。此后到唐朝，黄河安流800年，没有出现过较大的水患，有"王景治河，千载无患"之称。

中国古代的水利工程是中华民族智慧的结晶，是中华民族科学技术发展的结果，是在对自然地理环境深刻认识的基础上，千百万人民辛勤劳动的结果，它集中体现了古代中国人民在水利水运、建筑、测量等工程领域的科学成就、智慧与创造。

探究思考

1.我国古代有哪些著名的农学著作和水利工程？

2.简述我国古代的著名医学家及他们的主要成就。

3.推荐阅读：美国文化学者鲁斯·本尼迪克特《菊与刀》。

知识链接

都江堰

余秋雨

（1）

我以为，中国历史上最激动人心的工程不是长城，而是都江堰。

长城当然也非常伟大，不管孟姜女们如何痛哭流涕，站远了看，这个苦难的民族竟用人力在野山荒漠间修了一条万里屏障，为我们生存的星球留下了一种人类意志力的骄傲。长城到了八达岭一带已经没有什么味道，而在甘肃、陕西、山西、内蒙古一带，劲厉的寒风在时断时续的颓壁残垣间呼啸，淡淡的夕照、荒凉的旷野融成一气，让人全身心地投入对历史、对岁月、对民族的巨大惊悸，感觉就深厚得多了。

但是，就在秦始皇下令修长城的数十年前，四川平原上已经完成了一个了不起的工程。它的规模从表面上看远不如长城宏大，却注定要稳稳当当地造福千年。如果说，长城占据了辽阔的空间，那么，它却实实在在地占据了邈远的时间。长城的社会功用早已废弛，而它至今还在为无数民众输送汩汩清流。有了它，旱涝无常的四川平原成了天府之国，每当我们民族有了重大灾难，天府之国总是沉着地提供庇护和滋养。因此，可以毫不夸张地说，它永久性地灌溉了中华民族。

有了它，才有诸葛亮、刘备的雄才大略，才有李白、杜甫、陆游的川行华章。说得近一点，有了它，抗日战争中的中国才有一个比较安定的后方。

它的水流不像万里长城那样突兀在外，而是细细浸润、节节延伸，延伸的距离并不比长城短。长城的文明是一种僵硬的雕塑，它的文明是一种灵动的生活。长城摆出一副老资格等待人们的修缮，它却卑处一隅，像一位绝不炫耀、毫无所求的乡间母亲，只知贡献。一查履历，长城还只是它的后辈。

它，就是都江堰。

（2）

我去都江堰之前，以为它只是一个水利工程罢了，不会有太大的游观价值。连葛洲坝都看过了，它还能怎么样？只是要去青城山玩，得路过灌县县城，它就在近旁，就乘便看一眼吧。因此，在灌县下车，心绪懒懒的，脚步散散的，在街上胡逛，一心只想看青城山。

七转八弯，从简朴的街市走进了一个草木茂盛的所在。脸面渐觉滋润，眼前愈显清朗，也没有谁指路，只向更滋润、更清朗的去处走。忽然，天地间开始有些异常，一种隐隐然的骚动，一种还不太响却一定是非常响的声音，充斥周际。如地震前兆，如海啸将临，如山崩即至，浑身起一种莫名的紧张，又紧张得急于趋附。不知是自己走去的还是被它吸去的，终于陡然一惊，我已站在伏龙馆前，眼前，急流浩荡，大地震颤。

即便是站在海边礁石上，也没有像这里这样强烈地领受到水的魅力。海水是雍容大度的聚会，聚会得太多太深，茫茫一片，让人忘记它是切切实实的水，可掬可捧的水。这里的水却不同，要说多也不算太多，但股股叠叠都精神焕发，合在一起比赛着飞奔的力量，踊跃着喧嚣的生命。这种比赛又极有规矩，奔着奔着，遇到江心的分水堤，刷的一下裁割为二，直窜出去，两股水分别撞到了一道坚坝，立即乖乖地转身改向，再在另一道坚坝上撞一下，于是又根据筑坝者的指令来一番调整……也许水流对自己的驯顺有点恼怒了，突然撒起野来，猛地翻卷咆哮，但越是这样越是显现出一种更壮丽的驯顺。已经咆哮到让人心魄俱夺，也没有一滴水溅错了方位。阴气森森间，延续着一场千年的收服战。水在这里吃够了苦头也出足了风头，就像一大拨翻越各种障碍的马拉松健儿，把最强悍的生命付之于规整，付之于企盼，付之于众目睽睽。看云看雾看日出各有胜地，要看水，万不可忘了都江堰。

（3）

这一切，首先要归功于遥远得看不出面影的李冰。

四川有幸，中国有幸，公元前251年出现过一项毫不惹人注目的任命：李冰任蜀郡守。

此后中国千年官场的惯例，是把一批批有所执持的学者遴选为无所专攻的官僚，而李冰，却因官位而成了一名实践科学家。这里明显地出现了两种判然不同的政治走向，在李冰看来，政治的含义是浚理，是消灾，是滋润，是濡养，它要实施的事儿，既具体又质朴。他领受了一个连孩童都能领悟的简单道理：既然四川最大的困扰是旱涝，那么四川的统治者必须成为水利学家。

前不久我曾接到一位极有作为的市长的名片，上面的头衔只印了"土木工程师"，我立即追想到了李冰。

没有证据可以说明李冰的政治才能，但因有过他，中国也就有过了一种冰清玉洁的政治纲领。

他是郡守，手握一把长锸，站在滔滔的江边，完成了一个"守"字的原始造型。那把长锸，千年来始终与金杖玉玺、铁戟钢锤反复辩论。他失败了，终究又胜利了。

他开始叫人绘制水系图谱。这图谱，可与今天的裁军数据、登月线路遥相呼应。

他当然没有在哪里学过水利。但是，以使命为学校，死钻几载，他总结出治水三字经

（"深淘滩,低作堰"）、八字真言（"遇湾截角,逢正抽心"）,直到 20 世纪仍是水利工程的圭臬。他的这点学问,永远水汽淋漓,而后于他不知多少年的厚厚典籍,却早已风干,松脆得无法翻阅。

他没有料到,他治水的韬略很快被替代成治人的计谋;他没有料到,他想灌溉的沃土将会时时成为战场,沃土上的稻谷将有大半充作军粮。他只知道,这个人种要想不灭绝,就必须要有清泉和米粮。

他大愚,又大智。他大拙,又大巧。他以田间老农的思维,进入了最澄澈的人类学的思考。

他未曾留下什么生平资料,只留下硬扎扎的水坝一座,让人们去猜详。人们到这儿一次次纳闷:这是谁呢? 死于两千年前,却明明还在指挥水流。站在江心的岗亭前,"你走这边,他走那边"的吆喝声、劝诫声、慰抚声,声声入耳。没有一个人能活得这样长寿。

秦始皇筑长城的指令,雄壮、蛮吓、残忍;他筑堰的指令,智慧、仁慈、透明。

有什么样的起点就会有什么样的延续。长城半是壮胆半是排场,世世代代,大体是这样。直到今天,长城还常常成为排场。

都江堰一开始就清朗可鉴,结果,它的历史也总显出超乎寻常的格调。李冰在世时已考虑事业的承续,命令自己的儿子做 3 个石人,镇于江间,测量水位。李冰逝世 400 年后,也许 3 个石人已经损缺,汉代水官重造高及 3 米的"三神石人"测量水位。这"三神石人"其中一尊即是李冰雕像。这位汉代水官一定是承接了李冰的伟大精魂,竟敢于把自己尊敬的祖师,放在江中镇水测量。他懂得李冰的心意,唯有那里才是他最合适的岗位。这个设计竟然没有遭到反对而顺利实施,只能说都江堰为自己流泻出了一个独特的精神世界。

石像终于被岁月的淤泥掩埋,20 世纪 70 年代出土时,有一尊石像头部已经残缺,手上还紧握着长锸。有人说,这是李冰的儿子。即使不是,我仍然把他看成是李冰的儿子。一位现代作家见到这尊塑像怦然心动,"没淤泥而蔼然含笑,断颈项而长锸在握",作家由此而向现代官场衮衮诸公诘问:活着或死了应该站在哪里?

出土的石像现正在伏龙馆里展览。人们在轰鸣如雷的水声中向他们默默祭奠。在这里,我突然产生了对中国历史的某种乐观。只要都江堰不坍,李冰的精魂就不会消散,李冰的儿子会代代繁衍。轰鸣的江水便是至圣至善的遗言。

（4）

继续往前走,看到了一条横江索桥。桥很高,桥索由麻绳、竹篾编成。跨上去,桥身就猛烈摆动,越犹豫进退,摆动就越大。在这样高的地方偷看桥下会神志慌乱,但这是索桥,到处漏空,由不得你不看。一看之下,先是惊吓,后是惊叹。脚下的江流,从那么遥远的地方奔来,一派义无反顾的决绝势头,挟着寒风,吐着白沫,凌厉锐进。我站得这么高还感觉到了它的砭肤冷气,估计它是从雪山赶来的罢。但是,再看桥的另一边,它硬是化作许多亮闪闪的河渠,改恶从善。人对自然力的驯服,干得多么爽利。如果人类干什么事都这么爽利,地球早已是另一副模样。

但是,人类总是缺乏自信,进进退退,走走停停,不停地自我耗损,又不断地为耗损而再耗损。结果，仅仅多了一点自信的李冰，倒成了人们心中的神。离索桥东端不远的玉垒山麓，建有一座二王庙，祭祀李冰父子。人们在虔诚膜拜，膜拜自己同类中更像一点人的人。钟鼓钹磬，朝朝暮暮，重一声，轻一声，伴和着江涛轰鸣。

李冰这样的人，是应该找个安静的地方好好纪念一下的，造个二王庙，也合民众心意。

实实在在为民造福的人升格为神，神的世界也就会变得通情达理、平适可亲。中国宗教颇多世俗气息，因此，世俗人情也会染上宗教式的光斑。一来二去，都江堰倒成了连接两界的桥墩。

我到边远地区看傩戏，对许多内容不感兴趣，特别使我愉快的是，傩戏中的水神河伯，换成了灌县李冰。傩戏中的水神李冰比二王庙中的李冰活跃得多，民众围着他狂舞呐喊，祈求有无数个都江堰带来全国的风调雨顺，水土滋润。傩戏本来都以神话开头的，有了一个李冰，神话走向实际，幽深的精神天国一下子贴近了大地，贴近了苍生。

——选自《文化苦旅》东方出版中心　上海 2003 年

第三章 生活的味道

　　看不尽的浑烟,流不尽的小溪,抚摸时间的岁月,与落叶飞扬于秋风中。生活流散于时间的点点滴滴,活得阴暗便毫无意义,而活得坚毅镌刻着历史的痕迹,激荡着颗颗璀璨无比的珍珠! 我们如同生活的门客,如果好好与它交朋友,它也会爱戴你,感恩于你。生活是一段旅程,是饶有风味的,我们要善于在生活中寻找那份属于自己的快乐。那个"采菊东篱下,悠然见南山"的隐士,他选择了隐居,也就选择了那份恬适;那个"长风破浪会有时,直挂云帆济沧海"的侠士,仗剑天涯,一匹白鹿,一袭青衫,寻找生活的快乐。迈出脚步,游遍世界,你会惊奇地发现,生活这个东西,只要你去热爱它,它也会满足你的需求。杜甫"一览众山小"的壮志,李白"举杯邀明月"的豁达,都是生活的味道。

教学任务 16 尝不尽的美味——中国食文化

一、中国食文化溯源

《礼记·礼运》中记载:"古者未有火化,食草木之实、鸟兽之肉,饮其血,茹其毛。"以前人们只会使用石器对食物进行块状分割,有巢氏发明"脍"和"捣"的肉食处理方法,"脯"和"鲊"的肉食保存处理法,但谈不上烹饪。《周礼》中记载:"燧人氏钻木取火,炮生为熟,令人无腹疾,有异于禽兽。"于是,钻木取火开创了石烹时代。

到了旧石器时代中期,便有了炮:钻火直接烤果子、肉类;煲:用泥裹果子和肉类后进行烧烤;炙:把肉割成小片串起来烧烤;烙:用烧红的石子把食物烫熟;焙:把石片烧热,再把植物种子放在上面炒熟;熬:将石器盛上水,把食物放在水里再移到火上煮等多种烹饪食物的方式。

新石器时代早期开创肉食时代的食祖——伏羲。伏羲,三皇之一,古籍上又常写作伏戏、伏牺、虑戏、宓牺、包牺、庖牺。伏羲很聪明,他学习蜘蛛吐丝结网的方法,采野麻搓成绳子,用绳子织成渔网,教人们捕鱼捉鸟,这就是所谓的"结网罟以教佃渔"。伏羲看到人们打猎收获不稳定,又试着把没打死的猎物拿来饲养,逐步开创了家畜饲养业,所谓"养牺牲以充庖厨",为后人奠定了获取稳定的动物性食源的方法,因而被后人称为"庖牺",即第一个为厨房准备牺牲(肉食)的人。

新石器时代中期发掘草蔬的食祖——神农。神农采集各种植物的茎、叶、果实,一一亲尝,扩展了中国人的食材范围,确立了中国食物中的植物种类,形成中国最早且至今仍有影响的食材志——《神农本草》。神农在观察时发现,吃完扔在地上的瓜子、果核,第二年能发出新芽,长出新的瓜蔓和植株,并且发现天气、土地对植物生长的影响,于是,他又开创了人工种植。接着发明耒耜,解决耕地的工具问题,实现了水稻的大面积栽种,从此人们开始了农耕和定居生活。他还是中国制陶业的开创者,神农的制陶,使人们第一次拥有了炊具和容器,为保存、加热、制作发酵食品提供了可能。

新石器时代晚期兴灶作炊的食祖——黄帝。《淮南子》载"黄帝作灶,死为灶神";《古史考》载"黄帝始蒸谷为饭,烹谷为粥",首次根据烹调方法区别食品,这是食品烹饪史上的一大变化。黄帝时代还有一项重大发明,这就是煮海水为盐,据说是黄帝时的一位名叫宿沙的诸侯创制的。盐的出现,是人类饮食史上的又一个飞跃。在此之前,有"烹"而无"调",有盐之后,"烹调"这个概念才算完整,这不仅会使食品的滋味更加鲜美,而且更有益于人体健康。

尧舜禹时期中国古代国家已形成,此时饮食方面的主要特点是:在烹饪时完全摒弃了以往的烧石烤法,而普遍采用了蒸煮方式;碎食工具已经出现杵臼、石盘等,诞生了"五味调羹"。

南宋时期,北方人大量南迁,北方的饮食文化逐渐地影响了南方,在南方地区形成了自己的派系。到了明代末期,中国饮食分为京式、苏式和广式。京式偏咸,苏式、广式偏甜。

到了清代的时候，据杭州徐珂所辑《清稗类钞》中记载："肴馔之各有特色者，如京师、山东、四川、广东、福建、江宁、苏州、镇江、扬州、淮安。"清代中期的时候，川菜已经形成，到了清末就成为四大菜系之一了。鲁菜也属于京式菜系，因为鲁菜影响力远远大于北京菜系，所以往往用鲁菜代表京式菜系。粤菜大部分在广东，苏式菜系绝大部分在淮扬地区，所以苏式菜系也称为淮扬菜。于是就形成了京（鲁）、川、广（粤）、苏（淮扬）四大菜系。

在人类发展的历史长河中，人们从被动地采集、渔猎到主动地种植、养殖，餐饮方式从最初的茹毛饮血到用火熟食，从无炊具的火烹到借助石板的石烹，再到使用陶器的陶烹，从原始的烹饪到调味料的使用，从单纯的满足口腹到祭祀、食礼的出现，经过几千年的发展，饮食文化与烹调技艺成为了中国文明史的一部分，是中国灿烂文化的结晶。中国疆域辽阔，气候多样，热带、亚热带、温带、亚寒带兼而有之；地形多样，江河湖海，山川平原，无一不备，成就了中国饮食与烹调的七大特色：风味多样、四季有别、讲究美感、注重情趣、食医结合、注重技巧、讲究特色。

二、中国八大菜系

中国幅员辽阔，是世界上最重视"吃"的民族，经过几千年的发展，形成了博大精深的"食文化"。长期以来，各地由于选用不同的原料、不同的配料，采用不同的烹调方法，因而形成了各自的独特风味和不同的菜系。其中，较为著名的八大菜系指粤菜、川菜、鲁菜、苏菜、徽菜、浙菜、闽菜、湘菜。

（一）粤菜

粤菜是以广州、潮州、东江三地的菜为代表而形成的。

粤菜的原料较广：既有来自深山密林的飞禽走兽，又有来自水里的海中珍品。这些野生动植物，大多其貌不扬，名声不佳，然而经过高明的广东厨师加工烹调后，便成了味道鲜美、营养丰富的桌上佳馔、口中奇珍，"食在广东"已名扬海内外。

图 3-16-1　冬瓜盅

粤菜花色繁多，形态新颖，善于变化，讲究鲜、嫩、爽、滑，一般夏秋力求清淡，冬春偏重浓醇。调味有所谓五滋（香、松、臭、肥、浓）、六味（酸、甜、苦、咸、辣、鲜）。其烹调擅长煎、炸、烩、炖、煸等，菜肴色彩浓重，滑而不腻。尤以烹制野生动物而负盛名，著名的菜肴品种有"三蛇龙虎凤大会""五蛇羹""盐焗鸡""蚝油牛肉""烤乳猪""干煎大虾碌"和"冬瓜盅"等。

（二）川菜

四川是"天府之国"，物产丰饶。川菜源远流长，历史悠久。在秦末汉初就初具规模。唐宋时发展迅速，明清时已富有名气，现今川菜馆遍布世界。其特点是酸、甜、麻、辣、油重、味浓，注重调味，离不开三椒（即辣椒、胡椒、花椒）和鲜姜，以辣、酸、麻脍炙人口，其烹调技法博大精深，调味品纷繁而富有特色，素有"一菜一格，百菜百味"之美誉。

川菜精工细做，对刀工切配、色味火候都有独特的要求。烹调方法擅长烤、烧、干煸、蒸。

川菜善于综合用味,收汁较浓,在咸、甜、麻、辣、酸五味基础上,加上各种调料,相互配合,形成各种复合味,如家常味、咸鲜味、鱼香味、荔枝味、怪味等二十多种。川菜是由地道的四川人居家吃的家常菜发展而成的,虽然川菜中也有名贵的燕窝、鱼翅做成的豪华菜式,但其中给人回味至深的代表菜却是麻婆豆腐、鱼香肉丝、水煮牛肉、河水豆花、怪味鸡块、花肚火锅等。

图 3-16-2　麻婆豆腐

(三)鲁菜

　　山东地处我国胶东半岛,依山傍海,物产丰富,是我国古代齐鲁文化的发源地。鲁菜早在春秋时期已负盛名,是我国北方菜的代表,宋以后鲁菜就成为"北食"的代表,到了元朝,鲁菜的风格更加鲜明,制作更加精细,在华北、东北、北京、天津等地广为流传。明、清两代,鲁菜已成为宫廷御膳主体。现今的鲁菜是由济南和胶东两地的地方菜演化而成的。

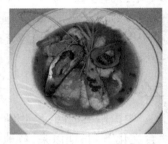

图 3-16-3　扒原壳鲍鱼

　　鲁菜选料十分精细,多选用具有当地特色的原料和新鲜的海产品;采用多种烹调方法,精心制作,十分讲究清汤和奶汤的调制,清汤色清而鲜,奶汤色白而醇。鲁菜既讲究真材实料,又讲究丰满实惠,至今仍有大鱼大肉、大盘大碗的特点,请客宴会以丰盛实惠著称。鲁菜的代表菜如葱烧参、糖醋鲤鱼、德州扒鸡、清汤燕菜等皆给人留下了清香鲜美、酥脆质嫩的美好回味。中华人民共和国成立后,创新名菜的品种有"扒原壳鲍鱼""奶汤核桃肉""白汁瓢鱼""麻粉肘子"等。

(四)苏菜

　　苏菜发源于南北朝时期,唐宋以后,与浙菜成为"南食"两大代表之一。江苏菜由苏州、扬州、南京、镇江四种地方菜组成。烹调时用料严谨,注重配色,讲究造型,其烹调技艺以炖、焖、烧、煨、炒著称。特点是浓中带淡,鲜香酥烂;使用原汁原汤,浓而不腻;口味平和,咸中带甜。制作精细,注重刀工火候,四季有别,如"淮扬狮子头"这一名菜随季节变化而用不同原料烹制,春秋宜清炖,做河鲜芽笋狮子头;秋季做蟹粉狮子头;冬季宜烩焖,做芽菜凤鸡狮子头等。

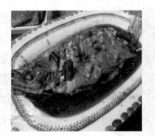

图 3-16-4　松鼠鳜鱼

著名的菜肴品种有"清汤火方""鸭包鱼翅""松鼠鳜鱼""西瓜鸡""盐水鸭"等。

(五)徽菜

　　徽菜是徽州菜的简称,由沿江、沿淮、徽州三地区的地方菜构成,主要流行于徽州地区和浙江西部。徽菜的形成与江南古徽州独特的地理环境、人文环境、饮食习俗密切相关。绿树丛荫、沟壑纵横、气候宜人的徽州自然环境,为徽菜提供了取之不尽,用之不竭的徽菜原料。同时徽州名目繁多的风俗礼仪、时节活动,也有力地促进了徽菜的形成和发展。在绩溪民间宴席中，县城有六大盘、十碗细点四，岭北有吃四盘、一品锅，岭南有九碗六、十碗八等。这些都使徽菜具有浓郁的地方特色，代表着深厚的文化底蕴，是中华饮食文化宝库中一颗璀璨的明珠。

　　徽菜主要特点是擅长烧、炖、蒸，爆炒菜少，重油、重色，讲究火候，并习以火腿佐味，冰糖提鲜，善于保持原汁原味。不少菜肴都是用木炭火单炖、单煨，原锅上桌，不仅体现了徽味古朴典雅的风格，而且香气四溢，诱人食欲。其代表菜有"清炖马蹄""黄山炖鸽""腌鲜鳜鱼""徽州毛豆腐""徽州桃脂烧肉"等上百种。

图 3-16-5　腌鲜鳜鱼

（六）浙菜

　　浙菜是以杭州、宁波、绍兴、温州等地的菜肴为代表发展而成的。浙江盛产鱼虾，又是著名的风景旅游胜地，湖山清秀，山光水色，淡雅宜人，故其菜如景。不少名菜来自民间，制作精细，变化较多，选料新鲜，色彩鲜艳，烹调技法擅长炒、炸、烩、熘、蒸、烧。久负盛名的菜肴有"西湖醋鱼""生爆鳝片""东坡肉""龙井虾仁""干炸响铃""叫化童鸡""清汤鱼圆""干菜焖肉""大汤黄鱼""爆墨鱼卷""锦绣鱼丝"等。浙菜魅力巨大，正如诗人白居易所赞："清明土步鱼初美，重九团脐蟹正肥。莫怪白公抛不得，便论食品亦忘归。"

图 3-16-6　东坡肉

（七）闽菜

　　闽菜由福州菜、泉州菜、厦门菜等地方菜组成。福建地处东南沿海，盛产海鲜，因此闽菜多以海鲜为原料烹制各式菜肴。其特点是色彩绚丽，味鲜而清淡，咸中略带酸甜。主要烹调方法有炒、熘、煎、煨，尤以"糟"最具特色。著名菜肴品种有"佛跳墙""醉糟鸡""酸辣烂鱿鱼""烧片糟鸡""太极明虾""清蒸加力鱼""荔枝肉"等。

图 3-16-7　荔枝肉

（八）湘菜

　　湘菜由湘江流域、洞庭湖区和湘西的地方风味菜构成。湘菜多以辣椒、熏腊肉为原料，口味注重鲜香、酸辣、软嫩，以辣为特色。湘人食辣上瘾，无论男女还是老幼皆嗜辣成癖，一顿没有辣椒便会饭菜不香，正所谓"无辣不成味"。烹调方法擅长腊、熏、煨、蒸、炖、炸、炒。其特点是制作精细，用料广泛，油重色浓，其著名菜肴有"腊味合蒸""东安子鸡""麻辣子鸡""红煨鱼翅""汤泡肚""冰糖湘莲""金钱鱼"等。

　　除以上介绍的中国八大菜系之外，我国还有许多地方菜系和品

图 3-16-8　汤泡肚

种繁多的地方风味。

三、饮食礼仪

中华饮食源远流长,中国被誉为"礼仪之邦""食礼之国",懂礼、习礼、守礼、重礼的历史源远流长,饮食礼仪自然成为饮食文化的一个重要组成部分。中国人的饮食礼仪是比较完备的,而且有从上到下一以贯之的特点。根据文献记载,在周代饮食礼仪已形成一套相当完善的制度,这些饮食礼仪在以后的社会实践中不断得到完善,在古代社会发挥过重要作用,对现代社会依然产生着影响,成为文明时代行为规范的一部分。

饮食礼仪的涵盖面很广,不同朝代有不同的食礼。按阶层划分,有宫廷皇家食礼、官府缙绅食礼、军营将士食礼、学院士子食礼、市场商贾食礼、行帮工匠食礼、城镇居民食礼和乡村农夫食礼;按用途划分,有祭神祀祖食礼、重教尊师食礼、敬贤养老食礼、生寿婚丧食礼、贺年馈节食礼、接风饯行食礼、诗文欢会食礼、社交游乐食礼、百业帮会食礼和民间应酬食礼种种,形式和内容丰富多彩。上自帝王将相,下至黎民百姓,无不与之发生广泛的联系,无不倚靠它进行社会交际。

据《礼记·礼运》记载:"夫礼之初,始诸饮食。"而最早出现的食礼又与远古的祭神仪式直接相关。对此《礼记·礼运》又有一段概括性的描述,其大意是原始社会的先民把黍米和猪肉块放在烧石上烤炙而献食,在地上凿坑当作酒樽,用手掬捧而献饮,还用茅草扎成长槌敲击土鼓以此来表示对鬼神的敬畏和祭祀。后来食礼由人与神鬼的沟通扩展到人与人的交际,以便调节日益复杂的社会关系,逐步形成吉礼、凶礼、军礼、宾礼、佳礼等,奠定了古代饮食礼制的基石。食礼诞生后,为了使它更好地发挥"经国家、定社稷、序人民、利后嗣"的作用,周公首先对其神学观念加以修正,提出"明德""敬德"的主张,通过"制礼作乐"对皇家和诸侯的礼宴作出了若干具体的规定。接着孔子又继续对食礼加以规范,补充进仁、义、礼等内涵,将其拓展成人与人的伦理关系,"以礼定分",消患除灾。他们的学生还对先师的理论加以阐述、充实,最后形成《周礼》《仪礼》《礼记》三部经典著作。

由于强调"人无礼不生,事无礼不成,国无礼则不宁",食礼与其他的礼就成为古代社会的道德规范了。作为汉族传统的古代宴饮礼仪,一般的程序是:主人折柬相邀,到期迎客于门外;客至,互致问候,延入客厅小坐,敬以茶点;导客入席,以左为上,是为首席。席中座次,以左为首座,相对者为二座,首座之下为三座,二座之下为四座。客人坐定,由主人敬酒让菜,客人以礼相谢。宴毕,导客入客厅小坐,上茶,直至辞别。

在古代用饭过程中,有一套繁文缛节。《礼记·曲礼》载:"共食不饱,共饭不择手,毋搏饭,毋放饭,毋流歠,毋咤食,毋啮骨。毋反鱼肉,毋投与狗骨。毋固获,毋扬饭,饭黍毋以箸,毋捉羹,毋刺齿。客絮羹,主人辞不能烹。客歠醢,主人辞以窭。濡肉齿决,于肉不齿决。毋嘬炙。卒食,客自前跪,撤饭齐以授相者,主人兴辞于客,然后客坐。"类似的仪礼曾作为许多家庭的家训,代代相传,成为中华民族优秀的文化传统之一。

四、食与诗文

自古以来,文人雅士大多喜欢美食,并且写下了许多充满情趣的动人诗句。捧读这些诗句,会不自觉地食欲大增,想一饱口福。

苏东坡就是一个喜爱美食的诗人,他的诗词书稿中有很多与美食有关的佳作。相传与他有关的名馔,乃至用他名字命名的菜肴不少,如"东坡肘子""东坡豆腐""东坡玉糁""东坡腿""东坡芽脍""东坡墨鲤""东坡饼""东坡酥""东坡豆花""东坡肉",等等。《东坡集》载:"蜀人贵芹芽脍,杂鸠肉为之。"春鸠脍,就是芹菜炒斑鸠胸脯丝,后称"东坡春鸠脍"。

苏轼是喜欢羊汤的,为此他写道:"秦烹惟羊羹,陇馔有熊腊。"他还专门写了《猪肉颂》:"净洗铛,少着水,柴头罨烟焰不起。待他自熟莫催他,火候足时他自美。黄州好猪肉,价贱如泥土。富者不肯吃,贫者不解煮。早晨起来打两碗,饱得自家君莫管。"

味美却有毒的河豚也成了他常吃常新的美味,"竹外桃花三两枝,春江水暖鸭先知。蒌蒿满地芦芽短,正是河豚欲上时。"这首逍遥自在的七言绝句,写了春天的竹笋、肥鸭、野菜、河豚,真可谓是一句一美食。

苏东坡吃到了一位老妇人做的环饼,不由得题诗道:"纤手搓来玉色匀,碧油煎出嫩黄深。夜来春睡知轻重,压扁佳人缠臂金。"寥寥28字,勾画出环饼匀细、色鲜、酥脆的特点和形似美人环钏的形象。其他写到美食的诗句如"小饼如嚼月,中有酥和饴""时绕麦田求野荠,强为僧舍煮山羹""长江绕郭知鱼美,好竹连山觉笋香""日啖荔枝三百颗,不辞长作岭南人"等。

陆游也是一位精通烹饪的专家,在他的诗词中,咏叹佳肴的足足有上百首。"人间定无可意,怎换得、玉脍丝莼",这"玉脍"指的就是被隋炀帝誉为"东南佳味"的"金齑玉脍"。"天上苏陀供,悬知未易同"即是说自己用葱油做成的面条是天上苏陀(即酥)一样。他在《山居食每不肉戏作》的序言中记下了"甜羹"的做法:"以菘菜、山药、芋、莱菔杂为之,不施醯酱,山庖珍烹也。"并诗曰:"老住湖边一把茅,时话村酒具山肴。年来传得甜羹法,更为吴酸作解嘲。""东门买彘骨,醢酱点橙薤。蒸鸡最知名,美不数鱼鳖。""霜余蔬甲淡中甜,春近录苗嫩不蔹。采掇归来便堪煮,半铢盐酪不须添。""初游唐安饭薏米,炊成不减雕胡美。大如芡实白如玉,滑欲流匙香满屋。""世人个个学长年,不悟长年在目前。我得宛丘(仙人名)平易法,只将食粥致神仙。""新津韭黄天下无,色如鹅黄三尺余,东门彘肉更奇绝,肥美不减胡羊酥。""山暖已无梅可折,江清独有蟹堪持",从这些诗句中不难看出陆游是很会烹饪,也是很爱烹饪的。

清代大画家郑板桥不仅是有名的画家,而且对吃也有一定的研究。郑板桥亦有"夜半酣酒江月下,美人纤手炙鱼头""扬州鲜笋趁鲥鱼,烂煮春风三月初""惟有莼鲈堪漫吃,下官亦为啖鱼回""家家户户剥春笋""白菜青盐糙米饭,瓦壶天水菊花茶"的诗句。

探究思考

1.了解重庆火锅的发源与发展。

2.在中国传统饮食礼仪中有哪些饮食禁忌?

知识链接

近现代饮食礼仪

中国饮食礼仪有着几千年的历史底蕴,而随着社会发展,各种对外的饮食礼仪也在不断

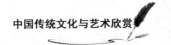

变化。现代的聚餐会饮也演变成了一幕幕的礼仪活剧,迎宾的宴饮称为"接风""洗尘",送客的宴席称为"饯行"。宴席上无论饮酒,还是举箸,都有许多礼节。

1.入座、用餐的礼仪

应邀出席宴请活动应听从主人的安排。如果是宴会,进入宴会厅之前,先了解自己的桌次座位,入座时注意桌上的座位卡上是否写着自己的名字,不可随意乱坐。如邻座是年长者或妇女,应主动协助他们先坐下。入座后坐姿要端正,不可用手托腮或将双臂肘放在桌上。坐时脚应踏在本人座位下,不可随意伸出,影响别人。不可玩弄桌上的酒杯、盘碗、刀叉、筷子等餐具,不要用餐巾或口纸擦餐具,以免使人认为餐具不洁。入座后主人招呼即开始进餐。取菜时不要盛得过多,盘中食物吃完后如果不够,可以再取。用餐前应先将餐巾打开铺在膝上,餐后叠好放在盘子右边,不可放在椅子上,亦不可叠得方方正正而被误认为未用过。餐巾可擦嘴,不可擦汗。

2.点菜的礼仪

在点菜中要顾及各个程序的菜式,要做到"三优四忌"。"三优"是指优先考虑的菜肴有三类:第一类,有中餐特色的菜肴。宴请外宾的时候,这一条更要重视。像炸春卷、煮元宵、蒸饺子、狮子头、宫保鸡丁等,因为具有鲜明的中国特色,所以受到很多外国人的推崇。第二类,有本地特色的菜肴。比如西安的羊肉泡馍,湖南的毛家红烧肉,上海的红烧狮子头,北京的涮羊肉,在宴请外地客人时,上这些特色菜比千篇一律的生猛海鲜更受好评。第三类,本餐馆的特色菜。很多餐馆都有自己的特色菜,上一份本餐馆的特色菜,能说明主人的细心和对受邀者的尊重。

"四忌"在于安排菜单时,还必须考虑来宾的饮食禁忌,特别是要对主宾的饮食禁忌高度重视,"四忌"主要是指宗教的饮食禁忌;出于健康的原因,对于某些食品的禁忌;不同地区,人们的饮食偏好往往不同;有些职业,出于某种原因,在餐饮方面往往也有各自不同的特殊禁忌。

3.敬酒时的礼仪

敬酒也就是祝酒,是指在正式宴会上,由男主人向来宾提议,提出某个事由而饮酒。在饮酒时,通常要讲一些祝愿、祝福的话,甚至主人和主宾还要发表一篇专门的祝酒词。敬酒可以随时在饮酒的过程中进行,要是致正式祝酒词,就应在特定的时间进行,并且不能因此影响来宾的用餐。祝酒词适合在宾主入座后、用餐前开始,也可以在吃过主菜后、甜品上桌前进行。在饮酒特别是祝酒、敬酒时进行干杯,需要有人率先提议,可以是主人、主宾,也可以是在场的其他人。提议干杯时,应起身站立,右手端起酒杯,或者用右手拿起酒杯后,再以左手托扶杯底,面带微笑,目视其他特别是自己的祝酒对象,嘴里同时说着祝福的话。一般情况下,敬酒应以年龄大小、职位高低、宾主身份为先后顺序,一定要充分考虑好敬酒的顺序,分明主次。即使和不熟悉的人在一起喝酒,也要先打听一下身份或是留意别人对他的称号,避免出现尴尬或伤感情。即使你有求于席上的某位客人,对他自然要倍加恭敬,但如果在场有身份更高或更年长的人,也要先给尊长者敬酒,不然会使大家很难为情。

总体说来,餐桌及宴会上的现代饮食礼仪可归结为:众欢同乐,切忌私语;瞄准宾主,把握大局;语言得当,诙谐幽默;劝酒适度,切莫强求;敬酒有序,主次分明。

教学任务 17　挡不住的诱惑——中国酒文化

一、中国酒文化溯源

在中华民族悠久的历史长河中，很多事物都走在世界的前列，酒也是一样，有着它自身的光辉篇章。我国酒的历史，可以上溯到上古时期，其中《史记·殷本纪》关于纣王"以酒为池，悬肉为林""为长夜之饮"的记载，以及《诗经》中"十月获稻，为此春酒"和"为此春酒，以介眉寿"的诗句等，都表明我国酒的兴起已有五千多年的历史了。关于酒的起源的记载虽然不多，综合起来，这些记述主要有以下四种：

（一）杜康造酒说

一种说法是杜康"有饭不尽，委之空桑，郁结成味，久蓄气芳，本出于代，不由奇方"，是说杜康将剩饭放置在桑园的树洞里，剩饭在洞中发酵后，有芳香的气味传出，这就是酒的酿造方法。由生活中偶然的机会作契机，启发创造发明之灵感，这是很合乎一些发明创造的规律的，这段记载在后世流传，"杜康"便成了酒的代名词，魏武帝乐府曰："何以解忧，惟有杜康。"

（二）上天造酒说

素有"诗仙"之称的李白，在《月下独酌·其二》一诗中有"天若不爱酒，酒星不在天"的诗句；东汉末年以"座上客常满，樽中酒不空"自诩的孔融，在《与曹操论酒禁书》中有"天垂酒星之耀，地列酒泉之郡"之说；经常喝得大醉，被誉为"鬼才"的诗人李贺，在《秦王饮酒》一诗中也有"龙头泻酒邀酒星"的诗句。此外如"吾爱李太白，身是酒星魂""酒泉不照九泉下""仰酒旗之景曜""拟酒旗于元象""囚酒星于天岳"，等等，都经常有"酒星"或"酒旗"这样的词句。窦苹所撰《酒谱》中也有酒"酒星之作也"的话，意思是自古以来，我国祖先就有酒是天上"酒星"所造的说法，不过这连《酒谱》的作者本身也不相信这样的传说。

（三）仪狄造酒说

史籍中有多处提到仪狄"作酒而美""始作酒醪"的记载，似乎仪狄乃制酒之始祖。这是否是事实，有待于进一步考证。一种说法叫"仪狄作酒醪，杜康作秫酒"。这里并无时代先后之分，似乎是讲他们造的是不同的酒。"醪"，是一种糯米经过发酵而成的"醪糟儿"，性温软，其味甜，多产于江浙一带。现在江浙的不少家庭中仍自制醪糟儿。

（四）猿猴造酒说

唐人李肇所撰《国史补》一书，对人类如何捕捉聪明伶俐的猿猴，有一段极精彩的记载。猿猴是十分机敏的动物，它们居于深山野林中，在巉岩林木间跳跃攀缘，出没无常，很难活捉到它们。经过细致的观察，人们发现并掌握了猿猴的一个致命弱点，那就是"嗜酒"。于是，人们在猿猴出没的地方，摆几缸香甜浓郁的美酒。猿猴闻香而至，先是在酒缸前踌躇不前，

接着便小心翼翼地用指蘸酒吮尝,时间一久,没有发现什么可疑之处,终于经受不住香甜美酒的诱惑,开怀畅饮起来,直到酩酊大醉,乖乖地被人捉住。这种捕捉猿猴的方法并非我国独有,东南亚一带的群众和非洲的土著民族捕捉猿猴或大猩猩,也都采用类似的方法。这说明猿猴是经常和酒联系在一起的。

猿猴不仅嗜酒,而且还会"造酒",这在我国的许多典籍中都有记载。清代文人李调元在他的著作中记叙道:"琼州(今海南岛)多猿……。尝于石岩深处得猿酒,盖猿以稻米杂百花所造,一石六辄有五六升许,味最辣,然极难得。"清代的另一种笔记小说中也说:"粤西平乐(今广西壮族自治区东部,西江支流桂江中游)等府,山中多猿,善采百花酿酒。樵子入山,得其巢穴者,其酒多至娄石。饮之,香美异常,名曰猿酒。"看来人们在广东和广西都曾发现过猿猴"造"的酒。无独有偶,早在明朝时期,这类猿猴"造"酒的传说就有过记载。明代文人李日华在他的著述中写道:"黄山多猿猱,春夏采杂花果于石洼中,酝酿成酒,香气溢发,闻娄百步。野樵深入者或得偷饮之,不可多,多即减酒痕,觉之,众猱伺得人,必嬲死之。"

二、中国酒的分类

中国酒品种繁多,分类的标准和方法不尽相同,有以原料进行分类的,有以酒精含量高低进行分类的,也有以酒的特性进行分类的。最为常见的分类方法有两种:一是生产厂家根据酿制工艺来分类;二是经营部门根据经营习惯来分类。习惯上大都采用经营部门的分类法,将中国酒分为白酒、黄酒、果酒、啤酒四类。

(一)白酒

白酒是用粮食或其他含有淀粉的农作物作为原料,以酒曲为糖化发酵剂,经发酵蒸馏而成。白酒的特点是无色透明,质地纯净,醇香浓郁,味感丰富,酒度在 30 度以上,刺激性较强。

白酒根据其原料和生产工艺的不同,形成了不同的香型与风格,白酒的香型有以下五种:

清香型:清香型白酒的特点是酒气清香芬芳,醇厚绵软,甘润爽口,酒味纯净。以山西杏花村的汾酒为代表,故又有汾香型之称。

浓香型:浓香型白酒的特点是饮时芳香浓郁,甘绵适口,饮后尤香,回味悠长,可概括为"香、甜、浓、净"四个字。以四川泸州老窖特曲为代表,故又有泸香型之称。

酱香型:酱香型白酒的特点是香而不艳,低而不淡,香气幽雅,回味绵长,杯空香气犹存。以贵州茅台酒为代表,故又有茅台香型之称。

米香型:米香型白酒的特点是蜜香清柔,幽雅纯净,入口绵甜,回味怡畅。以桂林的三花酒和全州的湘山酒为代表。

复香型:兼有两种以上主体香型的白酒为复香型,也称兼香型或混香型。这种酒的闻香、回香和回味香各有不同,具有一酒多香的特点。贵州董酒是复香型的代表,还有湖南的白沙液、辽宁的凌川白酒等。

(二)黄酒

黄酒是我国生产历史悠久的传统酒品,因其颜色黄亮而得名。它以糯米、黍米和大米为原料,经酒药、麸曲发酵压榨而成。酒性醇和,适于长期储存,有越陈越香的特点,属低度发酵的原汁酒。酒度一般为 8 度~20 度。

黄酒除饮用外,还可作为中药的"药引子"。在烹饪菜肴时,它又是一种调料,对于鱼、肉等荤腥菜肴有去腥提味的作用。黄酒是我国南方和一些亚洲国家人民喜爱的酒品。

黄酒根据其原料、酿造工艺和风味特点的不同,可以划分成以下 3 种类型:

江南糯米黄酒:江南黄酒产于江南地区,以浙江绍兴黄酒为代表,生产历史悠久。它是以糯米为原料,以酒药和麸曲为糖化发酵剂酿制而成。其酒质醇厚,存放时间越长越好。由于原料的配比不同,加上酿造工艺的变化,形成了各种风格的优良品种,主要品种有状元红、加饭酒、花雕酒、善酿酒、香雪酒、竹叶青酒等。酒度为 13 度~20 度。

福建红曲黄酒:福建红曲黄酒以糯米、粳米为原料,以红曲为糖化发酵剂酿制而成。具有酒味芬芳,醇和柔润的特点,酒度在 15 度左右。其代表品种是福建老酒和龙岩沉缸酒。

山东黍米黄酒:黍米黄酒是我国北方黄酒的主要品种,最早创于山东即墨,现在北方各地已有广泛生产。它以黍米为原料,以米曲霉制成的麸曲为糖化剂酿制而成,具有酒液浓郁,清香爽口的特点,在黄酒中独具一格。墨黄酒还可分为清酒、老酒、兰陵美酒等品种。酒度在 12 度左右。

(三)果酒

凡是用水果、浆果为原料直接发酵酿造的酒都可以称为果酒,其品种繁多,酒度在 15 度左右。各种果酒大都以果实名称命名。果酒因选用的果实原料不同而风味各异,但都具有其原料果实的芳香,并具有令人喜爱的天然色泽和醇美滋味。果酒中以用葡萄来酿造的葡萄酒为主,其他如苹果酒、山楂酒、杨梅酒、广柑酒、菠萝酒等果酒的产量是比较少的。

(四)啤酒

啤酒是以大麦为原料,啤酒花为香料,经过发芽、糖化、发酵而制成的一种低酒精含量的原汁酒,其酒精含量为 2 度~5 度。其特点是有显著的麦芽和啤酒花的清香,味道醇正爽口。啤酒含有大量的二氧化碳和丰富的营养成分,根据啤酒是否经过灭菌处理,可将其分为鲜啤酒和熟啤酒两种;根据啤酒中麦芽汁的浓度,可将其分为低浓度啤酒、中浓度啤酒和高浓度啤酒三种;根据啤酒的颜色,可将啤酒分为黄色啤酒、黑色啤酒和白色啤酒三种;根据啤酒中有无酒精,可将其划分为含酒精啤酒和无酒精啤酒两种。

三、饮酒礼仪

我国古代文人雅士饮酒很讲究饮人、饮地、饮候、饮趣、饮禁、饮阑。饮人:相饮者应当是风度高雅、性情豪爽、直率的知己故交,正所谓"酒逢知己千杯少""狂来轻世界,醉里得真知"。饮地:饮酒场所以花下、竹林、高阁、画舫、幽馆、平畴、名山、荷亭等地为佳。饮候:选择与饮地相和谐的清秋、新绿雨、雨霁、积雪、新月、晚凉等最富诗情画意之时饮酒。饮趣:以联吟、清谈、焚香、传花、度曲、围炉等烘托氛围,提高兴致。饮禁:包括苦劝、恶谑、喷秽等,避免饮酒发生不愉快的事情。饮阑:酒之将尽,可以相以依韵赋诗,或相邀散步,或欹枕养神,或登高,或垂钓。郑板桥有对联曰:"酌量饮酒,放胆吟诗。"

历史上,儒家的学说被奉为治国安邦的正统观点,酒的习俗同样也受儒家酒文化观点的影响。儒家讲酒,以"德""礼"二字为要。酒德:酒行为的道德。酒德最早见于《尚书》和《诗经》,讲究"量力而饮,节制有度"。酒礼:酒行为的礼仪,用以体现酒行为中的贵贱、尊卑、长幼乃至各种不同场合的礼仪规范。敬酒时,敬酒的人和被敬酒的人都要"避席"——起立。普通敬酒以三杯为度。劝酒:中国人好客在酒席上发挥得淋漓尽致,人与人的感情交流往往在敬酒时得到升华。中国人敬酒时,往往都想对方多喝点酒,以表示自己尽到了主人之谊,客人喝得越多,主人就越高兴,说明客人看得起自己;如果客人不喝酒,主人就会觉得有失面子。

四、酒与诗文

据历史记载,诗歌一经产生,就与酒结下了不解之缘,《诗经》305首诗歌中就有40多首关于酒的。从《诗经》开始,我国古代的诗词歌赋无不散发出浓郁的酒香。荆轲的《易水歌》、项羽的《垓下歌》、刘邦的《大风歌》,都是酒后抒发的壮志豪情。三国时期的曹操虽然因从严治军而禁酒,但他在诗歌中也感叹:"对酒当歌,人生几何?譬如朝露,去日苦多。慨当以慷,忧思难忘,何以解忧,唯有杜康!"魏晋时代的"建安七子"和"竹林七贤",都是个个嗜酒如命,醉里成诗的。

东晋时出现了第一位田园诗人陶渊明,他一生追求天下安乐的桃源之境,然仕途艰辛,官场污浊,于是只好退耕田园,淡泊度日。他在自传体短文《五柳先生传》中说自己是"性嗜酒,家贫,不能常得。亲旧知其如此,或置酒而招之,造饮辄尽,期在必醉。既醉而退,曾不吝情去留。"可称酒痴也。在他的组诗《饮酒》中,诗人更是一次又一次表现了自己对自然风光和美酒琼浆的无限神往与喜爱。

中国历史上最著名的"酒鬼",当然还要数唐代伟大的浪漫主义大诗人李白,他一生与酒结下了不解之缘。李太白平生以"诗仙""酒仙"名世,其中"李白斗酒诗百篇"更是成为诗酒交融的名句。李白留下的与酒有关的千古佳句不胜枚举,他一人独处花前月下,则"花间一壶酒,独酌无相亲。举杯邀明月,对影成三人",可以花月下酒。"三杯通大道,一斗合自然。但得酒中趣,勿为醒者传。"可见李白对酒的理解已近仙见。他又诗云:"两人对酌山花开,一杯一杯复一杯。我醉欲眠卿且去,明朝有意抱琴来。"在《将进酒》中李白吟道:"人生得意须尽欢,莫使金樽空对月";在《把酒问月》中李白唱道:"唯愿当歌对酒时,月光长照金樽里。"为了饮酒,可卖五花马、千金裘,可散尽千金,甚至典当三尺龙泉剑也在所不惜。李白的事迹几乎都与酒有关,可以说酒与诗人是形影不离,酒助诗兴,诗扬酒名,"诗仙""酒鬼"相得益彰。

白居易的名作《琵琶行》,是在他饮酒微醉中写成的。无独有偶,北宋时的诗人苏东坡,在山东密州(现诸城),中秋节饮酒,喝到微醉时,诗兴大发,写下豪迈悲凉的千古绝唱《水调歌头》:"明月几时有?把酒问青天""人有悲欢离合,月有阴晴圆缺,此事古难全。但愿人长久,千里共婵娟。"欧阳修是妇孺皆知的醉翁,他那篇著名的《醉翁亭记》,从头到尾一直"也"下去,贯穿一股酒气。南宋抗金名将辛弃疾,身怀一腔报国济世之志,却因朝廷腐败、苟且偷生,他北伐去收复失地的夙愿终不能实现,也只好以酒为友、借酒解愁。"昨夜松边醉倒,问松我醉何如?只疑松动要来扶,以手推松曰去。"读罢此词,谁的心中能不生出一股酸楚?

人说,中国喝酒成风源于传统,"自古圣贤皆寂寞,唯有饮者留其名"。若以脍炙人口的传世诗词为证,文人、武士孰能离得开美酒,真可谓"世事一番醒醉,人生几度炎凉"。在高兴时要喝酒,为的是"人生得意须尽欢,莫使金樽空对月";在落魄时也要喝酒,叹的是"身后堆金挂北斗,不如生前一樽酒";在忧愁时更要喝酒,想的是"饮尽东风三百盏,醉来愁断几回肠";武士出发征战时要喝酒"葡萄美酒夜光杯,欲饮琵琶马上催";诗人夜色朦胧中独酌,抒幽情"明月几时有,把酒问青天";现实者当数屈原,愤世嫉俗吟《九歌》,哀叹"举世皆浊我独清,众人皆醉我独醒",浪漫者必推李白,流放夜郎遇赦免,欢歌"巴陵无限酒,醉杀洞庭秋"。

　　酒与诗人的忧乐相伴,诗人的悲喜与酒相依。酒中有"举杯消愁愁更愁"的忧思,有"醉卧沙场君莫笑,古来征战几人回"的悲壮,有"举杯邀明月,对影成三人"的情怀,有"对酒当歌,人生几何"的感慨,有"相逢意气为君饮,系马高楼垂柳边"的豪情,有"停杯投箸不能食,拔剑四顾心茫然"的苦闷,有"人生由命不由他,有酒不饮奈明何"的无奈,有"惟愿当歌对酒时,月光长照金樽里"的酒脱。倘无酒,中国的诗,还会这样的美妙么? 倘无诗人,中国的酒,还会如此地有味道么?

探究思考

1. 怎么看待酒桌上谈生意的行为?
2. 盛行酒文化对中国经济有何影响?

知识链接

酒桌礼仪常识

用餐礼仪

上菜的顺序是:先摆冷盘以佐酒,让客人慢慢饮酒叙谈。然后上热炒、大菜(整荤等),最后上点心和汤。上整鸡、整鸭或整鱼时,不能把鸡头、鸭尾、鱼尾朝向主宾,而要将肥而多肉的部位献给客人,以示尊重。第一道菜上来,主人应先请主宾或长者品尝。当客人相互谦让,不肯下筷时,主人可站起来用公筷、公勺为客人分菜。分菜时,一要注意首先分给主宾或长者,然后依照顺时针方向依次分下去;二要注意分菜的量,尽量相差不大,避免有多有少,有好有差。当客人对某道菜表示婉谢时,应给予谅解,不要强人所难。宴会进行中,主人应该时时注意与客人之间有简短的交谈和应酬。上一道菜,还要招呼大家下筷品尝。吃海鲜或鸡这类菜肴时,可示意让大家用手撕开吃。

饮酒礼仪

入席后,主人应当首先为客人斟酒,酒瓶应当场打开,斟酒时应右手持酒瓶,将商标朝向宾客。斟酒的姿势要端正,应站在客人身后右侧,身体应当做到既不要紧靠客人,也不能离得太远。斟酒时左手拿稳酒瓶的下部,大拇指和食指轻轻夹住酒瓶的颈部,然后再倒酒,不要单手斟酒。斟酒时,酒杯应放在餐桌上,瓶口不要碰到酒杯口,距离约 2 厘米为宜。酒杯不可斟得太满,以八成为好。若是啤酒,斟酒要慢,使之沿着酒杯边缘流入杯内,避免产生大量泡沫。如果在座的有年长者或职务较高的同事,或远道而来的客人,应先给他们斟酒。若没有这种情况,可按顺时针方向依次斟酒。如果客人不喜欢喝这种酒,最好不要强人所难,可代之以其他酒或饮料以表示对客人的尊重。在饮第一杯酒前,主人应致祝酒词。祝酒词

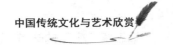
要围绕聚会的中心话题,语言应简短、精练、亲切,有一定内涵,能为宴会的进行创造良好气氛。碰杯时,主人和主宾先碰,然后再与其他客人一一碰杯。如果人数较多,则可以同时举杯示意,不一定碰杯。祝酒时注意别交叉碰杯。对宾客劝酒要诚恳热情,但不可强行斟酒。更要避免喝酒过量,必须控制在本人酒量的十分之一以内,以免失言、失态。

教学任务 18 品不完的清香——中国茶文化

茶文化是中国传统文化的重要组成部分。随着社会的发展与进步,茶不但对经济起了很好的作用,也成了人们生活的必需品,而且逐渐形成了灿烂夺目的茶文化,成为社会精神文明的一颗明珠。

一、中国茶溯源

茶,是中华民族的举国之饮。它发乎神农,闻于鲁周公,兴于唐朝,盛在宋代,如今已成了风靡世界的三大无酒精饮料(茶叶、咖啡和可可)之一,饮茶嗜好遍及全球,全世界已有 50 余个国家种茶。寻根溯源,世界各国最初所饮的茶叶,引种的茶种,以及饮茶方法、栽培技术、加工工艺、茶事礼俗等,都是直接或间接地由中国传播去的。中国是茶的发祥地,被誉为"茶的祖国"。世界各国,凡提及茶事者,无不与中国联系在一起。茶,乃是中华民族的骄傲!

(一)茶的起源

我国是世界上最早发现茶树和利用茶树的国家。茶树起源问题虽然较难考证,但历史上的一些痕迹和史料却为茶树起源提供了不少佐证,使人们能从多方面去了解和探索,随着科学技术的不断发展,逐渐取得了科学的结论和论证。

1.最早的茶字

从古代和现代专家学者的研究结果来看,大都认为中唐以前表示"茶"的是"荼"字,作为一个完整的茶字,字形、字音和字义三者同时被确定下来,乃是中唐及以后的事。茶字虽从中唐开始被普遍采用,但由

图 3-18-1 茶树

于中国是一个多民族的国家,加之地域辽阔,方言各异,因此,同样一个茶字,发音亦有差异,如广州发音为"chá",福州发音为"ta",厦门、汕头等地发音为"tè"等。通过茶字的演变与确立,它从一个侧面告诉人们:"茶"字的形、音、义,最早是由中国确立的,至今已成了世界各国人民对茶的称谓,只是按各国语种变其字形而已。它还告诉人们:茶出自中国,源于中国,中国是茶的原产地。

2.先前的茶树

中国的古代史料中,早已有关于茶事的记载了。例如,在茶史研究上,每每要提到上古时代的神农:"神农尝百草,日遇七十二毒,得荼而解之。"神农尝百草是我国流传很广、影响很深的一个古代传说,神农时代是"只知其母,不知其父"的母系氏族社会,当时人类已进入

图 3-18-2　"茶"字的早期写法

新石器时代的全盛时期,原始的畜牧业和农业已渐趋发达,这就是传说中的神农时代,神农则是这一时期先民的集中代表。"神农尝百草,日遇七十二毒,……"虽是传说,但它总结了原始社会人们长期生活斗争的经验,至于原始社会以茶解毒,不但符合当时的社会实际,而且即使以今人的眼光看来,也有一定的科学根据,若按此推论,在中国,茶的发现和利用始于原始母系氏族社会,迄今当有五六千年的历史了。

3.中国野生大茶树

中国是世界茶叶的祖国,在我国丰富多彩的茶树品种资源库中,有一类非人工栽培也很少采制茶叶的大茶树,俗称野生大茶树。它通常是在一定的自然条件下经过长期的演化和自然选择而生存下来的一个类群,不同于早先人工栽培后丢荒的"荒野茶"。当然,这是相比较而言的,在人类懂得栽培利用之前,茶树都是野生的。即使现今,也还有半野生的茶树,如居住在云南省楚雄、南华等地哀牢山上的彝族同胞都有去林中挖掘野茶苗栽种的习惯。如今广为栽培的景谷大白茶、勐库大叶茶、凌云白毛茶、乐昌白毛茶、海南大叶茶、桐梓大茶树等早年均是野生茶树。可见,在野生茶和栽培茶之间并无绝对的界限,野生茶的含义应该是野生型茶树,我国是野生大茶树发现最早、最多的国家。

我国野生大茶树有 4 个集中分布区,一是滇南、滇西南;二是滇、桂、黔毗邻区;三是滇、川、黔毗邻区;四是粤、赣、湘毗邻区,少数散见于福建、台湾和海南。主要沿北回归线向两侧扩散,这与山茶属植物的地理分布规律是一致的,它对研究山茶属的演变途径有着重要的价值。

茶到底起源于何时?按植物分类学的方法,可以追根溯源,先找到茶树的亲缘。据研究,茶树所属的被子植物,起源于中生代的早期,双子叶植物的繁盛时期,都是在中生代的中期;在山茶科里,山茶属是比较原始的一个种群,它发生在中生代的末期至新生代的早期,而茶树在山茶属中又是比较原始的一个种。因此,据植物学家分析;茶树起源至今已有 6000 万年至 7000 万年历史了。

(二)饮茶方法的演变

我国有数千年的饮茶史,人们的饮茶方法随着制茶技术和饮茶实践的发展进步,有过四次较大的演变。

1.第一个阶段:煎饮法

当我们的祖先还处于原始部落时期,由于生产力低下,常常食不果腹。当他们发现茶树的叶子无毒能食的时候,采食茶叶纯粹是为了填饱肚子,而不是去享受茶叶的色、香、味,所以还不能算饮茶。而当人们发现,茶不仅能祛热解渴,而且能兴奋精神、医治多种疾病时,茶开始从食粮中分离出来。煎茶汁治病,是饮茶的第一个阶段。在这个阶段里,茶是药。当时茶叶产量少,也常作为祭祀用品。

2.第二个阶段:羹饮法

从先秦至两汉,茶从药物转变为饮料。当时的饮用方法,正如郭璞在《尔雅》注中所说的那样:茶"可煮作羹饮",也就是说,煮茶时,还要加粟米及调味的作料,煮成粥状,至唐代,还多用这种饮用方法。我国边远地区的少数民族多在唐代接受饮茶的习惯,故他们至今仍习惯于在茶汁中加其他食品。

3.第三个阶段:研碎冲饮

此法早在三国时代就已出现了,唐代开始流行,盛于宋。三国时代魏国的张揖在《广雅》中记载:"荆巴间采叶作饼。叶老者,饼成以米膏出之。欲煮茗饮,先炙令赤迹,捣末,置瓷器中,以汤浇覆之,用葱、姜、桔子笔之。其饮醒酒,令人不眠。"这里说得很明确,当时采下的茶叶,要先制饼,饮时再捣末冲沸水。这同今天饮砖茶的方法是一样的,应该说是冲饮法的"祖宗"。

4.第四个阶段:泡饮法

此法始于唐代,盛行于明清以后。唐代发明蒸青制茶法,专采春天的嫩芽,经过蒸焙之后,制成散茶,饮用时用全叶冲泡。这是茶在饮用方面的又一进步。散茶品质极佳,饮之宜人,引起饮者的极大兴趣。为了辨别茶质的优劣,当时已形成了审评茶叶色香味的一整套方法。宋代研碎冲饮法和全叶冲泡法并存。至明代,制茶方法以制散茶为主,饮用方法也基本上以全叶冲泡为主。这同今天大多数人的饮茶方法是一样的。

二、茶叶的种类

中国茶叶分为六大类:绿茶、红茶、黑茶、乌龙茶(青茶)、黄茶、白茶。另外,现在普洱茶也独立出来,成为新产生的一大茶类。

(一)绿茶

绿茶为不发酵茶。其制造要经过高温杀青,所以成茶清汤绿茶,香高味爽。绿茶根据不同的外形又分为三种:扁平挺直,其形如剑,谓之扁炒青,如龙井、旗枪、大方等;外形修长如眉,谓之长炒青,如珍眉、秀眉等;其形如珠,谓之圆炒青,如珠茶、泉岗辉白等。珠茶最早产于我国绍兴地区的平水,所以也叫平炒青、货平水珠茶。

图 3-18-3　绿茶

(二)红茶

红茶为全发酵茶,制茶时由于经过萎凋、发酵,所以成茶红汤红叶。红茶又根据外形分为工夫红茶、红碎茶、小种红茶三种。工夫红茶,条细而长,加工需要多道工序,精工细作,很费工夫,所以叫工夫红茶。加工时将其鲜叶切碎,外形呈乌润的颗粒,叫红碎茶;条粗而壮,成茶带有松香味,谓之小种红茶。

(三)黑茶

黑茶是一种粗老的非酶性氧化的后发酵茶,颜色黑褐,是紧压茶的原料茶。

黑茶的功效与作用:补充膳食营养、助消化、解油腻、顺肠胃;降脂、减肥、软化人体血管、预防心血管疾病;抗氧化、延缓衰老、延年益寿;抗癌、抗突变、降血压;降血糖、杀菌、消炎、利尿解毒、降低烟酒毒害。

(四)乌龙茶

乌龙茶又称青茶,是一种半发酵茶。由于特殊的加工技术,在一片叶子上分为三分红茶、七分绿茶,外红里绿,绿叶镶红边。因此,既有绿茶之清香,又有红茶之醇香。乌龙茶按产地不同分为闽北乌龙、闽南乌龙、台湾乌龙、广东乌龙;按茶树品种不同又可分为黄棪、色种、铁观音、黄金桂等许多品种。

图 3-18-4　乌龙茶

(五)黄茶

黄茶是一种非酶性氧化的后发酵茶。由于在加工中揉捻后渥堆闷黄,成茶黄汤黄叶。黄茶,大枝大叶的叫黄大茶,细嫩的为高级名茶,如君山银针、莫干黄芽等。

(六)白茶

白茶是一种微发酵茶。加工时"锅不炒,手不揉",靠摊凉和微火烘干。成茶后清香淡雅,消热解暑。此茶只有闽北独产,有白毫银针、白牡丹等名茶。

(七)普洱茶

普洱茶是以地理标志保护范围内的云南大叶种晒青茶为原料,并在地理标志保护范围内采用特定的加工工艺制成,具有独特品质特征的茶叶。按其加工工艺及品质特征,普洱茶分为生茶和熟茶两种类型。

图 3-18-5　普洱茶

三、茶文化的出现

茶文化的出现,把人类的精神和智慧带到了更高的境界。茶与文化关系至深,涉及面很广,内容也很丰富。这里既有精神文明的体现,又有意识形态的延伸,无疑,它有益于提高人们的文化修养和艺术欣赏水平。

(一)茶书

我国悠久的茶业历史为人类创造了茶业科学技术,也为世界积累了最丰富的茶业历史文献。在浩如烟海的文化典籍中,不但有专门论述茶叶的书,而且在史籍、方志、笔记、杂考和字书类古书中,也都记有大量关于茶事、茶史、茶法及茶叶生产技术的内容。据唐代陆羽《茶经》所载,我国唐代以前已经出现了不少茶叶文献。到了唐代陆羽《茶经》问世以后,茶业专著更是不断出现,直至近代,不下近 200 种。其中唐代至清末,茶业书籍已发现的就有100 余部,既有综合类的如《茶经》《茶谱》《大观茶论》《采茶录》《十六汤品》《茶录》《品茶要录》等,内容涉及茶树栽培、茶叶采制、茶叶审评、制茶工具等多方面;也有就茶事中一项或几项内容进行专门论述的专著,如讲述烹茶用水的《煎茶水记》,介绍制茶、饮茶器具的《茶具图赞》等。

(二)茶文化的精神

目前,许多有关茶文化的概念存在一些分歧、模糊甚至混乱的现象,如什么是茶文化,什么是茶道,什么是茶艺,茶道和茶艺的关系,都存在误区,没有统一的认识。

1.茶文化的定义

广义的茶文化是指整个茶叶发展历程中有关物质和精神财富的总和;狭义的茶文化则是专指其"精神财富"部分。

茶文化一般包括下列几个层次:物态文化、制度文化、行为文化、心态文化。其中,心态文化是茶文化的核心。

物态文化——人们从事茶叶生产的活动方式和产品的总和,即有关茶叶的栽培、制造、加工、保存、化学成分及疗效研究等,也包括品茶时所使用的茶叶、水、茶具以及桌椅、茶室等看得见、摸得着的物品和建筑物。

制度文化——人们在从事茶叶生产和消费过程中所形成的社会行为规范。如随着茶叶生产的发展,历代统治者不断加强其管理措施,称之为"茶政",包括纳贡、税收、专卖、内销、外贸等。

行为文化——人们在茶叶生产和消费过程中约定俗成的行为模式,通常是以茶礼、茶俗以及茶艺等形式表现出来。如宋代诗人杜来"寒夜客来茶当酒"的名句,说明客来敬茶是我国的传统礼节;古时谚语曰"一女不吃两家茶",即女家受了"茶礼"便不再接受别家的聘礼;还有以茶敬佛,以茶祭祀;等等。

心态文化——人们在应用茶叶的过程中所孕育出来的价值观念、审美情趣、思维方式等主观因素。如人们在品饮茶汤时所追求的审美情趣,在茶艺操作过程中所追求的意境和韵味,以及由此生发的丰富联想;反映茶叶生产、茶区生活、饮茶情趣的文艺作品;将饮茶与人生处世哲学相结合,上升至哲理高度,形成所谓的茶德、茶道等。这是茶文化的最高层次,也是茶文化的核心部分。

2.茶艺与茶道

茶艺:各家的解释是见仁见智,并无统一而明确的定义。如中国台湾茶艺专家季野先生认为,"茶艺是以茶为主体,将艺术融于生活以丰富生活的一种人文主张,其目的在于生活而不在于茶。"范增平先生认为,"茶艺包括两方面:科学和人文的,也就是,一是技艺,科学地泡好一壶茶的技术;二是艺术,美妙地品享一杯茶的方式。中国茶艺之美属于心灵美,欣赏茶艺,是要把自我投入整个过程当中来观察整体。"中国台湾茶艺专家蔡荣章先生认为,"茶艺是指饮茶的艺术而言。讲究茶叶的品质、冲泡的技艺、茶具的玩赏、品茗的环境以及人际间的关系,那就广泛地深入到茶艺的境界了"。

茶道:《中国茶文化》第二编"中国茶艺与茶道精神"中指出:"茶艺与茶道精神,是中国茶文化的核心。我们这里所说的'艺',是指制茶、烹茶、品茶等艺茶之术;这里所说的'道',是指艺茶过程中所贯彻的精神。有道而无艺,那是空洞的理论;有艺而无道,则无精、无神。茶艺,有名、有形,是茶文化的外在表现形式;茶道,就是精神、道理、规律、本源与本质,它经常是看不见、摸不着的,但你却完全可以通过心灵去体会。茶艺与茶道结合,艺中有道,道中有艺,是物质与精神高度统一的结果。"茶道就是在操作茶艺过程中所追求、所体现的精神境界和道德风尚,经常和人生处世哲学结合起来,成为茶人们的行为准则。因此,

图 3-18-6　茶具

中国茶道就是通过茶事过程引导个体走向完成品德修养以实现全人类和谐安乐之道,讲究"廉、美、和、敬"。

3.茶文化的社会功能

茶文化与一般的饮食文化有着很大的区别,它除了满足人们的生理需要之外,更重要的是为了满足人们的心理需求。茶道精神是在茶艺操作过程中体现的,是人们在品茗活动中一种高品位的精神追求。人们走进现代的茶艺馆,并不是为了解渴,也不仅仅是为了保健的

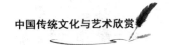

需要,而更多的是一种文化上满足,是高品位的文化休闲,可以说是一种高档次的文化消费。我们可将茶文化的社会功能归纳为三个方面:

以茶雅心——陶冶个人情操。茶道中的"清""寂""廉""美""静""俭""洁""性"等,侧重个人的修身养性,通过茶艺活动来提高个人道德品质和文化修养。

以茶敬客——协调人际关系。茶道中的"和""敬""融""理""伦"等,侧重于人际关系的调整,要求和诚处世,敬人爱民,化解矛盾,增进团结,有利于社会秩序的稳定。

以茶行道——净化社会风气。在当今的现实生活中,商品大潮汹涌,物欲膨胀,生活节奏加快,竞争激烈,人心浮躁,心理易于失衡,人际关系趋于紧张。而茶文化是雅静、健康的文化,它能使人们绷紧的心灵之弦得以松弛,倾斜的心理得以平衡。以"和"为核心的茶道精神,提倡和诚处世,以礼待人,对人多奉献一点爱心、一份理解,建立和睦相处、相互尊重、互相关心的新型人际关系。

探讨茶艺知识,以善化人心;体验茶艺生活,以净化社会;研究茶艺美学,以美化生活。把发扬茶艺精神作为指导原则和最高追求,使祖国博大精深的茶文化蓬勃发展。

四、茶俗与茶礼

"千里不同风,百里不同俗。"我国是一个多民族的国家,共有 56 个兄弟民族,由于所处地理环境和历史文化的不同,以及生活风俗各异,使每个民族的饮茶风俗也各不相同。在生活中,即使是同一民族,在不同地域,饮茶习俗也各有千秋。不过,把饮茶看作是健身的饮料、纯洁的化身、友谊的桥梁、团结的纽带,在这一点上又是共同的。

(一)昆明九道茶

泡九道茶一般以普洱茶最为常见,多用于家庭接待宾客,所以又称迎客茶。温文尔雅是饮九道茶的基本方式。因饮茶有九道程序,故名"九道茶":一是赏茶;二是洁具;三是置茶;四是泡茶;五是浸茶;六是匀茶;七是斟茶;八是敬茶;九是品茶。九道茶主要流行于中国西南地区,云南昆明一带最为流行。

(二)藏族酥油茶

酥油茶是一种在茶汤中加入酥油等佐料经特殊方法加工而成的茶汤。酥油,是把牛奶或羊奶煮沸,经搅拌冷却后凝结在溶液表面的一层脂肪,茶叶一般选用的是紧压茶中的普洱茶或金尖。制作时,先将紧压茶打碎加水在壶中煎煮 20~30 分钟,再滤去茶渣,把茶汤倒入长圆形的打茶筒内。同时,再加入适量酥油,还可根据需要加入事先已炒熟、捣碎的核桃仁、花生米、芝麻粉、松子仁之类,最后还应放上少量的食盐、鸡蛋等。接着,用木杵在圆筒内上下抽打。根据藏族同胞的经验,当抽打时打茶筒内发出的声音由"咣当、咣当"变为"嚓、嚓"时,表明茶汤和佐料已混为一体,酥油茶才算打好了,随即将酥油茶倒入茶瓶待喝。喝酥油茶对于藏族同胞而言,如同吃饭一样重要。

(三)维吾尔族的香茶

南疆维吾尔族人煮香茶时,使用的是铜制的长颈茶壶,也有用陶制、搪瓷或铝制长颈壶的,而喝茶用的是小茶碗,这与北疆维吾尔族人煮奶茶使用的茶具是不一样的。通常制作香茶时,应先将茯砖茶敲碎成小块状,在长颈壶内加水至七八分满,然后加热,当水刚沸腾时,抓一把碎块砖茶放入壶中,当水再次沸腾约5分钟时,则将预先准备好的适量姜、桂皮、胡椒、香料放进煮沸的茶水中,轻轻搅拌,经3~5分钟即成。为防止倒茶时茶渣、香料混入茶汤,在煮茶的长颈壶上往往套有一个过滤网,以免茶汤中带渣。

南疆维吾尔族老乡喝香茶,习惯一日三次,与早、中、晚三餐同时进行,通常是一边吃馕,一边喝茶。这种饮茶方式,与其说把它看成是一种解渴的饮料,还不如把它看成是一种佐食的汤料,实是一种以茶代汤,用茶作菜之举。

（四）蒙古族的咸奶茶

蒙古族人喝的咸奶茶,用的多为青砖茶或黑砖茶,煮茶的器具是铁锅。制作时,应先把砖茶打碎,并将洗净的铁锅置于火上,盛水2~3千克,烧水至刚沸腾时,加入打碎的砖茶25克左右。当水再次沸腾5分钟后,掺入奶,用量为水的1/5左右,稍加搅动,再加入适量食盐。等到整锅咸奶茶开始沸腾时,才算煮好了,即可盛在碗中待饮。煮咸奶茶的技术性很强,茶汤滋味的好坏,营养成分的多少,与用茶、加水、掺奶,以及加料次序的先后都有很大的关系。如茶叶放迟了,或者加茶和奶的次序颠倒了,茶味就会出不来。而煮茶时间过长,又会丧失茶香味。蒙古族同胞认为,只有器、茶、奶、盐、温五者互相协调,才能制成咸香适宜、美味可口的咸奶茶来。为此,蒙古族妇女都练就了一手煮咸奶茶的好手艺。大凡姑娘从懂事起,做母亲的就会悉心向女儿传授煮茶技艺。当姑娘出嫁时,在新婚燕尔之际,也得当着亲朋好友的面,显露一下煮茶的本领,不然就会有缺少家教之嫌。

蒙古族人主要居住在内蒙古,喝咸奶茶是蒙古族人的传统饮茶习俗。在牧区,他们习惯于"一日三次茶",却往往是"一日一顿饭"。每日清晨,主妇的第一件事就是煮一锅咸奶茶,供全家整天享用。蒙古族人喜欢喝热茶,早上,他们一边喝茶,一边吃炒米,将剩余的茶放在微火上暖着,供随时取饮。通常一家人只在晚上放牧回家才正式用餐一次,但早、中、晚三次喝咸奶茶一般是不可缺少的。

（五）侗族、瑶族的打油茶

居住在云南、贵州、湖南、广西毗邻地区的侗族、瑶族和这一地区的其他兄弟民族,他们世代相处,十分好客,相互之间虽习俗有别,但都喜欢喝油茶。因此,凡在喜庆佳节,或亲朋贵客进门,总喜欢用做法讲究、佐料精选的油茶款待客人。做油茶,当地称为打油茶。

打油茶一般经过四道工序,首先是选茶。通常有两种茶可供选用:①经专门烘炒的末茶;②刚从茶树上采下的幼嫩新梢。这可根据个人口味而定。

其次是选料。打油茶用料通常有花生米、玉米花、黄豆、芝麻、糯粑、笋干等,应预先制作好待用。

再次是煮茶。先生火,待锅底发热,放适量食油入锅,待油面冒青烟时,立即投入适量茶叶入锅翻炒,当茶叶发出清香时,加上少许芝麻、食盐,再炒几下,即放水加盖,煮沸3~5分钟,即可将油茶连汤带料起锅盛碗待喝。一般家庭自喝,这又香又爽且鲜的油茶已算打好了。

如果是打油茶作庆典或宴请用,那么,还得进行第四道工序,即配茶。配茶就是将事先准备好的食料,先行炒熟,取出放入茶碗中备好。然后将油炒经煮而成的茶汤,捞出茶渣,趁热倒入备有食料的茶碗中供客人吃茶。

最后是奉茶,一般当主妇快要把油茶打好时,主人就会招待客人围桌入座。由于喝油茶时碗内加有许多食料,因此,还得用筷子相助,与其说是喝油茶,还不如说吃油茶更为贴切。吃油茶时,客人为了表示对主人热情好客的回敬,赞美油茶的鲜美可口,称道主人的手艺不凡,总是边喝,边啜,边嚼,在口中发出"啧、啧"的声音,还赞不绝口!

(六)白族的三道茶

白族散居在我国西南地区,主要分布在风光秀丽的云南大理,这是一个好客的民族,大凡在逢年过节、生辰寿诞、男婚女嫁、拜师学艺等喜庆日子里,或是在亲朋宾客来访之际,都会以"一苦、二甜、三回味"的三道茶款待。

制作三道茶时,每道茶的制作方法和所用原料都是不一样的。

第一道茶称为"清苦之茶",寓意做人的哲理:"要立业,就要先吃苦。"制作时,先将水烧开,再由司茶者将一只小砂罐置于文火上烘烤。待罐烤热后,随即取适量茶叶放入罐内,并不停地转动砂罐,使茶叶受热均匀,待罐内茶叶"啪啪"作响,叶色转黄,发出焦糖香时,立即注入已经烧沸的开水。少顷,主人将沸腾的茶水倾入茶盅,再用双手举盅献给客人。由于这种茶经烘烤、煮沸而成,因此,看上去色如琥珀,闻起来焦香扑鼻,喝下去滋味苦涩,故而谓之苦茶,通常只有半杯,客人会一饮而尽。

第二道茶称为"甜茶"。当客人喝完第一道茶后,主人重新用小砂罐置茶、烤茶、煮茶,与此同时,还在茶盅中放入少许红糖,将煮好的茶汤倾入盅内八分满为止。这样沏成的茶,甜中带香,甚是好喝,它寓意"人生在世,做什么事,只有吃得了苦,才会有甜香来"。

第三道茶称为"回味茶"。其煮茶方法与甜茶相同,只是茶盅中放的原料换成了适量蜂蜜、少许炒米花、若干粒花椒、一撮核桃仁,茶汤容量通常为六七分满。饮第三道茶时,一般是一边晃动茶盅,使茶汤和佐料均匀混合,一边口中"呼呼"作响,趁热饮下。这杯茶,喝起来甜、酸、苦、辣,各味俱全、回味无穷。它告诫人们,凡事要多"回味",切记"先苦后甜"的哲理。

茶既有健身、治疾的功效,又有欣赏价值,可陶冶情操。中华茶文化源远流长、博大精深,不但包含物质文化,还包含深厚的精神文化。唐代茶圣陆羽的《茶经》在历史上吹响了中华茶文化的号角。从此茶的精神渗透了宫廷和社会,深入中国的诗词、绘画、书法、宗教、医学。几千年来,中国不但积累了大量关于茶叶种植、生产的物质文化,还积累了丰富的有关茶的精神文化,这就是中国特有的茶文化。

探究思考

1.学习茶文化对于提高大学生人文素养有哪些意义?

2.拟订一份关于大学生对茶文化了解状况的调查问卷。

知识链接

茶与茶具的关系

茶具的狭义范围包括茶杯、茶壶、茶碗、茶盏、茶碟、茶盘等饮茶用具。我国的茶具种类繁多,造型优美,除实用价值外,也有颇高的艺术品价值,因而驰名中外,为历代茶爱好者所青睐。由于制作材料和产地不同,它们也各有千秋,而其中最为突出的就是陶瓷茶具和工艺茶具。

陶瓷茶具有一壶四碗一套的,也有一壶六碗一套的,有的还配有托盘,有较好的耐冷热激变的性能和较高的抗冲击强度,比较实用。市场上的价格从几十元到几百元不等,能满足较多人的需求。陶瓷茶具的特点:传热较慢,保温适中,与茶接触不发生任何化学反应,沏出的茶有较好的色、香、味,而且此类茶具一般造型美观,装饰精巧,具有工艺品欣赏价值。尤其是宜兴的紫砂壶是陶器中的珍品,造型雅致、古朴,用来泡茶,香味特别醇郁,色泽格外澄澈,久置也不易走茶味。

新颖别致的工艺茶具,顾名思义,工艺茶具,既可用来沏茶又极具观赏性,造型常以新、奇、特见长,引人遐思。从材质方面来看,有紫砂的、陶制的,也有铜制的或几种材料混合而成的,并配有精致的底座或托盘,摆在家中,是一件很好的家居装饰品,于不经意间增添了一分东方艺术品位。一般来说,这类茶具价格并不十分昂贵,在一百元左右,价格适中,一般的工薪家庭都能接受,因而也受到消费者的广泛欢迎。

中国民间向来有"老茶壶泡,嫩茶杯冲"之说。老茶用壶冲泡,一是可以保持热量,有利于茶汁的浸出;二是较粗老茶叶,由于缺乏欣赏价值,用杯泡茶,暴露无遗,用来敬客,不太雅观,又有失礼之嫌。而细嫩茶叶,选用杯泡,一目了然,会使人产生一种美感,达到物质享受和精神欣赏双丰收,正所谓"壶添茗情趣,茶增壶艺价值"。由此可见,好壶还需好茶配!

随着红茶、绿茶、乌龙茶、黄茶、白茶、黑茶等茶类的形成,人们对茶具的种类和色泽、质地和式样,以及茶具的轻重、厚薄、大小等提出了新的要求。一般来说,为保香可选用有盖的杯、壶或碗泡茶;饮乌龙茶,重在闻香啜味,宜用紫砂茶具泡茶;饮用红碎茶或工夫茶,可用瓷壶或紫砂壶冲泡,然后倒入白瓷杯中饮用;冲泡西湖龙井茶、洞庭碧螺春、君山银针、黄山毛峰、庐山云雾等细嫩名优茶,可用玻璃杯直接冲泡,也可用白瓷杯冲泡。但不论冲泡何种细嫩名优茶,杯子宜小不宜大。大则水量多,热量大,而使茶芽泡熟,茶汤变色,茶芽不能直立,失去姿态,进而产生熟汤味。

第四章　艺术的魅力

　　艺术欣赏是指作为审美主体的人,凭借审美知觉对作为审美对象的物(如艺术作品)的审美感受、发现和判断,并从中获得情感愉悦和精神满足的一种特殊的审美心理活动。它是人类精神生活的重要内容,是实现美育社会功能的重要环节,也是一种通过艺术形象去认识客观世界的思维活动。艺术欣赏有益于大学生灵魂的雕铸和人格的完善,满足大学生的审美需要,提高和培养审美能力。它可以陶冶大学生的思想情操,提高大学生的精神境界;帮助大学生开阔眼界,扩大知识领域;可以娱情怡神,激发想象力,培养创造性;可以拓展大学生的形象思维,培养大学生的创新精神和实践能力,帮助大学生树立正确的审美观念,培养大学生高雅的审美品位,提高大学生的人文素养,提高大学生感受美、表现美、鉴赏美、创造美的能力,促进大学生德智体美全面发展。

教学任务 19　神奇的象形——中国书法

一、知识介绍

（一）书法艺术

中国书法是一门古老的艺术，有着悠久的历史，它伴随着中华文明的发展而发展。中国书法从甲骨文、金文演变而为大篆、小篆、隶书，到东汉、魏晋时期，草书、楷书、行书诸体基本定型。世界上拥有书法艺术的民族屈指可数，古老的书法时刻散发艺术的魅力，为一代又一代人们所喜爱。

书法是一门综合性的艺术，它是在洁白的纸上，靠毛笔运动的灵活多变和水墨的丰富性，留下斑斑迹象，在纸面上形成有意味的黑白构成，因此，书法是构成艺术。书家的笔是其手指的延伸，笔的疾厉、徐缓、飞动、顿挫，都受书家的主观驱使，成为他情感、情绪的发泄手段。书法能够通过作品把书家个人的生活感受、学识、修养、个性等展现出来，通常有"字如其人""书为心画"的说法，因此，书法也是一种表现性的艺术。书法还可以用于题词、书写牌匾，因此，它也是一种实用性的艺术。

（二）书法艺术欣赏

欣赏书法艺术，不仅要读出它的文字内容，更主要的是要看出它的"神韵"。一个不识字的人，甚至不懂汉字的外国人，都能在不知不觉中受到作品神韵的感染，在潜移默化中不自觉地神游其间，自得其乐，得到一种高雅的艺术享受。

1.书法的审美标准

南朝书家王僧虔在《笔意赞》中说："书之妙道，神采为上，形质次之，兼之者方可绍于古人。"这里，强调以形写神，形神兼备。一般来说，"形"包括点画线条以及由此而产生的书法空间结构；"神"主要指书法的神采意味。

（1）书法的点画线条要求具有力量感、节奏感和立体感。力量感是线条美的要素之一，它是一种比喻，指点画线条在人心中唤起的力的感觉。节奏是指书法在创作过程中运笔用力大小以及速度快慢不同，产生了轻重、粗细、长短、大小等不同形态的有规律的交替变化。立体感是指点画线条的饱满圆实，浑厚圆润。

（2）书法的空间结构包括单字的结体、整行的行气和整体的布局三部分。单字的结体要求整齐平正，长短合度，疏密均衡。整行的行气要求上下承接，呼应连贯，还应注意大小变化、欹正呼应、虚实对比，以及由此而产生的节奏感。整体的布局要求字与字、行与行之间疏密得宜，计白当黑；平整均衡，欹正相生；参差错落，变化多姿。

（3）书法的神采意味是指点画线条及其结构组合中透出的精神、格调、气质、情趣和意味的统称，其实质是点画线条及其空间组合的总体和谐，是书法家孜孜以求的最高境界。

2.书法的欣赏方法

书法欣赏同其他艺术欣赏一致，需要遵循人类认识活动的一般规律。由于书法艺术的特殊性,又使书法欣赏在方法上表现出独特性。一般来说,我们可以从以下几个方面进行。

(1)从整体到局部,再由局部到整体。欣赏书法时,应首先统观全局,对其表现手法和艺术风格有一个大概的印象。进而注意用笔、结字、章法、墨韵等局部是否法意兼备,生动活泼。局部欣赏完毕后,再退立远处统观全局,校正首次观赏获得的"大概印象",重新从理性的高度予以把握。注意艺术表现手法与艺术风格是否协调一致,作品何处精彩、何处尚有不足,从宏观和微观充分地进行赏析。

(2)把静止的形象还原为运动的过程,展开联想。书法作品作为创作结果是相对静止不动的,欣赏时应随作者的创作过程,采用"移动视线"的方法,依作品的前后(语言、时间)顺序,想象作者创作过程中用笔的节奏、力度以及作者感情的不同变化,将静止的形象还原为运动的过程。也就是模拟作者的创作过程,正确把握作者的创作意图、情感变化等。

(3)从书法形象到具体形象,展开联想,正确领会作品意境。在书法欣赏过程中,应充分展开联想,将书法形象与现实生活中相类似的事物进行比较,使书法形象具体化。再由与书法形象相类似事物的审美特征,进一步联想到作品的审美价值,从而领会作品意境。如欣赏颜真卿楷书,可将其书法形象与"荆卿按剑,樊哙拥盾,金刚眩目,力士挥拳"等具体形象类比联想,从而可以得出:体格强健—有阳刚之气—富于英雄本色—端严不可侵犯的特征,由此联想到颜真卿楷书端庄雄伟的艺术风格。

(4)了解作品创作背景,正确把握作品的情调。任何一件书法作品都是某种文化、历史的积淀,都是特定历史文化背景下的产物。因而,了解作品的创作背景(包括创作环境),弄清作品中所蕴含的独特文化气息和作者的人格修养、审美情趣、创作心境、创作目的等,对于正确领会作者的创作意图,正确把握作品的情调大有裨益。加之书法作品受特定时代的书风和审美风尚的影响,更使书法作品折射出多元的文化气息。这无疑增加了书法欣赏的难度,同时更使书法欣赏妙趣横生。

3.书法欣赏的三个境界

书法欣赏可谓"仁者见仁,智者见智",不可一概而论,但书法欣赏仍有其基本规律可循,亦非"玄学"之术。欣赏书法是书法在人脑中"再创作"的过程,因此,必先"识形",次而"赏质",再而"寄情",三步逐行,渐入佳境。

(1)第一境,识形。书法是线条形象的艺术,"形"有四要素,赏得"四要素"则入第一境。

一曰格式,书法以条幅、中堂、横披、匾额、斗方、扇面、对联、尺牍、手卷、页册、题画等格式最为经典;二曰书体,书体以篆书、隶书、楷书、行书、草书、魏体、章草、行草等最为常见;三曰色彩,书法的色彩以白纸、墨字、红印组合最为耐看;四曰构成,一幅完整的书法作品以正文、题款、印章构成最为普遍。

(2)第二境,赏质。书法不同于写字,书法要讲究"法度""合法"才能"质美",其"法"有四,赏得"四法"则入第二境。

一曰字法,字乃书法之根本,聚点画而成字,点画之间应当"平衡对称,对比和谐,主次得宜,疏密适度,多样统一"。二曰笔法,用笔贵在因体而变、稳实丰富;中侧(锋)互换,法出有源;笔力遒劲、力透纸背。三曰章法,章法即整幅书法作品的"布白",它讲究字与字、行与行之间以笔势连绵,气脉畅通、节奏分明,如"行云流水",即所谓"疏处可以走马,密处不使透风,计白当黑,奇趣乃出"。四曰墨法,墨有六彩之说,即"浓、淡、枯、湿、燥、润"。若能"带燥方润，将浓遂枯"，则可达到"无声而乐的和谐""五光十色的神采""洒笔以成酣歌，和墨以籍谈笑"的境地。

（3）第三境，寄情。"书如也，如其学，如其才，如其志。总之曰，如其人而已"（刘熙载语）。书法的目的是"畅寄幽情"。书法艺术的最高境界也就是人的精神、气质的一种抽象体现与表露。欣赏书法不仅仅要看功力的深厚，看点画、章法的精巧，还要看作者的精神、胸襟、气质修养。因此，欣赏书法的最高境界是通过书法作品与书法家"对话、交流"。而赏得此境需要赏者"见智""见性"，悟得书法之"出法""意境""气质"之妙理。

一曰出法。卓越的书法家总是善于在严格的法度之中自由驰骋并施展其创造才能。因此，他们往往任情恣性，纵笔自如，使人看出他们的"无拘无束"，而又不流于"荒诞狂怪"；既有"先圣"的遗风，又有自己的"圣地"，即所谓"出新意于法度之中，寄妙理于放豪之外"。二曰意境。书法的意境是指于书法作品中流露出的精神内涵，是由生动的气韵、飞扬的神采以及空间余白所构成的幽深而旷远的境界。例如，有的像行军布阵，旗帜飞扬，士马精研；有的像尺幅丹青，疏林远阜，错落有致；有的像江河大川，奔腾浩荡，一泻千里；有的像廻溪曲沼，春水繁花，清幽婉丽；有的像婀娜舞姿，素袖轻扬，一步一形；有的像悠扬乐曲，绕梁三日，牵人情思。这就是书法富于韵致，并且交织着生命节奏的意境。三曰气质。常言道，"书为心画""字如其人"。书法是书法家抒情达意的特殊语言。如同作家之文、诗人之诗、歌者之声。因此，有独立性、创造精神的人，其书往往风格独具；依赖性强、唯唯诺诺之人，其书往往依傍门户、缺乏个性。性情豪爽英迈之人，其书往往气度恢宏；感情缠绵悱恻之夫，其书往往柔媚有余，劲健不足。志行高洁者，其书往往清气飘洒；格调低下者，其书往往俗气横流；心情恬淡者，其书往往气静端庄、淡泊旷达；追名逐利者，其书往往张牙舞爪、哗众取宠。

二、作品赏析

（一）名家作品欣赏

1.行书欣赏　《兰亭序》

【作品简析】　《兰亭序》是书圣王羲之最有名的作品。王羲之（303—361，一说321—379），字逸少，汉族，东晋时期著名书法家，有"书圣"之称。琅琊（今属山东临沂）人，后迁会稽山阴（今浙江绍兴），晚年隐居剡县金庭。历任秘书郎、宁远将军、江州刺史，后为会稽内史，领右将军。其书法兼善隶、草、楷、行各体，精研体势，心摹手追，博采众长，备精诸体，熔

图 4-19-1　王羲之《兰亭序》

于一炉，摆脱了汉魏笔风，自成一家，影响深远。其代表作《兰亭序》被誉为"天下第一行书"。在书法史上，他与儿子王献之合称为"二王"。

《兰亭序》全文共二十八行，三百二十四字。王羲之的书法艺术在这篇序文中得到了酣畅淋漓的发挥，文中凡有相同的字，笔法姿态必有不同，如出现的 20 个"之"字，竟然无一雷同，成为书法史上的一绝。其中的章法、结构、笔法都极其完美，被历代书法家尊为"书法第

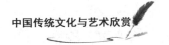

一"，成为读书人写字必习的范本。

2.楷书欣赏 《多宝塔碑》《玄秘塔碑》

图4-19-2 多宝塔碑

图4-19-3 玄秘塔碑

【作品简析】 颜真卿的《多宝塔碑》，全称《大唐西京千福寺多宝塔感应碑文》，唐天宝十一年（752）立。原在唐长安安定坊千福寺，宋代移西安碑林，现藏于西安碑林。颜真卿（709—784），字清臣，小名羡门子，别号应方，生于京兆万年（今陕西西安），祖籍琅琊临沂（今山东临沂），颜师古五世重孙、颜杲卿重弟，唐代名臣、杰出的书法家。颜真卿书法精妙，擅长行、楷，创"颜体"楷书，与赵孟頫、柳公权、欧阳询并称"楷书四大家"，又与柳公权并称"颜柳"，称为"颜筋柳骨"。颜真卿善诗文，著作甚富，有《韵海镜源》《礼乐集》《吴兴集》《庐陵集》《临川集》，均佚。宋人辑有《颜鲁公集》。

《多宝塔碑》为楷书，高285厘米，宽102厘米，文34行，行66字。岑勋撰文，徐浩隶书题额，颜真卿书碑，为其独创"颜体"楷书的代表作，字体匀称丰腴，庄重劲美，气势雄厚。

《玄秘塔碑》，全称《唐故左街僧录内供奉三教谈论引驾大德安国寺上座赐紫大达法师玄秘塔碑铭并序》，唐裴休撰文，柳公权书并篆额。《玄秘塔碑》立于唐会昌元年（841）十二月，碑在陕西西安碑林。柳公权（778—865），字诚悬，汉族，京兆华原（今陕西铜川市耀州区）人。唐代著名书法家、诗人，兵部尚书柳公绰之弟。柳公权书法以楷书著称，与颜真卿齐名，人称"颜柳"，又与欧阳询、颜真卿、赵孟頫并称"楷书四大家"。他的书法初学王羲之，后来遍观唐代名家书法，吸取了颜真卿、欧阳询之长，融汇新意，自创独树一帜的"柳体"，以骨力劲健见长，后世有"颜筋柳骨"的美誉。传世碑刻有《金刚经刻石》《玄秘塔碑》《冯宿碑》等，行草书有《伏审》《十六日》《辱向帖》等，另有墨迹《蒙诏帖》《王献之送梨帖跋》。柳公权亦工诗，《全唐诗》存其诗五首，《全唐诗外编》存诗一首。

《玄秘塔碑》，楷书28行，行54字。《玄秘塔碑》是柳公权六十四岁时所书，结字的特点主要是内敛外拓，这种结字容易紧密、婷劲；运笔健劲舒展，干净利落，四面俱到，有自己独特的面貌。

3.草书欣赏 《草书心经》《苦笋帖》

图 4-19-4 草书心经

图 4-19-5 苦笋帖

【作品简析】 《草书心经》最早见于《碑刻拔萃》,其《唐草心经》碑目下写明张旭,此前碑林中有明成化年间知府孙仁从百塔寺移来的《草书心经》,《关中金石文字存逸考》对这两种草书"心经"都录,其"心经、肚痛帖、千文断碑"条下注"均张旭草书,无年月",并称"右三石均在西安碑林"。张旭(生卒年不详),字伯高,一字季明,汉族,唐朝吴县(今江苏苏州)人,开元、天宝时在世,曾任常熟县尉,金吾长史。以草书著名,与李白诗歌、裴旻剑舞并称"三绝"。其诗亦别具一格,以七绝见长,与李白、贺知章等人共列"饮中八仙"。与贺知章、张若虚、包融号称"吴中四士"。书法与怀素齐名,在书坛以"癫张醉素"并称于世,其狂草代表了草书最高境界,汪洋恣肆,个性张扬,独具一格,被后世尊称为"草圣"。

《苦笋帖》是怀素传世书迹中的代表作。怀素(737—799,一说 725—785),字藏真,俗姓钱,永州零陵(今湖南零陵)人,唐代书法家,以"狂草"名世。自幼出家为僧,经禅之暇,爱好书法。与张旭齐名,合称"癫张狂素"。怀素草书,笔法瘦劲,飞动自然,如骤雨旋风,随手万变。他的书法虽率意颠逸,千变万化,而法度俱备。怀素与张旭形成唐代书法双峰并峙的局面,也是中国草书史上的两座高峰。传世书法作品有《自叙帖》《苦笋帖》《圣母帖》《论书帖》《小草千文》诸帖。

《苦笋帖》两行十四字,字虽不多,但技巧娴熟,精练流逸。运笔如骤雨旋风,飞动圆转,虽变化无常,但法度俱备。

(二)其他作品欣赏

图 4-19-6 王献之《中秋帖》

图 4-19-7 赵孟頫《洛神赋》

图4-19-8 米芾《论草书帖》

图4-19-9 褚遂良《大唐三藏圣教序》

图4-19-10 启功作品

图4-19-11 篆书作品

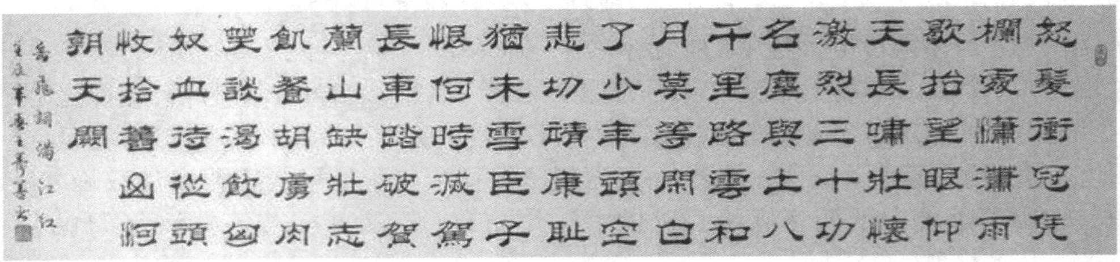

图4-19-12 隶书作品

探究思考

1.了解书法作品的创作要求。

2.课外欣赏:《九成宫醴泉铭》《文衡山诗卷闻砧闻蛙》。

知识链接

书法练习方法与技巧

1.练什么

第一要练眼,即认真读帖。宋代的书法家黄庭坚说:"古代人学习写字不都是依靠临摹,他们常常把古人的书法作品张挂在墙壁上,专心致志地观看它,看准了才下笔。"唐朝的欧阳询发现了晋代索靖写的碑,爱不忍离,索性坐下读碑三天。读的帖越多,眼力就会越高,就知道如何写才好,好在哪里。有一个成语为"眼高手低",眼高是手高的前提,发现不了美,不知什么是美,就更谈不上创造美了。

第二要练脑或练心。在细心观察的基础上还要把写得好的范字牢牢地记在心里,把字形深深地刻在大脑里,无论何时,一旦提到这个字,马上就能想出这个字在字帖上的形状。做到胸有成帖,脑有成字。

第三要练手。练眼和练脑是为了搞清字该怎样写。心中能想出字的最好效果,手中不一定能写出这种最好的效果,因为脑不一定能指挥得了手,手不一定能指挥得了笔。练手就是要达到心、手一致,手、笔一致的境界,所以练手也是至关重要的。练手主要是练指力、练腕力、练手感。写字的时间长了会感到手指发痛,手腕发酸,手不听使唤,如果多锻炼,这一现象就会消失。还要注意练手感,让大脑能指挥手,感觉到笔变成了手的一部分,变成了手的延伸,手能轻松地指挥笔,想快则快,想慢则慢,想轻则轻,想重则重,想写出什么样的效果就能写出什么样的效果。

第四要练结构。练字的关键是掌握字的结构。字的结构是指字的笔画的长短比例及笔画间的穿插避让关系。如果掌握不好汉字的结构,无论如何对字的笔画进行修饰、美化,它都是难看的赘物,越变越难看。因此,掌握字的结构,是练好一切字体的关键和基础。

第五要练笔画。不少同学练过书法,他们从楷书练起,许多运笔的规则都忘了,只记住了顿笔,结果写出来的字拖拉累赘,状如鬼画符。笔者提倡大家从黑体字练起,抓住字形,取消顿笔。

2.怎么练

在练习黑体字,掌握字的结构、练好基本功的基础上,可以选定自己喜欢的字体进行练习。选定字体的过程叫选帖,在选帖的基础上,还要经过读帖、描摹、临帖、背帖、创作五步。

第一步读帖。帖上汉字的读音我们都知道,无须再读。读什么?读字形,读结构,读笔画,分析揣摩字的笔画特点及笔画间的相互关系。例如,我们读黑体字的"中",要读出"中"的一竖穿过了"口"的正中间,"口"字稍扁,横的长度是竖的长度的二倍,中间的长竖被"口"字的下横分成长度相等的两段,其上段又被"口"字的上横分成长度相等的两段。这就是读字形,读结构。

第二步描摹。"描"指的是描红,即初学者在印好的红字帖上沿笔迹用笔描写。"摹"指摹帖,即用透明纸覆在范字上,沿纸上的字影一笔一画地写,又叫写仿影。

第三步临帖。指把字帖置于一旁,看着字帖一字一字地写在作业纸上,这种方法有利于掌握字的笔法笔意,但不易掌握字的结构。

第四步背帖。指在临帖的基础上把字帖去掉,根据自己的记忆,回忆字帖上的字形,将其写在作业纸上的方法。这是练好字的关键一步,只有对所写的字精审细察,成竹在胸,才能下笔如有神,准确无误。写字的时候,如能在所写的白纸上看到要写汉字的准确字形,做到"成字在纸,成字在胸",下笔如描红,写一手好字就不成问题了。

第五步创作。在掌握了字帖上字的写法的基础上,触类旁通,悟出字帖上没有的字的写法。根据自己表情达意的需要,写出一段有中心、有内容、自成体系的文字,这就是创作了。

3.注意事项

一是姿势要正确,两脚平放在地上,两手据案,肩平、背直、头正、目注纸上;二是握笔要

指实掌虚,执笔在指,运笔在腕。开始练字枕腕,逐步提腕、悬腕;三是笔法要分清,一般分方笔和圆笔两种,还要明确中锋、侧锋、卧锋的应用部位;四是楷书是学习毛笔字的基础,楷书学完再学行书,最后是草书;五是临帖时不要看一眼写一笔,先要读帖,吃透要领,然后把一个字一气写成;六是首先要把各种偏旁部首练好,再练完整的字。

教学任务 20　斑斓的世界——中国画

一、绘画艺术概述

绘画是使用笔、刀等工具,墨、颜料等物质材料,通过线条、色彩、明暗及透视、构图等手段,在纸、纺织品等平面上,创造出可以直接看得到的,并具有一定形状、体积、质感和空间感觉的艺术形象。

(一)中国画

中国画是中国传统民族绘画的统称,也称国画或水墨画。它是以墨为主要颜料,以水为调和剂,以毛笔为主要绘画工具,以宣纸和绢帛为载体,具有民族特色的特有画种。它植根于中华民族深厚的文化沃土之中,跨越不同时空,经历了萌芽、发展、成熟、创新和再发展的诸多不同阶段,形成了融汇民族文化素养、思维方式、审美意识和哲学观念的完整艺术体系。因此,中国画和西方油画形成了两座对峙的艺术高峰。

中国画按表现题材,可分为人物画、山水画、花鸟画等;按表现手段和技法,可分为工笔、写意、没骨、设色、水墨等;按幅面样式,可以分为立轴、横卷、册页、扇面等。

中国画十分重视笔墨,运用线条、墨色和轻重彩色,通过钩皴点染,干湿浓淡并用,来表现客观物象的形体结构,阴阳向背;并运用虚实疏密结合和"留白"等手法来取得巧妙的构图效果。中国画的空间处理也比较自由灵活,既可以用"以大观小法",画重峦叠嶂;也可以用"走马看山法",画长江万里。

中国画在画面上题写诗文,加盖印章,将诗文、书法、篆刻融为一体,以诗、书、画、印独特的画风立足于世界之林。

中国绘画艺术在世界绘画史上占有比较重要的地位,如今在国际市场上中国绘画的收藏热度也越来越高。

(二)国画欣赏方法

1.看神韵

就国画而言,看画一般要先看画面的整体气势,用中国术语来说就是先体味其"神韵",或者是"神似";然后再看它的笔墨趣味、构图、着色、笔力和线条等;最后才看它的造型,似像不像或形似。这种抓"神韵"的欣赏方法就是抓住了国画的实质,因为"神韵"是一种高层次的艺术审美享受,它是中国画家们追求的目标。

当然,要从画中去体验一种"神韵"并不是一件容易的事,它不但要求欣赏者要有一定的审美能力和艺术修养,还要具备一定的国画基本知识和文化内涵,这样才能够更好地去欣赏国画。

2.看笔墨

中国画以线条构成,是与中国艺术家对线条的情有独钟和独特的感受分不开的。古代绘画的先祖认为:以点作画易于零散和琐碎,以画作画易于模糊和呆板,用线条最易于捕捉物体的形象及动感,最适宜发挥毛笔、水墨、宣纸和绢帛的特性。可以说,线条是中国画家独特的艺术语言,是中国画的灵魂。

用于绘画的线条是有生命力的。千百年来,中国的艺术家们伏案笔耕,利用不同的笔法书写着粗细、曲直、刚柔、毛涩、疾徐、虚实、顺逆和繁简等不同质地、不同感受的线条,并用这些含情线条的渐变、排列、组合、交搭、分割、呼应等,在画面上构成诸多形式的造型,抑扬顿挫、疏密粗细、快慢虚实、浓淡干湿,无不显现众多画家的奇才和功底。

笔韵是国画家追求的最高境界。笔韵是运笔时所表现出的一种内在节律、情感起伏,通过气与力的统一变化而形成,用笔的韵律感和节奏感亦是国画家们的心弦拨动。笔力、笔气和笔韵是有机结合的统一,以气统力、统韵,以韵助气、助势。三者的完美结合,方称上佳的用笔。中国画笔韵或浑厚苍劲、刚健挺拔,或含蓄内敛、简约空灵、飘逸洒脱,它们无一不是国画家们千锤百炼和用心血汗水浇灌的结果。

中国画以墨为主、以色为辅是其基本特点。"笔墨"二字几乎成了中国画的代名词,如果说西方画是体、面、色的交响,那么中国画就是点、线、水、墨的协调。墨可分为焦墨、浓墨、重墨、淡墨和清墨五大色阶。唐代张彦远论墨时说:"草木敷荣,不待丹碌之彩;云雪飘扬,不待铅粉而白;山不待空青而翠,凤不待五色而彩。是故运墨而五色具,谓之得意,意在五色,则物象乖矣。"中国的画家深谙绘画要旨,认为画面太枯燥,则有燥气;画面太湿,则无生气。墨无变化则僵滞死板,因而数块浓墨必以淡墨破之,一片淡墨必以浓墨破之,一片枯墨必以湿墨润之,一片湿墨必以枯墨提醒。观画时往往尚未看清具体形态就已被画面笔墨中溢出的抽象意韵所感染,在欣赏国画时往往也从这里入手。

在中国画的创作过程中,始终离不开墨。用墨的方法有以下几种:泼墨法、积墨法、破墨法、宿墨法、渍墨法和蘸墨法等。好的国画无不在用笔、用墨、用线、用水等方面有高妙之处。在画面上显现出浓淡干湿变化。古人云,"干裂秋风,润含春雨",就是这个道理。

3.看构图和形式

从古到今中国画的构图有诸多形式,自成章法布局。东晋顾恺之称之为"置陈布势",谢赫则称之为"经营位置"。说法虽不一样,但其意相同,即画家将要表达的内容和形式加以组织、安排,构成一幅体现个性,呈现气势,和谐统一的整体画面。一幅作品的境界高低,奇特平庸,构图非常关键。

构图的法则有其自身规律,最主要的规律就是辩证法中的对立统一。凡符合对立统一规律的作品,就耐看,就有美感,就有吸引力。反之,美的因素就会大打折扣。构图的来源是生活、是眼界、是修养、是格调。构图具有极大的灵活性,因为中国画使用独特的散点透视法,用这种透视法来展现绚丽多姿的世间万物,给绘画家们带来极大的自由空间和灵活性,它不受时间和地点的限制,不求物体具象,只求构思和形象入理。

中国画讲究稳中求奇、险中求稳、着意对并、打破对称,形成一个富有节奏的协调整体。大多采用"三七停"起手法则,把主要物象放置在三七点上,对打破均衡起到至关重要的作用,也易于形成韵律节奏,给观画者以视觉美感。

绘画有高有低,因而就有了不同时代的品评标准。张怀瑾提出了"神、妙、能"三品;朱景玄提出了"神""妙""能""逸"四品;黄修复则强调"逸""神""妙""能"四格;张彦远定了"自然""神""妙""精""谨细"五品级。不论是神先逸后,还是逸先神后,都说明中国画家始终追逐着高品位,充满着美学意识、自我意识,在借鉴传统的基础上艰难探索,力求创出个人高雅的风格,力争呈现出更加自然的气息。

二、国画欣赏

(一)名画欣赏

1.洛神赋图

图 4-20-1　洛神赋图

【作品简析】　《洛神赋图》,北京故宫博物院馆藏珍品。纵 27.1 厘米,横 572.8 厘米。顾恺之传世作品,宋摹本,根据曹植著名的《洛神赋》而作。摹本在一定程度上保留了顾恺之艺术的若干特点,千载之下,亦可遥窥其笔墨神情。全卷分为三个部分,曲折细致而又层次分明地描绘着曹植与洛神真挚纯洁的爱情故事。人物安排疏密得宜,在不同的时空中自然地交替、重叠、交换,而在山川景物描绘上,无不展现出一种空间美。

全画用笔细劲古朴,恰如"春蚕吐丝"。山川树石画法幼稚古朴,所谓"人大于山,水不容泛",体现了早期山水画的特点。

此图卷无论是从内容、艺术结构、人物造型,还是从环境描绘和笔墨表现的形式来看,都不愧为中国古典绘画中的瑰宝之一。

2.五牛图

图 4-20-2　五牛图

【作品简析】　唐代韩滉《五牛图》,纸本设色,纵20.8厘米,横139.8厘米,北京故宫博物院藏。《五牛图》的作者韩滉,字太冲,长安(今陕西西安)人。生于唐玄宗开元十一年(723),卒于唐德宗贞元三年(787),他是中唐时一位有作为的政治家。

史载韩滉能诗、善画、雅爱丹青,从政之余,爱好鼓琴书画等艺术,其画学东晋南北朝三大家之一的陆探微,擅画田家风俗,尤以画牛、马、羊最佳,与画《照夜白图》的鞍马名家韩幹齐名。

在我国古代以牛为题材的绘画作品中,韩滉的《五牛图》可以说是最为有名的。画中的五头牛或行或立,或正或侧,或俯或仰,姿态生动,将牛憨态可掬的模样描绘得惟妙惟肖。画作绘于黄麻纸上,纸质较为粗糙。牛以较粗的墨线勾勒轮廓,赋色清淡却不失沉着,尤其对牛的眼睛、鼻子、蹄趾、毛须等部位作了着意渲染,凸显出牛强劲有力的筋骨和逼真的皮毛质感。最值得称道的是韩滉对牛的结构比例以及透视关系的准确把握。无论是牛的正面站立,还是回首顾盼,他都处理得生动巧妙,丝毫没有生硬之感,这是十分不易的。五头牛中每一头既可独立成图,而相互间又能首尾连贯,前呼后应,彼此顾盼,构成一个统一的整体。

3.千里江山图

【作品简析】　《千里江山图》,北京故宫博物院馆藏珍品,纵51.5厘米,横1191.5厘米,为中国北宋青绿山水画作品,作者王希孟。

《千里江山图》画卷表现了绵亘山势,幽岩深谷,高峰平坡,流溪飞泉,水村野市,渔船游艇,桥梁水车,茅蓬楼阁,以及捕鱼、游赏、行旅、呼渡等人物的活动。全面继承了隋唐以来青绿山水的表现手法,突出石青水绿的厚重、苍翠效果,使画面爽朗富丽。水、天、树、石之间,用掺粉加赭的色泽渲染。用勾勒画轮廓,也间以没骨法画树干,用皴点画山坡,丰富了青绿山水的表现力。人物形象栩栩如生,整幅画充满了作者对美好生活的向往。

图4-20-3　千里江山图

4.清明上河图

【作品简析】　中国十大传世名画之一。北宋风俗画作品,宽24.8厘米,长528.7厘米,绢本设色,是北宋画家张择端存世的仅见的一幅精品,属一级国宝。《清明上河图》生动地记录了中国12世纪城市生活的面貌,这在中国乃至世界绘画史上都是独一无二的。

《清明上河图》以长卷形式,采用散点透视的构图法,将繁杂的景物纳入统一而富于变化的画卷中。画中主要分成两部分,一部分是农村,另一部分是市集。画中有814人,牲畜83匹,船只29艘,房屋楼宇30多栋,车13辆,轿14顶,桥17

图4-20-4　清明上河图

座,树木约180棵。画中人物往来,衣着不同,神情各异,栩栩如生,其间还穿插各种活动。整幅画注重情节,构图疏密有致,富有节奏感和韵律的变化,笔墨章法都很巧妙,颇见功底。

(二)近现代作品欣赏

近代和现代画家比较多,如吴昌硕、齐白石、黄宾虹、高剑父、徐悲鸿、张大千、潘天寿、丰子恺等。

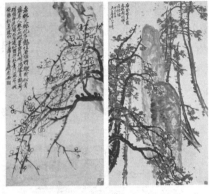

图 4-20-5 吴昌硕作品

图 4-20-6 齐白石作品

图 4-20-7 潘天寿作品

图 4-20-8 徐悲鸿作品

图 4-20-9 张大千作品

探究思考

1.比较中国绘画艺术与西方绘画艺术。
2.国画创作要求。

知识链接

1.中国画分类

从创作思想及审美情趣上来分类,可分为文人画、宫廷画(院体画)和民间画三类;按表现对象(创作题材)可分为山水画、人物画、花鸟画和动物画等;按表现手法可分为工笔画、写意画、半工写等;按画的特定用途,可分为宗教的寺观壁画、卷轴画及民间的年画;按绘画的特殊材料和特殊手法,可分为漆画、扇面画、竹帘画、剪纸等;按旅游者对中国画的欣赏分为卷轴画、壁画和工艺绘画三类。下面就其主要分类进行简单介绍。

(1)文人画是中国文人士大夫在自娱遣兴和自我表现为口号的表现下所形成的绘画流派,主要以老庄之道作思想基础,次之以佛、儒的某些思想为基础。从魏晋的宗冰到唐代的王维再到宋代的苏轼、明代的董其昌,形成了完整的文人画理论体系。元四家标志着文人山水画的成熟;(明)徐渭、(清)石涛、(清)朱耷,扬州八怪标志着文人花鸟画的成熟。

(2)宫廷画是反映统治阶级的立场和审美情趣的,是为统治阶级服务的,由宫廷专职画家创作,多富贵气。

(3)民间画是劳动人民自己创作并用以表现自己审美理想的绘画,质朴无华,以乡土气息和生活情趣为主要的审美素材。

(4)工笔画以工致的线条勾定轮廓,然后染成重彩或淡彩,不染色的称为白描。写意画是以放纵的笔法写自然物象,以表达作者的情感意趣,有水墨写意,浅绛(着淡赭色)、重彩、泼墨、泼彩等,特别放纵的笔法称大写意,不太放纵的称小写意。界于工笔与写意之间的称为半工半写。

(5)卷轴画起源于早期的帛画,后发展为纸画,通常用纸、绢等画经装裱而成。其中经装裱后用于装镜框者称为"镜片",未经装裱的画称为"画心",由小幅多件成套装裱而不装镜框者称为"册页",这两种其实都无"卷轴"。真正装卷轴的,大幅张挂于正厅中间者称为"中堂",小轴随意挂者称为"条山",横式张挂称为"横幅",能握在手中按顺序展开以供展阅者称为"手卷"。卷轴画便于卷而收藏,又便于展开张挂,创作、携带都优于西洋画,当然卷轴画的装裱也极为重要,其可使画增添独特美感。

(6)壁画即在墙上或崖壁上所作的画。墙壁画如寺观壁画、石窟壁画、墓室壁画等;崖壁画如天山、阿尔泰山、贺兰山、连云港将军崖等的岩画;墙壁画出名的如敦煌壁画、永乐宫壁画、克孜尔石窟壁画、藏式佛教壁画及大量的汉代墓室壁画等。

(7)工艺绘画起源于新石器时代的彩陶纹饰,本为一种实用性工艺美术,后来渐渐发展为独立的纯欣赏性的艺术品,它有其独有特点。首先,它注意利用材料的美。如铁画,就是将铁打成线条,焊接成画,发挥铁的凝重浑朴,坚实刚劲;又如蝴蝶画,利用的则是蝴蝶本身五彩缤纷的美感效果。其次,注重特种技术之美,如火画,即体现火烫木板时所产生的焦色之美;漆画,显示油漆工艺技术之美;剪纸展现了剪纸技术之美等。最后就是工艺绘画具有地方特色和民族特色。

2.中国画技法

中国画的技法,实际上可以理解为中国画家运用毛笔的方法,也就是因毛笔而产生的用笔、用墨的技法,其中墨法中包含了色彩的技法。简单说来,中国画的笔法由点、线、面组成,而线条的运用是最重要的。墨法,就是利用水的作用,产生了浓、淡、干、湿、深、浅不同的变化。中国画书写线条的方法被称为"用笔",中国画用水墨的方法,被称为"用墨"。

(1)笔法。笔法是由行笔而形成的。行笔包括起笔、运笔、收笔三个部分,起笔和收笔逆入藏锋、自然含蓄,行笔要有力度。用笔要意在笔先,以意使笔才能因意成象,笔之动人之处在于有意趣。笔要有力度,古人称笔"力透纸背""骨法用笔""力能扛鼎",就是强调用笔的功力,力度与方式,所以用笔要全神贯注、凝神静气、以意领气、以气导力,气力由心及腰,由腰及臂,由臂及腕,由腕及指,由指及笔端纸上,于是便产生了具有节奏和韵律、奇趣横生的用笔。运笔有中锋、侧锋、逆锋、拖笔、散锋等区别,以中锋用笔最重要,它是笔法的骨。

(2)墨法。中国画又称为水墨画,墨在中国画中就是黑色。中国画古代有墨分五彩之说,即有黑、白、浓、淡、干、湿六种效果。用墨的不同方法体现了绘画的丰富变化,"笔为骨,墨为肉",所以墨法可以说是一种用水的方法。根据水的多少,我们分为焦、浓、重、淡、清五个变化阶梯。因为墨有新、旧、陈、变,又把墨质分为新、焦、宿、退、埃五种质。由于墨色的不同处理手法,产生了不同的墨的变化形象,可分为枯、干、润、湿、漓五种感觉。在笔墨中,笔法更强调内力,而墨讲求"活"和"变"。用墨之法,前人有很多经验,总结起来,主要有七法:浓墨法、淡墨法、焦墨法、宿墨法、破墨法、积墨法、泼墨法。"古人墨法,妙于用水。"因此,墨法离不开水的运用。

(3)色彩。中国画多注重水墨的效果,用色一般比较少,有"色不碍墨,墨不碍色"的要求。用色方法有以水墨为主,不着色或少着色的水墨法;有称为轻着色,多以花青、藤黄、赭石为主的浅绛色,前两种方法多用于写意画,再就是称为大着色的重彩法,多用在工笔画上。多用石青、石绿、朱砂、金银等矿物色,一般要多次涂染,厚重而又鲜艳。

(4)构图。构图在古代又称为"经营位置""章法""布局"等。构图过程又是一个由绘画技法因素构成的过程,因为艺术家只有通过构图才能把自己的创作意图通过一定的技法展现出来,所以构图是决定一幅画成败的关键,也是艺术作品的最后完成阶段。

中国画常见的一些构图规律:宾主朝揖的关系;起、承、转、合的关系;虚实关系;疏密、聚散的关系;蓄势与写势。

教学任务21　凝固的思想——中国雕塑

一、雕塑艺术概述

雕塑是指以立体视觉艺术为载体的造型艺术,又称雕刻,是雕、刻、塑三种创作方法的总称。具体而言,它是指用各种可塑材料(如石膏、树脂、黏土等)或可雕、可刻的硬质材料(如木材、石头、金属、玉块、玛瑙、铝、玻璃钢、砂岩、铜等),创作出具有一定空间的可视、可触的艺术形象,借以反映社会生活、表达艺术家的审美感受、审美情感、审美理想的艺术。雕、刻通过减少可雕性物质材料,塑则通过堆增可塑性物质性材料来达到艺术创作的目的。

如果说历史是人类谱写的一部气势宏伟的交响曲,那么雕塑艺术就是其中一篇精致而独立的乐章。雕塑是造型艺术种类中最早出现的重要艺术表现形式,也是建筑艺术以外的另一种表现实体空间的艺术。雕塑是有三维空间,由人类创造的存在于实际空间的立体形象,比如中国的四大石窟、兵马俑等都是极具代表性的作品。雕塑永远表现动态,甚至完全静止的雕像也被看作具有一种内在的运动,一种不但在空间,也在时间上持续的伸展状态。人们可以从这一瞬间的造型中想象静态向动态的转变,想象行为的连贯,持续的活动过程,从而体味出它的活力和精神,体味出它冷冰冰的物质材料后面的体温和感情。雕塑是可视的,它是可触摸到的并能反映一定意识形态及较高审美意义的实体,是世界艺术宝库中一颗璀璨的明珠,也是根植于自己民族传统文化土壤上的一棵常青树。

(一)雕塑艺术的分类

雕塑的分类有很多种,不过基本上都是从形式、材质、环境、功能四个方面来区分它们。

雕塑按形式可分为圆雕、浮雕、透雕,其中圆雕又称立体雕,是指非压缩的,可以多方位、多角度欣赏的三维立体雕塑;浮雕是雕塑与绘画结合的产物,用压缩的方法来处理对象,靠透视等因素来表现三维空间,并只供一面或两面观看,浮雕有浅浮雕与高浮雕之分;而透雕是在浮雕的基础上,镂空其背景部分,其中又有单面雕、双面雕、凹雕(镂空雕)之分。

雕塑按材质来分有玻璃钢雕塑、不锈钢雕塑、铸铜雕塑、锻铜雕塑、水泥雕塑、砂岩雕塑、陶瓷雕塑、石膏雕塑、木雕、石雕、玉雕等,其中各种材质都有其自身价值与特点。

雕塑按环境可分为城市雕塑、园林雕塑、室内雕塑、室外雕塑、校园雕塑、广场雕塑、公园雕塑、案头雕塑、架上雕塑等。

雕塑按功能可分为纪念性雕塑、主题性雕塑、装饰性雕塑、功能性雕塑以及陈列性雕塑五类。

除此之外,还有一些是利用声、光、电等制作的反传统的四维雕塑、五维雕塑、声光雕塑、软雕塑、动态雕塑等。

(二)中国雕塑的发展历程

中国迄今发现最古老的雕塑,属新石器时代氏族公社繁盛阶段的遗物。这一时期雕塑的造型都是依据整体器物上的饰物,均为粗略的、夸张式的,具有极强装饰性。最具代表性的当属陶塑人像。

商周时期的雕塑作品是侧重于动物外形的器皿、饰物和人物的捏塑,形体小巧,造型粗略,带有浓厚的人情味。青铜器艺术代表了商周雕塑的最高水平,此时的青铜作品已初步具备了雕塑艺术的特性。一些夸张、奇特的纹饰,渲染了威严神秘的气氛,形成了端庄、华丽、气质伟岸的艺术特性,突出反映了商周时期人们的审美观和对自然环境的理解。鼎是这一时期典型的雕塑作品。

秦始皇统一中国之后,利用雕塑艺术宣扬统一功业、显示王权威严,在建筑装饰雕塑、青铜纪念雕塑、墓葬明器雕塑等方面取得了划时代的辉煌成就,形成雕塑史上的第一个高峰。

从总体来看，秦代雕塑的风格特点是浑厚雄健、朴实厚重、气魄宏大，体现出封建社会上升期积极向上、朝气蓬勃的精神风貌，具有超常的审美特征。

汉代雕塑在继承秦代恢宏庄重的基础上，更突出了雄浑刚健的艺术个性。这一时期的墓葬雕塑特别发达，已从秦陵地下墓葬的雕塑形式发展到地上的陵墓表饰。汉代雕塑作品的品种和数量相当丰富，呈现出的主体面貌浑厚简练、生动完整。这个时期的雕塑艺术成就突出表现在大型纪念性石刻和园林的装饰性雕刻上。

魏晋南北朝是一个佛教思想与儒学思想碰撞、交融的时期。统治者利用宗教大建寺庙，凿窟造像，利用直观的造型艺术宣传统治者思想和教义。代表性的石窟为敦煌石窟、云冈石窟、龙门石窟、麦积山石窟等。石窟内雕塑大量的佛像，有石雕、木雕、泥塑、铸铜等，佛像雕塑遂成为当时中国雕塑的主体。这个时期的雕塑较注重细部的刻画，技术更圆转纯熟，雕塑形象和题材大都为宗教题材，因而雕塑形象具有神化倾向和夸张的特征。宗教使雕塑艺术的题材单一化，但宗教精神的内在动力也促进了大量精品的诞生。

隋唐时代雕塑艺术的发展出现新高峰。经过隋和初唐的过渡阶段，融汇了南北朝时北方和南方雕塑艺术的成就，又通过丝绸之路汲取了域外艺术的养分，使雕塑艺术大放异彩，创造出具有时代风格的不朽杰作。隋唐是中国封建社会的鼎盛期，也是文学艺术发展的鼎盛期。宗教造像艺术、陵墓的装饰雕刻艺术、陪葬的陶瓷雕塑艺术、肖像造型艺术等都进入了一个空前繁荣时期。此时的佛雕作品既有博大凝重之态，又不失典雅鲜活之美。其雕塑风格的多样化与技巧的纯熟已达到了较高的水平。

宋代时期佛教日趋衰落，因此，宋代的佛教雕塑无论内容还是风格都明显世俗化，那些神圣不可及的面貌渐渐模糊了，代之而起的是更接近现实生活的形象。在世俗题材方面，宋的陵墓石刻多沿袭唐之传统，但气势渐弱。继中晚唐之后的宋代雕塑进一步生活化、世俗化，创作手法上趋于写实风格，材料使用上则更加广泛。宋代的彩塑较为发达，在佛雕造像上与唐代相比有了较大变化，此时的佛雕造像以观音菩萨居多。

元朝之前，蒙古族统治者便先后仿照汉族建筑样式，营建上都及大都两个都城。而分布于各地的寺庙塑像、石窟造像等亦展示了元代雕塑艺术的概貌。进入元代，统治者重视手工业，雕塑作为其中重要的组成部分也得到了一定的发展。

明清两代，宗教观念进一步淡薄，雕塑艺术多趋于装饰化和工艺化。这些雕塑大多更强调实用性与玩赏性功能，体现出工艺品的特色。这些装饰性、玩赏性的作品往往不受陈规限制，面貌各异，这也可以算是明清时期雕塑艺术的一个亮点。其作品造型一般小巧玲珑、晶莹剔透、精雕细琢，缺乏大气之作和大型之作，艺术上逐渐转向个人化、内聚性的风格。此时期各种小型的案头陈设雕塑和工艺品装饰雕刻有了显著的发展，出现了生机勃勃的景象，代表着这一历史时期雕塑艺术的新成就。

进入20世纪后，中国传统的宗教雕塑已处于衰落时期，民间小型雕塑虽很繁荣，但未能成为主流。辛亥革命及五四运动前后，许多青年赴英国、美国、日本等国学习雕塑。他们归国以后，成为中国近现代雕塑艺术的开拓者，促进了中国各种形式雕塑的发展。

中华人民共和国成立后，中国的架上雕塑、大型纪念性雕塑、园林雕塑、城市环境雕塑、民间雕塑与大型泥塑群像等雕塑艺术都有了长足发展，标志着中国雕塑艺术又进入了一个全新的阶段。

（三）中国古代雕塑的美学特征

1.实用性明显

中国古代雕塑讲究实用，宗教雕塑是为了营造宗教氛围、诠释宗教教义，激发更多信众的宗教热情。陵墓雕刻为墓主宣扬生前业绩，构筑身后乐园，驱邪镇兽，继续享乐生活。小品雕塑渗透了更多的民俗观念，或托物言志，或借物传情，表达农耕时代人们的美好祝愿。

在中国远古时期，人们对世界的认识还处于一个低级阶段，因此就非常重视礼教，敬仰鬼神。当时艺术的重心则倾向于工艺美术，在礼器、祭器上的成就比较突出，形成了深厚的传统，并产生了很大的影响。从陶器、青铜器、玉器和漆器等工艺品发展出以装饰功能为主的实用性雕塑，在历代都占据着主流地位。除此之外，实用性还反映在明器艺术和宗教造像上。明器是随葬品，其中以俑和动物为主的雕塑品占有重要地位，如秦陵兵马俑和唐三彩俑、马。俑是人殉的取代物，动物雕塑也用来代替活体陪葬，故而它们的实用性很强，并非纯粹的雕塑艺术品。

2.装饰性突出

中国古代雕塑的装饰性相当突出，这是孕育于工艺美术所带来的必然胎记。由于中国古代偏重于工艺美术，因此，无论是人物还是动物，也无论是明器、宗教造像还是建筑装饰雕刻，都普遍具有浓厚的装饰意味。

在古代雕塑的发展中，商周青铜器立体造型的装饰有浅浮雕、高浮雕和圆雕等不同的手法，与先秦的石雕、骨雕表现手法一致，生动地刻画了各种物象。在北魏时期的云冈石窟造像中已显示出鲜明的中国特色，佛像的对称坐式，双领下垂式袈裟的图案化的衣纹处理，使之显出浓厚的装饰性，与西方写实性的宗教神像和印度本土夸张的神像相比，中国佛像既有目光下视嘴角微动的和蔼亲切，又有螺发、内髻、双耳垂肩的非人间的神秘。隋唐以来，装饰性的雕刻艺术达到空前的高峰，从艺术的典型因素来看，大足石刻和云冈北魏露天坐像、南朝的辟邪和唐代的石狮，其刻在佛像身部及附件上的饰纹，将图案化了的装饰纹样以统一的手法合情合理地组织起来，从整体到局部衬托着活力无比的佛神。大足石刻中"如意珠观音"披袈裟，挂璎珞，花簇满身，花冠精巧异常，衣褶贴体，加之佛像的对称式坐姿和图案化的袈裟花纹，使之显出最佳的形式，装饰感极强，富有浓郁的中国风情。与此同时，装饰性对于增强佛像题材所表现的庄严肃穆气氛，也体现着规范性和严格性，所选用的形式、内容都是围绕着佛文化而展示演绎的，融合着青铜器和玉器的某种形式、线刻图案来加强这种装饰品格。经过装饰艺术洗礼的石兽在现实中呈现的形象，往往比写实雕刻的石兽更威风、更勇猛，更显出神圣不可侵犯的身姿，树立它们镇邪主权的神威。

3.绘画性强烈

中国古代雕塑和绘画最早是作为工艺美术的两种装饰性手法而存在的，天然的联系使它们在后来的发展过程中相互影响，密不可分。雕塑上加彩可以提高雕塑的表现能力，泥塑、石刻和木雕都有"妆銮"的传统，尤其是民间雕塑。在中国古代绘画受到更多的重视，尤其是东汉之后，文人士大夫开始参与绘画创作，五代有了专门管理绘画的机构——画院，有了职业画工——宫廷画师，甚至帝王、贵族也参与其中，成为绘画创作中的核心力量。作为上层建筑的所有者，使绘画地位高高凌驾于雕塑之上，使雕塑染上了明显的绘画性。东晋的戴逵、戴颙父子,唐代的杨惠子本身就是画家兼雕塑家,也是为数不多的能够名垂于雕塑史的顶级人物。中国古代雕塑不大注重体积、空间和块面,而是注重轮廓线、衣纹的节奏和韵律,这些线条都是经过加工推敲,局部仍有很强的平面感,强调的是绘画的平面效果。通常雕塑表面光滑没有太多的起伏变化,从汉代的陶俑、敦煌的彩塑到晋祠的侍女、昆明筇竹寺的罗汉可以看出这一特点的传承关系。至今民间匠师在创作雕塑时还是先勾人物线描复制雕塑、雕而刻之。可见从创作理念到创作过程到作品之间的因果关系,中国人正是以绘画艺术的标准去把握雕塑的。

4.意象性超凡

中国古代的艺术是从民间走出来的,中国的艺术在不断传承中,是源于自然,高于生活的。中国的绘画与雕塑无论从形式到造型都浸透着浪漫与现实的结合,显示着艺术的功底与艺术的思想。从中国艺术的背景来看,雕塑和绘画是在工艺美术的母体中产生共存的。在漫长的千年进程中,它们只是工艺美术形式中不同的两种艺术形态,两种装饰手法,这就使得绘塑在共融中发展,也就使得线刻和平面性浮雕、画刻高度结合的中国造型方法能发达与持久的主要原因。

文人画一个十分突出的特点就是其作品不求肖似,但求神似,具有高度的意象性。他们以纸、绢的空白为背景,依据观察体验所获得的印象,再加上想象,不求空间深度,而把注意力放在物象的"神韵"表现上,经过主观加工美化而形成艺术形象。中国古代雕塑也是如此,而且几乎贯穿了整个中国古代雕塑史。如从汉唐陶俑、霍去病墓石雕、历代宗教造像等身上,我们可以看到中国雕塑"以形写神"的艺术效果,无不显示出强烈的意象性特色。从整体的艺术形式来看,中国古代雕塑总的趋势与艺术表达是以意象为主的,但精与粗、主与次的对比是把握得很好的。重头部的刻画,头部是艺术首要表现的部分,所以在中国古代的绘画与雕塑中,头大身小是一种人为的、程式性的造型。在头部的装饰也是下了大功夫的,重在传神与美化,龙门奉先等大佛服侍菩萨与天王力士像都明显地头大身小,但依然很美,可以说这是中国古代雕塑意象描写中扎实与精美之处。

5.简约性

由于受意象性的影响,中国古代雕塑家始终重视从中国古代绘画中吸取营养,运用夸张乃至变形来强调人与动物的神韵,用简练明快、以少胜多的表现手法,达到了雕塑语言的多变性和雕塑空间的自由性这种境界,给人一种淋漓尽致、一气呵成的艺术享受。以霍去病墓的石兽为例,它按照天然石块的形状,采取"因势象形"的手法,特别是利用整块巨石的质感、量感和张力,联想到生活中动物的形象,灵活运用圆雕、浮雕和线刻,去粗取精、删繁就简,只做最低限度的艺术加工,赋予石头以鲜活的生命力,在中国古代雕塑发展史上是一座划时代的里程碑。

6.含蓄性

中国古代以"温柔敦厚"为诗之旨,这和中华民族的生活条件、地理环境、哲学思想、伦理道德观及其他文化因素密切相关。雕塑也是这样,神龙露首不露尾,含不尽之意于像外。没有剑拔弩张、向外张扬的火气,而是像中国书画用笔藏锋那样将力量包裹在内部,给人以更多的品味空间。例如,严阵以待的秦兵马俑、载歌载舞的汉唐女俑、孔武威风的唐代天王力士,乃至雄强猛厉的南北朝辟邪和唐代石狮,都明显地带有这种特点。比之西方掷铁饼者的紧张迸发和拉奥群雕情绪激烈的外露,就能更好地领悟中国古代雕塑蓄而不发的美感,从中也可以看出它是与中国艺术的审美理想是一致的。

二、雕塑作品欣赏

(一)中国古代雕塑

1.人面方鼎(湖南省宁乡县黄村寨子山出土)

【作品简析】 高38.5厘米,口长29.8厘米,宽23.7厘米,器体呈长方形,立耳,四柱状足,为商代后期鼎常见的样式。

图4-21-1 人面方鼎

鼎腹的四面各以浮雕式人面作主体装饰,面部较为写实,特征突出,十分醒目。表情威严肃穆,高颧骨,双眼圆睁,眉弯曲,唇紧闭。双耳肥大,上饰勾云纹,下有手爪形纹饰。地衬云雷纹。腹部四角有外凸的扉棱,并带有齿状凸饰,使形体庄重而富于动势。足上部饰兽面纹,也饰扉棱,与腹部呼应,下有三道弦纹。耳外侧饰阴线夔龙纹。整个装饰层次丰富,清晰精致,主题鲜明。

2.秦始皇兵马俑

图4-21-2 秦始皇兵马俑

【作品简析】 位于秦始皇陵园东侧1500米处的秦始皇兵马俑陪葬坑坐西向东,三坑呈品字形排列。最早发现的是一号俑坑,呈长方形,东西长230米,南北宽62米,深约5米,总面积14260平方米,四面有斜坡门道,左右两侧又各有一个兵马俑坑,现称二号坑和三号坑。秦始皇兵马俑陪葬坑,是世界最大的地下军事博物馆。俑坑布局合理,结构奇特,在深5米左右的坑底,每隔3米架起一道东西向的承重墙,兵马俑排列在墙间空当的过洞中。

兵马俑的发掘,给世人展示了秦代雕塑艺术的辉煌成就。其兵俑形态各异、栩栩如生;

其马俑身材矫健、活灵活现。人物雕塑更注重面部的形象刻画,仪态万千、精细逼真。秦俑坑发掘的铜马车更是雕塑艺术史上的奇迹,充分体现了主导那个时代的高大、雄健风尚。

从总体来看,秦代雕塑的风格特点是浑厚雄健,朴实厚重,庞大强壮,气魄宏大,体现出封建社会上升期的积极向上、朝气蓬勃的精神风貌,具有崇高的力和数的巨大、超常的审美特征。

3.龙门石窟

图 4-21-3　古阳洞

图 4-21-4　卢舍那

【作品简析】　龙门石窟在经历魏、晋、唐多个朝代的开凿后,虽历经千年岁月的风霜,但仍不失其神秘华丽之彩。龙门奉先寺群雕更显示出大唐帝国的强盛,其中奉先寺大卢舍那佛龛是最为辉煌的杰作。其九尊一铺的形式为一佛、二弟子、二菩萨、二天王、二力士,还有二尊供养人雕像。它是一个有主有宾、层次井然的有机整体。这也体现出意象造型中强调人是审美主体的观念。

古阳洞开凿于北魏时,距今已有1500年历史,是龙门石窟中开凿最早的一个石窟。洞内小窟十分多,精巧富丽,是研究北魏石窟艺术的珍贵资料。

(二)中国现代雕塑

1. 人民英雄纪念碑浮雕之《胜利渡长江》

图 4-21-5　人民英雄纪念碑

【作品简析】　人民英雄纪念碑浮雕设计始于 1953 年,由多位著名雕塑家、画家参加。每件浮雕都表现了一定的历史事件:东边第一块是《虎门销烟》,描绘 1939 年湖广总督林则徐领导群众在广东虎门销毁收缴的鸦片,作者曾竹韶;第二块是《金田起义》,描绘 1851 年 1 月 11 日洪秀全在广西桂平县金田村率众起义,建立"太平天国"的史实,作者王丙召;南边第一块是《武昌起义》,描绘 1911 年 10 月 10 日革命党人武昌起义,号召各省响应革命,推翻清政府,作者傅天仇;第三块是《五四运动》,描绘 1919 年 5 月 4 日北京青年学生运动,体现人民"外争国权,内惩国贼"的爱国热情,作者滑田友;第四块是《五卅运动》,描绘 1925 年上海日本纱厂因共产党员顾正红被枪杀而爆发的示威运动,作者王临乙;西面第一块是《南昌起义》,描绘党领导的八一南昌起义,开展武装斗争,作者萧传玖;第二块是《游击战》,描绘人民战争中的游击战,作者张松鹤;正面浮雕是《胜利渡长江,解放全中国》《支援前线》《欢迎人民解放军》,描绘解放战争的伟大胜利,体现中国全民共同斗争的精神,作者刘开渠等。十幅浮雕概括地描绘了中国近代革命史,是中华人民共和国成立后美术家重要的集体创作。其总体风格写实,既有近现代国际美术的影响,又具有本国特色,对以后雕塑的创作和发展具有明显影响。

2.烈士就义群雕

【作品简析】　雨花台烈士就义群雕建成于 1979 年,坐落在雨花台就义烈士最多的北殉难处,背靠主峰。群雕由 9 位烈士塑像组成,气宇轩昂,凛然正气,再现了烈士的英雄形象。群雕高 10.03 米,宽 14.2 米,厚 5.6 米,由 179 块花岗石组装成,总重量 1374 吨。群雕两侧植鸡爪枫、枫香、红枫,群雕背靠的主峰植常绿松柏,以示烈士鲜血染红大地和革命精神万古长青。

图 4-21-6　烈士就义群雕

3.收租院

图 4-21-7　收租院

【作品简析】　收租院是根据当年地主收租情况,在现场构思创作,共塑 7 组群像:交租、验租、风谷、过斗、算账、逼租、反抗。它们以情节连续形式展示出地主剥削农民的主要手段——收租的全过程,共塑造了 114 个真人大小的人物。雕塑家将西洋雕塑技巧与中国民间传统泥塑的技巧融而为一,生动、深刻地塑造出如此众多不同身份、年龄和个性的形象,可谓中国现代雕塑史上空前的创举。群像与收租环境浑然一体,收租情节与人物心理刻画惊心动魄,集中地再现了封建地主阶级对农民的残酷剥削压迫,迫使他们走向反抗道路的历史事实。在这组作品中,写实风格和泥土材料的运用颇为恰当,中、西雕塑技巧的融合也收到了和谐统一的效果。

探究思考

1.比较中西方雕塑的异同。

2.欣赏1~2幅西方著名雕塑作品。

知识链接

雕塑制作方法（泥雕）

1.备泥加工

把直接取自地下的泥去掉杂质,用木槌、木棒敲砸进行人工捣炼,有条件的可用捣泥机加工。太湿的泥,要先放在室内通风处,让泥土吹干达到合适的湿度;太干的泥则要将泥土砸碎,放在容器内,浇上适量的水浸泡,然后再进行捣炼,最后要使泥土达到软硬适度又不黏手为佳。加工好的泥块要放在缸内或其他盛具内,用湿布或塑料布盖好以保持一定的湿度,备用。

2.搭内骨架

搭制骨架常用木、木板、铁丝、钢筋、铁钉等。泥塑的骨架像人的骨骼一样,起着支撑和连接的作用,它是泥塑的基础条件,不可忽视。

3.上大泥堆大形

泥与骨架备好以后,就可以动手上泥了。先在骨架上喷一次水,以便泥块与骨架能牢固地结合,不易掉落。

上泥时,将泥块一块一块地堆贴在骨架上,用手按紧、拍实,然后层层加泥,用木槌或拍泥板将泥砸实贴牢。

上大泥时,要从大处着眼,从整体入手,切忌缩手缩脚,陷入局部细节的塑造中。

雕塑是三维的实体,每添一块泥都要照顾到各个视角之间的关系,要经常转动雕塑台,不断进行观察比较。泥不要一次堆足,只要堆出大形即可。

4.深入塑造

在以大的形体与比例为准的基础上,便可进入深入塑造的阶段。

随着局部和细部的深入,使泥塑的体量逐渐到位。做局部要经常与整体比较,使局部服从整体。

在深入塑造的过程中,要不断调整和把握整体与局部的关系,处理局部与细部的关系,也要反复推敲,始终掌握"整体—局部—整体"的原则。只有整体把握得准确,局部才能做得准确,而局部做准确了,也更充实完善了整体。

往往在深入刻画局部时精力十分集中,常在一个面上塑造时间太久而忘了转动雕塑台,这样越是做得细致,体积也越容易拉平,所以要注意始终保持整体的观察和塑造。

另外,要注意对称关系,可在泥塑上画中心线来检查、比较和修正。

5.调整统一

在深入阶段,难免会出现某些局部的细节表现得过分突出,形体的大转折被削弱,形体间缺乏连贯或处理僵硬等,在调整统一阶段就要把它调整到整体的大的关系上来。

泥塑圆雕在制作过程中要注意经常对泥塑作品喷水,特别在夏季水分容易挥发,更要定时喷水,使泥始终保持在合适的干湿程度,以便塑造形体。在冬季气温低,如不注意泥塑保暖,经冻结,整个泥塑会松裂,所以要在暖和的室内工作室工作,这样泥塑才不至于松裂。每次工作结束以后,要用塑料布把泥塑包好,使泥塑不易干裂,其水分不易挥发,以便继续塑造。

教学任务 22　堆砌的历史——中国建筑

一、建筑艺术概述

建筑是建筑物和构筑物的统称,是人们为了满足社会生活需要,利用所掌握的物质技术手段,并运用一定的科学规律、风水理念和美学法则创造的人工环境。建筑艺术是一种立体艺术形式,是通过对建筑群体组织,建筑物的形体、平面布置、立面形式、内外空间组织、结构造型,亦即建筑的装饰、绘画、雕刻、花纹、庭园、家具陈设等多方面的考虑和处理所形成的一门综合性艺术。它是占据庞大空间的立体造型艺术,是实用与审美相结合的产物,是艺术与科学技术的结合。

(一)中国古代建筑的类型

中国古代建筑类型很多,归纳起来主要有下述几大类。

1.皇权至上的宫殿建筑

经考古发现,我国早在三千多年前的商周时期,就出现了宫殿建筑,而且还形成了一系列的规制,包括"前堂后室"制、"六宫六寝"制、"三朝五门"制、沿中轴线排列的宫寝式等。宋代聂崇义在《三礼图集注》中绘制的《周代宫寝制图》中,对周代的"三朝"和"六宫六寝"的布局作了细致的描述。"三朝"即进门以后的三殿;再往里走,到寝宫门后有六殿,即"六寝";"六寝"再往里走,就是后宫,即"六宫"。周代后庭六寝六宫的布局形式,以轴线排列六寝在前,六宫在后,规划齐整,主次分明。

在中国古代的宫殿建筑中,总是有一条中轴线,之所以有这样一条中轴线,目的是为了凸显君王或帝王的中心地位。因此,在古代的城市规划中,尤其是与宫殿建筑有关的城市规划中,总是要以中轴线为中心进行规划和布局,形成"左祖右社""前朝后市"的格局,也就是左面为太庙,右面为社稷坛;前面为朝廷,后面为市场的规划模式。

周朝形成的一系列宫殿制度对后世影响巨大,后世各朝基本上都承袭了周代的宫殿建筑规制。

2.威严静穆的陵墓建筑

中国古代对于人的生和死同等重视,讲究"事死如事生"。儒家主张"生,人之始也;死,人之终也。终始俱善,人道毕矣。故君子敬始而慎终"。因此,君、亲去世后,大都厚葬并以时祭享,形成习俗,逐渐就有了专供安葬并祭祀逝者的陵墓建筑。随着时间的流逝,现在遗留下来的多为帝王或贵族的陵墓。

我国古代的陵墓建筑特别是帝王陵墓在地理位置、环境、形制、规格、墓道的大小、随葬品的多少、地上地下建筑的构思与布局上等都十分考究。这些陵墓,除少数建造在平原上外,一般都是利用自然地形,靠山建坟。尤其是地面建筑,更要彰显帝王生前的威严与气度,这已经成为帝王陵墓建筑的共同特征。从布局来说,都是在陵园的四面筑上陵墙,四角建造角楼。陵前建有神道,神道上建有门阙,还有石人、石兽的雕像,给人一种肃穆、宁静之感。

目前我国著名的陵墓有秦朝的秦始皇陵、汉代的茂陵、唐代的乾陵、明代的十三陵、清代的东陵西陵等。

3.融于自然的宗教建筑

我国宗教建筑很多,不同于欧洲教堂常常耸立于闹市中心,几乎随处可见,而中国的宗教建筑则喜欢隐居于风景秀美的山川,"名山"与"古刹"往往相得益彰。五台、普陀、九华、峨眉是中国佛教四大名山,武当与青城是道教名山。

"寺"是佛教建筑的通称。佛教于东汉时期传入我国,朝廷对佛教持保护态度,于是,各地佛教寺庙兴起,我国最早的佛教寺庙——洛阳白马寺因此诞生。北魏时期,上层统治阶级掀起信奉佛教的狂热,"舍宅为寺""以前厅为佛殿,后堂为讲堂",其建筑空间安排与住宅、宫殿一致,成为后世寺院建筑格局的主流。中国佛寺普遍采用对称布局,沿中轴线布置山门、天王殿、大雄宝殿、本寺主供菩萨殿、法堂、藏经楼等,两边布置供香客、僧人居住的生活用房。

"塔"是一种古老的佛教建筑。古印度的塔最早是供养释迦牟尼"舍利"(佛身焚化后形成的颗粒)和供奉佛像、佛经之用的。塔随佛教传入中国后,中国的工匠们将印度原有的覆盆式造型与中国传统的楼阁相结合,便产生了楼阁式的佛塔。塔一般由地宫、基座、塔身、塔刹组成。平面以方形、八角形为多,有实心、空心、单塔、双塔。按建筑材料可分为木塔、砖石塔、金属塔、琉璃塔等;按类型可分为楼阁式塔、密檐塔、喇嘛塔、金刚宝座塔和墓塔等,层数一般为单数,如三、五、七、九、十一、十三层等。

"宫"和"观"一般是道教建筑的名称。与佛教建筑相似,道教建筑建于山上的占绝大多数,然而这种取向又有其独特的思想基础:受"道法自然"思想的影响,顺应自然、回归自然成为其必然追求;将"得道成仙"作为最终目标,寻觅"仙山"修炼成为其必然选择。

4.和谐有序的民居

不同的自然环境和不同的历史文化发展水平,造就了人类不同的居住形式。中国传统民居深受宗法伦理思想与阴阳五行学说影响。中国古代宗法伦理中的"礼"讲究的是父尊子卑、长幼有序、男女有别。表现在建筑布局上,就是父母居住的正屋安排在整个组群的中轴线上,位置居中;子孙辈居住的厢房对称排列在正屋东西两旁;父辈与子孙辈的居室在建筑规模、室内装饰和陈设上也有等级之分。男女之别反映在居室布局上,就是男处外庭、女居内室。

中国地域广大,民族众多,不同的地理环境与民族风俗,使分布在各地的民居在遵循中国传统建筑基本规律的前提下,具有浓郁的地方特色和民族风情。比如在我国南方和北方均普遍流行的四合院,我国河南、山西、陕西、甘肃等地盛行的土窑洞,蒙古族居住的蒙古包,福建客家人建造的土楼,盛行于明清时期的江南水乡民宅,都各具特色。

5.宛自天开的园林

中国古典园林集中了建筑、绘画、文学、园艺等艺术精华,是中国建筑中综合性最强、艺术性最高的一种类型。中国传统园林是自然山水式园林，明末园艺家计成在他著名的《园冶》中提出造园的最高准则是"虽由人作，宛自天开"，因此，追求自然山水之美成为中国园林的显著特征。

中国古典园林可分为皇家园林和私家园林两大类。它们都是人工营造出来的山水环境，在功能上都是游乐、休息的场所，但由于园林占地大小的差别和二者追求意境的不同，其景观效果也各不相同。皇家园林规模宏大，景观开阔而畅朗，自显雍容雄奇的皇家风范。皇家园林中还多有模仿江南名胜和著名私家园林的景观。私家园林规模不大，通常采用"园虽小而诸景皆备"的"壶中天地"范式，追求雅致淡泊的意境。无论何种园林，都是中国造园名家的精心之作，都具有一些共同的艺术技巧和审美追求。

（二）中国古代建筑的特征

中国古代建筑与中国悠久的历史、特定的自然环境、不同民族的风俗习惯等均有十分密切的关系，体现出如下特征。

1.功能与审美的和谐

建筑的功能主要体现在它的实用性，建筑的目的是为了"用"，而不是为了"看"，但同时，建筑同工艺一样是从实用的基础上发展起来的，所以仅有实用是不够的，还要满足人们的审美需要，讲究艺术性。因此，好的建筑应该是实用功能性和审美功能性紧密结合在一起，达到和谐统一的建筑。同时，建筑的审美功能往往借助其他艺术门类来实现，有的还能起到画龙点睛的作用，雕塑、绘画（主要是壁画）、园艺、工艺美术甚至音乐都能融合到建筑艺术中去，而中国古代建筑正是如此。中国古代建筑是以群体取胜，形成群体序列的特征和序列展开的效果，除了主体建筑本身，往往也要依靠这些附属的艺术，如华表、石狮、灯炉、屏障、碑碣等，单独的建筑也常用壁画、匾联、碑刻、雕塑来加以说明。比如北京故宫，既是世界最大的古代建筑群落，也是功能与审美完美结合的伟大杰作。再比如古代的民间建筑，像北京的四合院、三峡的杨家湾老屋、重庆合川钓鱼城古街镇等，都有功能的实用和富有美感的特点，这是我国古代建筑共有的一个特征。

2.以木材为主要的建筑材料

我国古代森林资源十分丰富，加上木结构建筑具有防潮、抗震、有硬度、有韧性、易拆迁、易钉铆、框架结构分隔灵活等特点，所以，木材被大量地应用到建筑领域，使得我国古代建筑基本都是木构建筑，并形成梁柱式的结构体系。这种结构由立柱和横梁等主要构件组成，各构件之间的节点用榫卯相结合，构成富有弹性的框架。在后来的长期发展过程中，又创造了"斗拱"这种独特的结构形式，成为中国古建筑结构的一个重要特征。北京故宫是我国最重要的宫殿建筑，其主要材料就是木材。除了中国古代官方建筑材料以木材为主外，中国的民用建筑，如北方的四合院、南方的杆栏式（吊脚楼）建筑等，基本都采用木材构筑。

3.整体对称且布局合理

在我国，无论故宫还是颐和园，无论长城还是兵马俑，无论是江南水乡的园林建筑还是古代皇家的陵墓，都讲究整齐对称，布局合理，但同时，在房与房、屋与屋之间，往往采用廊榭、花坛等过渡或间隔，使其疏密有致。

4.注重装饰

我国古代工匠具有富于浪漫主义的创作思想和娴熟高超的技艺,在中国古代建筑艺术中,装饰成为很重要的一个组成部分。中国古代建筑的装饰包括对大木、小木、砖、瓦、石、油诸作的艺术处理,以及为创造艺术环境而设置的建筑小品。大木作装饰主要是构件的卷杀和端部的艺术处理,如柱端卷杀形成梭柱和梁枋端头做成霸王拳、蚂蚱头等。小木作装饰是对门窗、廊檐、天花及室内分隔构件的艺术处理,如重要建筑中的大门会装有铜铺首、门钉,隔扇门下部的裙板、绦环板作雕花处理,屋架上施以天花藻井等。砖瓦石作装饰主要对房屋瓦件、墙面、台基、地面铺装的处理,如屋脊的正吻、仙人走兽,屋檐的滴水,墙面的砖浮雕。油漆彩画是对木材料进行加工处理的重要手段,既起到保护木材的作用,本身又具有很好的装饰效果。建筑小品主要是对重要建筑起到衬托和渲染气氛的作用,如北京故宫内的华表、日晷、嘉量、铜龟鹤等。

中国古代建筑是祖先给我们留下的一份丰厚的文化遗产。中国古代建筑表面上看似静止不动,却无时无刻不涌动着祖先的大智大慧以及中国文化鲜活的气息。

二、建筑艺术作品赏析

1.北京故宫建筑群(明、清)

北京故宫,旧称紫禁城,是明、清两代的皇宫,位于北京旧城的中心,始建于明成祖永乐五年(1407),永乐十八年(1420)竣工。设计者蒯祥,人称蒯鲁班。明、清两代曾对故宫不断修建和扩建。现存大部分建筑为清代所建,但总体布局仍保持着原来的面貌。占地72万余平方米,纵深961米,横宽753米。总建筑面积15万平方米,屋宇有9000余间。四周有高达10余米的宫墙,宫墙四角矗立风格绮丽的角楼,墙外有宽52米的护城河环绕,组成一座森严的城堡。

宫殿建筑是皇权的象征,明清故宫的设计思想也是如此,它的总体规划和建筑形制体现了封建宗法制度和象征着帝王的权威,这一点要比实际使用功能更为重要。为了显示严肃齐整的气氛,主要建筑严格对称地布置在中轴线上,次要建筑则分布在中辖线的两侧。

整个宫城共分外朝、内廷两个部分,即前朝后寝。外朝以太和、中和、保和三大殿为主,是宫城的重心,皇帝在这里主持朝政。在三大殿之中又以举行朝会、大典(如皇帝登基、寿庆、春节、出兵征讨等活动)的太和殿(又称金銮殿)为主要建筑。太和殿前面有太和门,两侧有文华、武英两组宫殿。内廷以乾清宫、交泰殿、坤宁宫(在明代是帝后居住的地方)为主。这组宫殿的两侧有东六宫、西六宫、宁寿宫、慈宁宫等,最后是一座御花园。内廷是皇帝处理日常政务和皇帝、后妃、皇子们居住、游玩和奉神的地方。

太和殿是故宫建筑群的中枢,高35.05米。在它的前面有宽阔的广场,它耸立在8.13米高、分3层的汉白玉台基上,是故宫建筑群中最高的建筑。重檐庑殿的屋顶以黄色琉璃瓦铺盖,屋顶有仙人和走兽11件;御路和栏杆上的雕刻与彩画、藻井图案使用龙、凤等题材,色彩中用了大量的金色;月台上设有日晷、嘉量各一个,铜龟、铜鹤各一对,铜鼎18座。太和殿前面要经过重重的门楼和形状不一的庭院,由大清门(即前门)经天安门、端门、午门、太和门才能到达宫城中台基最高大、建筑最宏伟壮观的太和殿。一切有节奏的空间组合和体量的差异,以及局部的艺术渲染都烘托出这座主殿至高无上的权威感。

在重重的门楼中,天安门最为庄重华丽,门前的御街横向展开,构成宽阔的广场,五座石桥横跨金水河上。通过空间的变化和陈列在门前的华表、石狮、石桥,有力地衬托出这座皇城门楼的雄伟庄重。故宫外朝与内廷的建筑气氛迥然不同,外朝雄伟庄严,豪华壮丽;内廷则庭院错杂,自成体系,富有情趣。

图 4-22-1　北京故宫

总之,故宫建筑群体现了我国古代建筑艺术的特殊风格和杰出成就。它是我国古代建筑的精华,也是世界上最优秀的建筑群之一。

2.中国长城

长城位于中国北部,东起山海关,西到嘉峪关,全长约 6700 千米,通称万里长城。长城的修建持续了两千多年,根据历史记载,从公元前 7 世纪楚国筑"方城"开始,至明代(1368—1644)共有 20 多个诸侯国和封建王朝修筑过长城,其中秦、汉、明三个朝代长城的长度都超过了 5000 千米。如果把各个时代修筑的长城加起来,总长度超过了 50000 千米;如果把修建长城的砖石土方筑一道 1 米厚、5 米高的大墙,这道墙可以环绕地球一周有余。

长城的主体工程是绵延万里的高大城墙,大都建在山岭最高处,沿着山脊把蜿蜒无尽的山势勾画出清晰的轮廓,塑造出奔腾飞跃、气势磅礴的巨龙,从而成为中华民族的象征。在万里城墙上,分布着百座雄关、隘口,成千上万座敌台、烽火台,打破了城墙的单调感。

中国万里长城是世界上修建时间最长,工程量最大的冷兵器战争时代的国家军事性防御工程,凝聚着我们祖先的血汗和智慧,是中华民族的象征和骄傲。

秦始皇为了修筑长城动用了 30 万人,创造了人类建筑史上的奇迹。长城的修建客观上起到了防止匈奴南侵,保护中原经济文化发展的积极作用。孙中山先生曾评价道:"始皇虽无道,而长城之有功于后世,实上大禹治水等。"

图 4-22-2　长城

长城有极高的旅游观光价值和历史文化意义。各地的长城景观中,北京八达岭长城建筑得特别坚固,保存也最完好,是观赏长城的最佳地方。此外还有金山岭长城、慕田峪长城、司马台长城、古北口长城等。天津黄崖关长城、河北山海关、甘肃嘉峪关也都是著名的长城游览胜地。如今,长城与埃及的金字塔、罗马的斗兽场、意大利的比萨斜塔等同被誉为"世界七大奇迹",是中华民族古老文化的丰碑

和智慧结晶,象征着中华民族的血脉相承和民族精神。长城于 1987 年 12 月被列入《世界遗产名录》。

3.苏州拙政园

图 4-22-3　苏州拙政园

富有诗情画意的园林艺术是我国很有代表性的建筑形式之一。园林建筑因地制宜掘池造山，利用自然环境组织借景，建造亭、台、楼、阁、廊、馆、桥、花墙、漏窗、石径等，配以山水、树石、花木，组成各种艺术形象和艺术意境的园景。欣赏园林，就像浏览一幅山水画卷，身临其境：或穿林越涧，或临池俯瞰；或登山远眺，或入谷探幽；或入室，或登楼。时隐时现的景物不断变化，产生无穷的意境和丰富的联想。

位于苏州市娄门内东北街的苏州拙政园，是苏州四大名园之一。园址原为大宏寺，明代御史王献臣在正德年间（1506—1521）辞职回乡买下寺产改建成私人园林，取名拙政园。现存拙政园已经过各代的修整和扩建，分为东、西、中三个部分，总面积为 62 亩，其中水面占 3/5。中部占地 18.5 亩，其中水面占 1/3，是全园的精华所在。中部正中为水池、山石、树木，建筑比较疏朗自然，其中远香堂是一座四面厅，四周景色呈现窗前。堂前假山略有起伏，北面临水筑月台，池水以土山分隔，形似两座小岛，山上树木葱翠，有雪香云蔚亭和待霜亭。沿池植垂柳，长廊北面有见山楼，楼分两层，三面环水，西侧假山一叠，南轩与香洲隔水相望。此外还有小飞虹、小沧浪、得真亭等，重廊复廊，小巧精致。远香堂东枇杷园，入洞门为一院落，内为玲珑馆。从洞门南望嘉实亭，北望雪香云蔚亭，都有独到之处。拙政园水池面积很大，但有聚有分，山径水廊起伏曲折，古木蔽日。园内布局利用自然，采用分割空间、对比借景的手法，借鉴传统的绘画艺术，因地造景，景随步移，成为具有江南特色的古典园林代表作。

探究思考

1.中国建筑与欧洲建筑的风格特点有何不同？

2.讲述一个你亲身游历过的建筑。

3.推荐欣赏：万州钟楼。

知识链接

世界古代七大建筑奇迹

公元前，腓尼基旅行家昂蒂帕克把他认为最伟大的七处建筑称为"世界七大奇迹"，这个提法一直流传到现在。但除了埃及金字塔依旧巍然屹立在沙漠中以外，其他六处都已经湮没在历史的尘埃之中。它们是埃及金字塔、亚历山大灯塔、巴比伦空中花园、阿尔忒弥斯神庙、宙斯神像、摩索拉斯陵墓、罗德岛太阳神巨像。

古代七大奇迹的名册编制于公元前 3 世纪。按今天的标准，我们或许会认为，这七大奇迹就规模而言并非特别引人注目。但是，它们非凡的美丽和久远的年代仍然受到人们由衷的赞美。

实际上"世界七大奇迹"只包含西亚、北非和地中海沿岸的古迹,那只是古代西方人眼中的全部世界,而中国的长城距离他们太远了。

教学任务 23 律动的灵魂——中国民族音乐

一、中国民族音乐概述

音乐是以人的声音或乐器的声音为材料,通过有组织的乐音在时间的流动中创造审美情境的表现艺术。音乐艺术是人类最伟大的创造之一,它为我们展现了一个神奇的世界,营造出无限广阔和神秘莫测之感。德国宗教改革家马丁·路德满怀感激之情地说:"音乐是上帝赐给人类的多种礼物中最美妙的东西。"

(一)中国民族音乐的起源

中华民族音乐的蒙昧时期距今 6700~7000 年。考古发现在新石器时代,先民们已经可以烧制陶埙,挖制骨哨。河南舞阳县贾湖遗址的骨笛可溯源至距今 8000 年左右,是全世界最古老的吹奏乐器。这些原始的乐器无可置疑地告诉人们,当时的人类已经具备对音乐的审美能力。

远古的音乐文化具有歌、舞、乐相结合的特点,葛天氏氏族中的所谓"三人操牛尾,投足以歌八阕"的乐舞就是最好的说明。当时人们所歌咏的内容诸如"敬天常""奋五谷""总禽兽之极"之类,反映了先民对农业、畜牧业以及天地自然规律的认识。

中国古代"诗"与"歌"是不分的,文学和音乐是紧密相连的,现存最早的汉语诗歌总集《诗经》中的诗篇当时都是配有曲调,供人民大众口头传唱的。这个传统一直延续下去,比如汉代的官方诗歌集成就叫《汉乐府》,唐诗、宋词当时也都能歌唱。

《周礼·春官》中把乐器分为金、石、土、革、丝、木、匏、竹八类,称为"八音",也是最早的乐器分类法之一。金音包括编钟、特钟、铙;石音包括编磬、特磬;土音包括埙;革音包括鼓;丝音包括古琴、古瑟;木音包括柷、敔;匏音包括笙、竽;竹音包括箫、笛、管、篪。编钟、磬这两种乐器所发出的音响清脆明亮,被称为"金石之声",是官方认可的"最高雅的声音"。现在所说的丝竹就是丝音和竹音的简称。中国古代乐器主要有埙、缶、筑、排箫、箜篌、筝、古琴、瑟等,乐曲一般缓慢悠扬,主要是为了满足宫廷生活或宗教的需要。到了汉朝和唐朝以后,中国通过西域与国外的交流频繁,汉唐时统治者实行开放政策,勇于吸收外地文化,西方和印度的音乐以及乐器大量流入,源于外国的乐器如笛子、筚篥、琵琶、胡琴等大量为中国音乐所采纳,并被中国人改良发展,逐渐替代了中国原来的本土乐器。

(二)中国民族音乐的类别

中国民族音乐一般分为五大类,即歌曲、歌舞音乐、说唱音乐、戏曲音乐和器乐。每类音乐又各有多种体裁、乐种和作品,如歌曲又有古代歌曲和民间歌曲之分;民间歌曲中又分劳动号子、山歌、小调、长歌及多声部歌曲等不同的体裁;同是山歌,又因地区、民族的不同而风格迥异,各具特点。又如民族乐器,早在两千多年的周代就有七十多种乐器了。现在经常使用的乐器已达两百多种。按其演奏方法和性能,可分为吹管乐器、拉弦乐器、弹弦乐器和打击乐器四类,这些乐器既能独奏,又能组合成各种形式和乐队进行重奏与合奏,并具有独特而丰富的艺术表现力。不同乐器的组合,不同的曲目和演奏风格,形成多种多样的器乐乐种。各种乐器的独奏乐是民族器乐的重要组成部分。此外还有多种具有地方特色的民间器乐合奏形式,如江南丝竹、广东音乐、苏南吹打、潮州锣鼓、河北吹歌等。由民族乐器组成的乐队叫民族乐队,民族乐队常见的编制形式有民族管弦乐队(以管乐器、弦乐器为主)、丝竹乐队、吹打乐队(以管乐器、打击乐器为主)、芦笙乐队等,其中以民族管弦乐队最常见。民族管弦乐队又分为管乐器组、弓乐器组、拨弦乐器组和打击乐器组四个部分。

(三)中国民族音乐的特点

中国的民族音乐艺术是世界上非常具有特色的一种艺术形式。中国民族音乐风格的形成受到各民族所处自然生态环境及其由此而形成的主要生产方式、生活习俗以及语言、宗教等诸多因素的综合影响,反映了中华民族的审美标准、人生观念以及思维方式,具有自身独特特征。

首先,从音乐的构成上来说,中国音乐是以五声调式为基础的音乐。所谓五声调式,是由指宫、商、角、徵、羽这五个音组成的调式,类似于现在简谱中的"1,2,3,5,6"。民族音乐中的六声调式和七声调式是在五声调式的基础上发展起来的。

其次,在音乐的表现形式上,中国音乐注重音乐的横向进行,即旋律的表现性。与中国的书法、绘画等艺术一样,在艺术风格上,中国音乐讲究旋律的韵味处理,对意境的追求,强调形散神不散。传统的中国音乐作品在旋律进行上常常以单旋律的方式进行,对和声的运用较少。

再次,中国传统音乐与舞蹈、诗歌等姊妹艺术也有着密切的关系。在古代,音乐一般都离不开舞蹈,如远古时期的《六代乐舞》、唐朝的歌舞大曲以及唐宋以后兴起的戏曲音乐都体现了音乐与舞蹈的结合。古代的诗歌一般分为诗、词、曲三类,开始都是用来演唱的,只是后来诗歌的功能有了分化。从现代音乐角度来看,歌曲的歌词大都是押韵的,一首好的歌词本身也是一首好的诗歌。

除了具备以上特征外,由于我国民族音乐长期在广大人民群众中流传,被人们反复提炼,且内容多是人民思想感情的真挚流露,是人民生活的生动反映,因此我国民族音乐还具有以下特点。

(1)变异性。由于各个民族的生活环境、人文风俗、性格特征等不同,因此对同一首曲子的理解和领悟能力也各异。以《绣荷包》为例,这首曲子在山西中部和陕西北部就呈现出两种截然不同的风格,前者明媚、俏丽,表现出喜悦之情;后者淳朴、抑郁,流露出凄凉之感。

(2)即兴性。每个人对同一首曲子的理解和演绎都不尽相同,因此在传承过程中,加入了个人的风格及即兴发挥,这也是民族音乐出现新发展的动力所在。因此,即兴性也是民族音乐的一个显著特点。

(3)地方性。我国幅员辽阔、地形复杂、气候多样,因此各民族音乐的地方性首先表现在方言上。我国的 55 个少数民族中,除了回族使用汉语外,其他各民族均有属于本民族的语言,各族歌曲首先以各地方言为基调。其次还表现在各族人民的性格特征上。如北方人较直率、粗犷,因此其音乐风格也较为大方、宽阔,如《好汉歌》;南方人较为细腻、温柔,因此其音乐风格也较为舒缓优美,如《无锡景》。地方性也是民族音乐的一个不可忽视的特点。

音乐,以它独特的艺术美装点着人们的生活,使生活更富有情趣和意义。中国著名音乐家冼星海说:"音乐,是人生最大的快乐;音乐,是生活中的一股清泉;音乐,是陶冶性情的熔炉。"德国伟大的作曲家巴赫已经去世 200 多年,但他的作品在美国每年仍能演奏 500 多场;贝多芬,有史以来最伟大的音乐家,去世已有 150 余年,但在美国每年能有 1800 多场他作品的演出。

二、音乐作品欣赏

1.古琴曲《高山流水》

《高山流水》系古琴曲。据《神奇秘谱》所载《流水》的解题:"高山流水二曲,本只一曲。初志在乎高山,言仁者乐山之意,后者在乎流水,言智者乐水之意。至唐,分为两曲,不分段落,至宋,分高山为四段,流水为八段。"相传在我国春秋时期,俞伯牙投师成连先生学琴,成连带伯牙到东海蓬莱山去实地领略"移情"功夫,伯牙在

图 4-23-1　高山流水

大自然的环境中观察体验后,琴艺大进,成了著名的琴师。而樵夫钟子期对音乐有很高的鉴别欣赏能力,听伯牙弹《高山》,钟子期说:"巍巍乎,若泰山。"伯牙弹《流水》,钟子期又说:"洋洋乎,若江海。"伯牙便说:"善哉,子之心与吾心同。"两人一位善弹,一位善听,遂成为知音。

现在流传的《流水》多为清代琴家张孔山所传。它充分运用了"泛音、滚、拂、绰、注、上、下"等指法,进一步表现了流水中奔腾澎湃的效果,有"七十二滚拂流水"之称。《流水》形象生动地描述了流水的各种动态;有淙淙的山泉、潺潺的小溪、滔滔的江水。用真挚的感情,热情地歌颂了祖国的壮丽山川。全曲共有九个小段,可分为起、承、转、合四大部分。

《高山流水》全曲形象生动,气势磅礴,是一曲对祖国壮丽河山的颂歌。《流水》一曲被录入美国"航天者"号太空船上携带的一张镀金唱片上,于 1977 年 8 月 22 日发射到太空,向宇宙星球的高级生物传播中华民族的智慧和文明信息。

2.小提琴协奏曲《梁山伯与祝英台》

小提琴协奏曲《梁山伯与祝英台》作于 1958 年 12 月至 1959 年 4 月。何占豪、陈钢两位作者当时都是上海音乐学院的学生。这部作品从诞生的那天起便受到舆论界的广泛好评,数十年来,它长演不衰,保持着迷人的艺术魅力,被看作欧洲音乐表现形式与中国传统音乐文化相结合的成功范例,是中国音乐在一个新发展时期具有代表性的作品。

作品取材于中国民间故事"梁山伯与祝英台"。故事情节:祝员外的女儿祝英台,女扮男装去杭州求学,与淳朴、憨厚的穷书生梁山伯同窗三载。当学业结束分别时,祝用各种美妙

图 4-23-2　梁山伯与祝英台

的比喻向梁倾诉蕴藏已久的爱慕之情,但梁山伯却没有领会。一年后,梁得知祝是个女子,便立即向祝求婚,但祝家嫌梁家境贫穷,而把祝英台许配给了马太守之子马文才。由于得不到自由婚姻,梁不久便抑郁而死。祝英台闻此不幸,悲痛万分。在送亲的途中,她来到梁的坟墓前,向封建礼教发出了血泪控诉! 此时坟墓突然裂开,祝毅然投入坟墓之中,梁、祝遂化为一对彩蝶,在花丛中双双飞舞。

这是一部单乐章的标题协奏曲,作者将故事的主要情节概括为乐曲三个部分音乐表现的内容,将这三个部分融于欧洲传统奏鸣曲式的结构框架之中:呈示部(相爱)、展开部(抗婚)、再现部(化蝶)。并以浙江的越剧唱腔为素材,成功地将我国民族音乐与西方作曲技法融为一体,用音乐的形式艺术地再现这一动人的故事。

探究思考

1.中国古典音乐的特点有哪些?

2.开展一次班级音乐会。

3.欣赏一首曲子,在班上交流感受。

知识链接

中国古代名曲欣赏

1.《广陵散》

《广陵散》又名《广陵止息》,是我国古代的一首大型器乐作品。据《神奇秘谱》载录,此曲原是东汉末年流行于广陵地区(即今安徽寿县境内)的民间乐曲,曾用琴、筝、笙、筑等乐器演奏,现仅存古琴曲。

《神奇秘谱》所载《广陵散》,分开指、小序、大序、正声、乱声、后序等共45段。乐曲定弦特别,第二弦与第一弦同音,使低音旋律同时可在这两条弦上奏出,取得强烈的音响效果。此曲之所以能跻身十大古曲之一,还得部分归功于嵇康。魏末著名琴家嵇康因反对司马氏的专政而惨遭杀害,在临行前嵇康从容弹奏此曲以为寄托,弹奏完毕他叹息道:"《广陵散》于今绝矣。"之后《广陵散》名声大振,人们在理解这首乐曲时又多了一层意义,它蕴涵了一种蔑视权贵、愤恨不平的情绪。

2.《平沙落雁》

《平沙落雁》是一首展景抒怀的琴曲,又名《雁落平沙》《平沙》,作者传有唐代陈子昂、宋代毛逊、明代朱权等,众说不一。曲谱最早载于公元1634年(明末崇祯七年)刊印的藩王朱常涝纂集《古音正宗》。此曲原为四段,在流传的过程中发展成六段、七段、八段等不一。

全曲以水墨画般的笔触,淡远而苍劲地勾勒出大自然辽阔壮丽的秋江景色,表现清浅的沙流,云程万里,天际群雁飞鸣起落的声情。曲意爽朗,乐思开阔,给人以肃穆而又富有生机之感,借鸿雁之高飞远翔,抒发和寄托人们的胸臆,体现了古代人民对祖国美丽风光的歌颂与热爱。

3.《梅花三弄》

古琴曲《梅花三弄》又名《梅花引》《梅花曲》《玉妃引》,是中国古典乐曲中表现梅花的佳作,早在唐代就在民间广为流传。全曲表现了梅花洁白芳香、凌霜傲雪的高尚品性,是一首充满中国古代士大夫情趣的琴曲。《枯木禅琴谱》中记载:"曲音清幽,音节舒畅,一种孤高现于指下;似有寒香沁入肺腑,须从容联络,方得其旨。"

晋隋以来有此笛曲,为东晋大将桓伊所作。后经唐代琴家颜师古改编为琴曲,流传至今。梅花傲霜高洁的品格,是古今艺术创作的重要题材,人们常用以隐喻具有高尚节操的人。明杨抡《伯牙心法》记载:"梅为花之最清,琴为声之最清,以最清之声写最清之物,宜其有凌霜音韵也。三弄之意,则取泛音三段,同弦异徽云尔。"琴曲中采用完整重复三段泛音写法不多见,"故有处处三叠阳关,夜夜梅花三弄之诮。"(《律话》)

4.《十面埋伏》

《十面埋伏》是一首著名的大型琵琶曲,堪称曲中经典。乐曲内容的壮丽恢弘,风格的雄伟奇特,在古典音乐中是罕见的。此曲最早见于华秋萍 1818 年出版的《琵琶谱》,1895 年李芳园编订出版的《南北派十三套大曲琵琶新谱》中将它改名为《淮阴平楚》。

乐曲是根据公元前 202 年楚、汉两军在垓下(今安徽省灵璧县东南)进行决战时,汉军设下十面埋伏的阵法,从而彻底击败楚军,迫使项羽自刎乌江这一历史事实加以集中概括谱写而成。垓下之战是我国历史上一次有名的战役,琵琶曲《十面埋伏》出色地运用音乐手段表现了这场古代战争的激烈战况,向世人展现了一幅震撼人心的古战场画面。

5.《夕阳箫鼓》

这是一首抒情写意的文曲,旋律优美流畅,在演奏中运用了各种琵琶技法。在曲式上,用扩展、收缩、局部增减和高低音区的变换等手法展开全曲。此曲流传甚广,是琵琶古曲中的代表作品之一。1925 年前后,上海大同乐社根据此曲改编成丝竹乐曲《春江花月夜》,它犹如一幅长卷画面,把风姿多彩的情景融合在一起,通过动与静、远与近、情与景的结合,使整个乐曲富有层次,高潮突出,音乐所表达的诗情画意引人入胜。

6.《渔樵问答》

《渔樵问答》是一首流传了几百年的古琴名曲,反映的是一种隐逸之士对渔樵生活的向往,希望摆脱俗尘凡事的羁绊。音乐形象生动、精确。乐曲通过渔樵在青山绿水间自得其乐的情趣,表达出对追逐名利者的鄙弃。

乐曲采用渔民和樵夫对话的方式,题材集中精练,以上升的曲调表示问句,以下降的曲调表示答句,曲调飘逸潇洒。乐曲中时而出现伐木或摇橹的声响,使人形象地联想起渔樵生活的情景。

7.《胡笳十八拍》

古琴曲《胡笳十八拍》是根据汉代以来流传的同名叙事诗而创作的琴曲,是我国音乐史上一首杰出的古典名曲。原诗作者一说为蔡文姬,但《后汉书·蔡琰传》中未见记载,故难以定论。其音乐为唐人传谱。

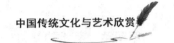

全曲共十八段,运用宫、徵、羽三种调式,音乐的对比与发展层次分明,分两大层次,前十来拍主要倾诉作者身在胡地时对故乡的思恋;后一层次则抒发出作者惜别稚子的隐痛与悲怨。乐曲以十分感人的乐调诉说了蔡琰一生的悲惨遭遇,反映了战乱给人民带来的深重灾难,抒写了主人公对祖国、对故土的深沉思念及骨肉离别的痛苦感情。

8.《汉宫秋月》

中国传统音乐中,同名异曲、异曲同名的现象很多,乐曲各个版本的历史渊源与流变往往需要艰苦的考证,比如,《汉宫秋月》就有琵琶曲、二胡曲、古筝曲、江南丝竹等不同版本。

此曲由一种乐器曲谱演变成不同谱本,且运用各自的艺术手段再创造,以塑造不同的音乐形象,这是民间器乐在流传中常见的情况。乐曲表现了古代宫女哀怨悲愁的情绪及一种无可奈何、寂寥清冷的生命意境。

9.《阳春白雪》

《阳春白雪》原是春秋战国时期楚国的两首高深的歌曲名,即《阳春》和《白雪》,是由楚国著名歌舞家莫愁女(姓庐,名莫愁。郢州石城,今湖北钟祥人)在屈原、宋玉的帮助下传唱开来的,至今已有两千多年的历史。

现存琴谱中的《阳春》和《白雪》是两首器乐曲,相传这是春秋时期晋国的师旷或齐国的刘涓子所作,乐曲产生的年代没有确切的史料可以说明。唐代显庆二年(657)吕才曾依琴中旧曲配以歌词。《神奇秘谱》在解题中说:"《阳春》取万物知春,和风淡荡之意;《白雪》取凛然清洁,雪竹琳琅之音。"后来泛指高深的、不通俗的文学艺术。

教学任务 24　婆娑的霓裳——中国民族舞

一、中国民族舞概述

舞蹈是人类历史上最早产生的艺术形式之一,被人们称为"艺术之母"。它以人体为表现工具,通过有节奏、有组织和经过美化的流动性动作来表达情意。它是一种表情性的时空艺术,着重表现语言文字或其他艺术表现手段所难以表现的人的内在深层精神世界——细腻的情感、深刻的思想、鲜明的性格,以及社会生活的矛盾冲突中人的情感意蕴,创造出可被人具体感知的生动舞蹈形象,以此表达作者——舞者(编导和演员)的审美情感、审美理想。

民族舞蹈是一种起源于人民生活中的肢体动作语言,以日常活动抽象化为表现形式,亦可称为土风舞、民俗舞蹈或国际民俗舞蹈。它代表一国的文化、风情、生活习惯、地理气候以及历史背景。不同的民族,因生活环境、生产方式和宗教文化等方面的差异,而拥有着数以万计从内容到形式,从韵律到风格各显异彩、斑斓夺目的民族民间舞蹈。中国民族民间舞蹈如果从功能上划分,大体可分为:祭祀(宗教)性舞蹈、自娱性舞蹈、礼仪舞蹈、民族历史(生产劳动)传衍舞蹈等种类。

作为古老文明的多民族国家,中国舞蹈的发展有着悠久的历史,中国舞蹈的起源以人类社会之初的原始社会为滥觞,自先秦以来,历经几千年的变化,先后经历了先秦诗乐舞三位一体的女乐舞蹈和雅舞、汉代的道具舞和舞象、唐代的燕乐舞蹈、宋代的"队舞"、明清时期的戏曲舞蹈、当代的专业舞蹈和舞蹈教育。所有这些在表现形式的演变上,都是一个渐次演进、符合艺术发展规律的过程。

舞蹈作为一种文化的表现形式，其历史发展和社会发展有着深厚的渊源，历史发展的社会形态意识从一定程度上决定着我国舞蹈文化的发展状况和舞蹈艺术的形态。中国民族舞蹈在各个不同的历史发展阶段过程中，呈现出不同的特征。

1.中国舞蹈早期的"娱神"特征

任何艺术的起源和发展都具有不同的历史轨迹和规律，中国戏曲作为中国艺术领域最为辉煌的艺术形式之一，在最初的形态就具备"娱人"与"娱神"的双重功能，与中国戏曲不同的是，中国舞蹈最初的形态只具备了"娱神"的单项功能，其原形结构则为原始的"宗教礼俗"。这些特征从我国目前发现的古代崖画舞蹈图中可以窥见一斑。

原始社会时期，舞蹈是原始人生活中的一部分，并不是出于审美的目的，而是出于原始生活的需要，那时的舞蹈主要表现在"图腾崇拜""祭祀祈神""生殖崇拜""狩猎仪式"等领域。图腾是原始先民氏族神的标记，每个氏族都有自己的图腾崇拜和图腾信仰，图腾崇拜渗透到原始先民生活的各个领域，生活在图腾崇拜下的原始先民，用舞蹈的形式来表现图腾仪式中他们的思想和行为。如彝族"十二兽神"的舞蹈记载："舞蹈伊始，男女巫列为一行，各执一柄扇形羊皮鼓，为首女巫击鼓起舞时，笙乐吹奏虎啸声，群巫按笙乐节拍舞蹈，舞蹈的主要情节是由为首的女巫带头表演仿效十二兽的声音和动作，以象征祭日十二兽的降临……"我国各民族之所以有众多的模拟鸟兽的舞蹈，与原始图腾崇拜的文化基因是密切联系的。中国民族民间舞蹈也是从这里开始起步的，从这里可以寻求到其文化原形结构。

2.诗、乐、舞三位一体的综合性形态

远古时期，音乐和舞蹈是相伴而生、相辅相成、并肩发展的，乐和舞密不可分，"乐"时必有"舞"，"舞"时必奏"乐"。在《诗经》时代，随着民间诗歌的兴起，乐、舞又和诗歌紧密结合起来，形成了诗、乐、舞三位一体的文化特征和文化传统。对于这类中国舞蹈题材来讲，发展到唐代以至顶峰，主要有《阴康氏之乐》《葛天氏之乐》《云门大卷》《大咸》《大韶》《大夏》《大镬》和《大武》、唐代的《立部伎》《坐部伎》《十部乐》等古代大型的综合性艺术。

据《吕氏春秋》记载，《葛天氏之乐》就是远古时期一个部落的乐舞，该乐舞共分为"载民""玄鸟""遂草木""奋五谷""敬天常""达帝功""依地德""总禽兽之极"八个乐段，每段都表现鲜活的主题，表现了先民们对丰收的祈求、对天地祖先的崇拜以及对人类的赞美。

3.既"娱神"又"娱人"的双重发展特征

随着人类社会历史的不断前进，奴隶社会制度和封建社会制度的相继建立，舞蹈也逐渐地告别了它的原始形态，如果说原始社会先民们的最初舞蹈是生命形态的原始记录的话，那么，到了奴隶社会，先民们不自觉地从原始时期的那种神秘崇高的生命形态中走出来，并从全民性的活动逐渐演变为一部分人的艺术活动和宗教政治活动。自此，中国舞蹈就向"娱神"与"娱人"的双重纵深发展。这类舞蹈主要表现在周代的巫术舞蹈、傩舞蹈和汉代的百戏类舞蹈。

巫术舞蹈是巫术祭祀仪式中的舞蹈，是原始宗教信仰的产物，舞者和祭祀者希望通过祈祷、献祭等行为，求得与神灵的相通，达到一种"天人合一"的境界。如商代的《隶舞》，就是为求雨而作的一种祭祀行为。傩舞也是一种以驱鬼逐役为目的的祭祀仪式，历经历史的洗礼，至今仍盛行在我国民间，后来逐渐发展成今天的"傩戏"。

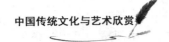

在汉代,"百戏"是一种包含音乐、舞蹈、杂技、武术、滑稽戏等多种民间技艺的综合性的演出形式,民间舞蹈成为宫廷乐舞的主要内容,舞蹈通常融于"百戏"中表演。主要有"巾袖舞""剑舞""刀舞""棍舞""建鼓舞""巴渝舞"等。舞蹈过程中的以舞说戏、依戏作舞的表演,成为了中国早期戏曲艺术形式的源头。

4.舞蹈发展的程式性与专业性特征

唐代舞蹈在整个中国古代舞蹈发展史中具有很高的历史成就,达到了中国古代的巅峰。其以宏大的演出规模,融合多国、多民族的舞蹈演出模式以及雅俗共赏的姿态赢得了世人的喜爱,从宫廷的最高统治者到民间的老百姓无不好之。宋代舞蹈在历史的转折面前,独辟蹊径,以其独特的方式创造出具有程式性特征的"队舞",创造了一种新的舞蹈形式,具有划时代的历史意义。王建《宫词》"青楼小妇砑裙长,总被抄名入教坊,春设殿前多队舞,朋头各自请衣裳"就是有关队舞的历史文献记载。由于明清时期戏曲艺术的发展,舞蹈作为戏曲艺术表现的手段之一,戏曲表演的程式性特征决定了舞蹈表现的舞姿身段的固定性,形成了宋代戏曲舞蹈的高度程式性和综合性的美学特点。

自远古到明清,中国舞蹈在新旧世纪交替的过程中,承传着舞蹈的精髓和内涵,融合在当代的社会火炉之中,中国舞蹈从明清戏曲舞蹈综合性的形式中走了出来,直接凭借人体身段去表现现实生活和人们的精神情感,将中国舞蹈推向了新世纪的辉煌。中国当代舞蹈是以专业性的舞蹈作品和专业舞蹈表演而著写舞蹈历史的,先后出现了裕容龄、黎锦辉、吴晓邦、戴爱莲、贾作光等著名舞蹈家和一系列的舞蹈精品。专业型的舞蹈家和专业性的舞蹈作品是从这个时期开始发展并壮大的,专业性的舞蹈教育也是从中华人民共和国成立以后开始蓬勃发展的。

二、中国民族舞蹈欣赏

(一)中国古典舞

中国古典舞,起源于中国古代,历史悠久,博大精深,它融合了许多武术、中国古典戏曲中的动作和造型,特别注重眼睛在表演中的作用,强调呼吸的配合,富有韵律感和造型感。其独有的东方式的刚柔并济的美感令人陶醉。中国古典舞主要包括身韵、身法和技巧。身韵是中国古典舞的内涵,身法则是指舞姿还有动作,神韵则是中国古典舞的灵魂。

中国古典舞的音乐大多采用中国特有的民族乐器演奏的乐曲,如古筝、二胡、琵琶等。中国古典舞服装古色古香,根据舞蹈的具体要求也各有特色,汉唐舞大多采用传统的汉服。经典曲目有《春江花月夜》《宝莲灯》《小刀会》《扇舞丹青》《爱莲说》《楚腰》《踏歌》《霓裳》《飞天》《千手观音》等。

《千手观音》鉴赏

2005 年"中央电视台春节联欢晚会"上,21 名聋哑男、女演员,模仿莫高窟的"千手观音"像,塑造出丰满鲜活的舞台形象,巧妙地把吉祥如意、爱心与帮助的新含义传达给观众。21 位表演者,或站成一排,演绎出千手律动、孔雀开屏、鱼贯而出;或分成几组,演绎聚合的宝塔。他们的手时开时合、时伸时缩,变化万千,将手部艺术发挥到了极致。舞蹈中的动态与造型,恰恰证明了"舞蹈是活动的雕塑,流动的画卷"。舞蹈中大量雕塑似的佛像造型、流动的动态壁画和现代动画手法的运用,使观众在感叹舞蹈能揭示深刻哲理的同时,更能体验到作品中丰富的动态和造型之美。

图 4-24-1 千手观音

(二)中国民族民间舞

中国是个幅员辽阔、人口众多、历史悠久的东方古国。漫长的岁月和丰厚的文化积淀,造就了今日生活在我国广大地域中的 56 个兄弟民族,各民族拥有不同的生态环境、不同的历史和文化背景。不同的民族,因生活环境、生产方式和宗教文化等方面的差异,而拥有着数以万计从内容到形式,从韵律到风格各显异彩、斑斓夺目的民族民间舞蹈。

这些不同民族所流传下来的或雄浑刚健或阴柔婀娜,或源于祭祀仪式或为寻求爱情友谊的民间歌舞,无论是属于哪个民族或哪种类型的舞蹈,都会以不同角度充分地展示着东方民族所具有的久远历史和深厚的民族文化底蕴。具有代表性的有藏族、蒙古族、维吾尔族、朝鲜族、苗族、彝族、傣族舞等。

民族舞《雀之灵》鉴赏

图 4-24-2 雀之灵

杨丽萍的《雀之灵》自 1986 年首演至今,观者无不为之沉醉。杨丽萍以傣族民间舞蹈为素材,从"孔雀"的根基形象入手,但又超越外在形态的模拟,以形求神,不仅使孔雀的形象惟妙惟肖地展现于观众视野,而且创生出一个精灵般的、高洁的生命意象。在动作编排上,充分表现了舞蹈本体的艺术感染力,经由手指、腕、臂、胸、腰、髋等关节的神奇的律动,塑造了一个超然、灵动的艺术形象。尤其是舞者用修长、优柔的臂膀和矫捷自如的手指形态幻化,汇集成一条生命的河流,在那举头引颈的动态中默示出生命的活力和勃发向上的精神。舞者并没有简单地搬用傣族舞蹈气概化和模式化的动作,而是抓住傣族舞蹈内在的动律和审美,依据激情和舞蹈形象的需求,大胆立异,创编出新的舞蹈语汇,动作矫捷多变,富有现代感,更符合今人的审美需求。

(三)现代舞

20 世纪初,作为对抗日益衰落、单纯要弄技巧的古典芭蕾舞蹈形式而产生了现代派舞蹈。它是作为反映感情的一种手段而发展起来的。它抛弃了芭蕾的神话故事和浪漫传奇,而以那个时代的社会问题和心理问题为主要题材。以现代派舞蹈家邓肯为代表,她极端反对艺术的程式和规范,特别反对芭蕾,主张没有形式没有章法的即兴式自由舞蹈。她立志要创造一种复归到人的自然本性的不受程式规范的舞蹈,主要显示人体美和表露心灵。她要"使女性向美的方向和健全的方向发展,使女性的肉体恢复本来的力量和自然的动作",认为"女性的身体是时代的美的博物馆",她把这些见解在舞台上表现了出来。当时,这个年轻的美国姑娘全然不顾传统舞蹈形式的要求,光着脚,穿着简单的希腊长袍或薄纱裙舞蹈。有时甚至一丝不挂地跳舞,用以说明裸体跳舞是真正纯粹的舞蹈,是人的最自然的美。她从希腊文化中寻找舞蹈的基本要素;从飘浮的白云、起伏的海浪、摇曳的花朵、飞翔的鸟儿等自然运动事物中获得灵感;从生活、音乐中获得激情。她模仿希腊女神,在阳光下、花丛中自由地奔跑;她用自己柔软的身姿,表现多瑙河春天阳光下碧波的波动,优美的风光;她赤裸着臂膀,手持红围巾,跳起了为自由而战的舞蹈……

邓肯的创新最初在美国并未受到重视,但她在欧洲取得了巨大成功。她的舞蹈以动作的完全自由,使厌倦芭蕾的保守形式的观众欣喜若狂,很快风靡全欧洲。据说在慕尼黑演出后,青年学生解下她车上的马匹,拉着她的车在街上,簇拥着她欢呼、跳跃。尽管人们对她的评价大不一样,有欢呼,也有咒骂,但她作为一个追求个性解放的浪漫主义者,作为一个舞蹈革新家是当之无愧的。她对现代舞蹈极其卓著的贡献,使她赢得了"现代舞蹈之母"的声誉。

后来经过不少舞蹈家的潜心研究和多年积累,现代舞逐渐形成了自己的一套体系,创造了很多新的舞蹈语汇和表现手法,开拓了新的表现体裁,具有古典芭蕾所不及的优点。在发展过程中,有一些现代舞过分追求新的效果和形式,在资本主义世界有的已经完全陷入表现荒诞与色情的泥坑。

大约在 20 世纪 30 年代,西方的现代舞传入中国,在几十年的发展过程中,现代舞以其自身对美、对人性解放的先进理念逐步被越来越多的人所接受,并在我国舞蹈艺术主流中占据了自己的一席之地,使其与中国民族民间舞、中国古典舞、芭蕾舞、新舞蹈(现被称为"当代舞")称作我国的五大主流舞蹈类型。

北京现代舞团

图 4-24-3　北京现代舞团

北京现代舞团于 1995 年 12 月 7 日在北京市文化局领导下成立,现已成为国内外声名卓著的重要艺术团体。

北京现代舞团以弘扬中华文化、增进国际交流、表现时代精神、推动当代艺术发展为宗旨,舞团的演员皆为全国各专业院校毕业的优秀舞者。北京现代舞团已经成为中国现代舞发展的重要基地和国际交流平台。该舞团不但邀请国际知名艺术家来舞团做常驻项目和合作创作,而且该舞团的艺术家们也多次接受国际著名艺术节的委约创作和参演邀请,包括德国柏林艺术节、威尼斯双年展、意大利博罗尼亚当代表演艺术节、东京国际当代表演艺术节、法国里昂舞蹈双年展、新加坡艺术节、汉城创舞艺术节、洛杉矶夏季音乐会、德国皮娜鲍什舞蹈节暨艺术家聚会等等。

其代表作有《红与黑》《向日葵》《昆仑》等。

探究思考

1.简述中国民族舞蹈的起源。

2.给班上同学介绍一个你喜欢的舞蹈组合或一种舞蹈。

3.以小组为单位,利用课余时间搜集"坝坝舞"的相关信息(如伴舞音乐、参与人群、舞步风格特点、现场照片等)并作课堂交流。

知识链接

街　舞

街舞(Street Dance)是起源于美国,基于不同的街头文化或音乐风格而产生的多个不同种类的舞蹈的统称。最早的街舞舞种为 Locking,起源于 20 世纪 60 年代。其动作是由各种走、跑、跳组合而成的,并通过头、颈、肩、上肢、躯干等关节的屈伸、转动、绕环、摆振、波浪形扭动等动作进行连贯组合。各个动作都有其特定的健身效果,既注意了上肢与下肢、腹部与背部、头部与躯干动作的协调,又注重肢体各部分的独立运动。街舞于 20 世纪 80 年代传入中国,并逐渐作为健身活动传播开来。

最早的街舞同纽约黑人区的嘻哈及说唱音乐息息相关。黑人在演唱时常利用其肢体做出一些大幅度的动作,这些动作被逐渐传播开来并形成了一些约定俗成的定式。然后这些动作逐渐发展成了最初的街舞:霹雳舞。一种观点认为,breaking 这个词来源于歌手们总是在歌曲暂停时进行表演。这之后,滑步(机器舞的雏形)、琐舞等也逐渐加入原有的街舞风格之中。这一时期的街舞风格被人称为旧学院派,它们需要比较高的技巧。20 世纪 90 年代之后,又发展出了一种新的舞蹈类型:嘻哈舞,与原有的街舞相比,其动作幅度较小,更加注重和音乐节奏的配合。不过这种舞蹈多少也掺杂着一些琐舞、机器舞的内容,随着其发展又产生了一些新的风格和流派。

教学任务 25　缤纷的人生——中国戏剧

一、戏剧艺术概述

戏剧艺术是一门综合艺术,它熔文学、美术、表演、音乐、舞蹈等多种艺术于一炉,由语言、动作、场景、道具等组合成为表现手段,通过编剧、导演、演员的共同创造,把生活中的矛盾冲突,十分尖锐、强烈、集中地再现于舞台之上,使观众犹如目睹或亲身经历戏剧中发生的事件一样,从而获得具体生动的艺术感受。

根据不同的分类标准,戏剧可以被分成不同的种类:按容量大小,戏剧文学可分为多幕剧、独幕剧和小品;按表现形式,可分为话剧、歌剧、舞剧、音乐剧、戏曲等;按题材,可分为神话剧、历史剧、传奇剧、市民剧、社会剧、家庭剧等;按戏剧冲突的性质及效果,可分为悲剧、喜剧和正剧。其中最基本、使用最多的分类是悲剧、喜剧和正剧。

戏剧在西方国家主要指话剧,中国戏剧广义上包含中国传统的戏曲和新文化运动前后受西方影响而产生的话剧。而狭义上,中国戏剧指的是以有"国剧"之称的京剧为代表的中国戏曲。戏曲既具有戏剧的共同特征,又因表现手段不同而区别于话剧等其他戏剧艺术。中国戏曲有其独特之处,如舞台采取上下场的分场方法,可以自由地处理舞台的空间和时间;演员运用虚拟动作来表现角色的思想感情和所处的环境,给观众以丰富的联想;唱、念、

做、打更是中国戏曲的特点。下面主要介绍中国的传统戏曲。

（一）戏曲艺术的角色行当

扮演剧中人物分角色行当是中国戏曲特有的表演体制。这种表演体制是戏曲的程式性在人物形象创造上的集中反映。每个行当都是一个形象系统，同时也是一个相应的表演程式系统。中国戏曲中人物角色的行当分类，按传统习惯可分为"生、旦、净、丑"和"生、旦、净、末、丑"两种。近代以来，由于不少剧种的"末"行已逐渐归入"生"行，故通常把"生、旦、净、丑"作为行当的四种基本类型。

生，泛指剧中男主角。历代戏曲都有这一行当，近代各地戏曲剧种根据所扮演人物年龄、身份的不同，又划分为老生、小生、武生等分支，表演上各有特点。

旦，女角色的统称。早在宋杂剧时已有"装旦"这一角色。宋元南戏和北杂剧形成后仍沿用旦的名称。昆山腔成熟期，形成正旦、小旦、贴旦、老旦四个分支。其后各剧种又衍生出众多分支。近代戏曲根据所扮演人物年龄、性格、身份的不同，大致划分为正旦（青衣）、花旦、武旦、老旦、彩旦等专行，表演上各有特点。

净，俗称花脸，以面部化妆运用各种色彩和图案勾勒脸谱为突出标志，扮演性格、气质、相貌上有特异之处的男性角色。或粗犷豪放，或刚烈耿直，或阴险毒辣，或鲁莽诚朴。演唱声音洪亮宽阔，动作大开大阖、顿挫鲜明，为戏剧舞台上风格独特的性格类型。根据角色性格、身份不同，划分为大花脸、二花脸、油花脸、武二花若干专行，表演上各有特点。

丑，戏剧角色，由于脸部化装用白粉在鼻梁、眼窝间勾画小块脸谱，故又叫小花脸。扮演人物种类繁多，有的心地善良、幽默滑稽，有的奸诈刁恶、悭吝卑鄙。丑的表演一般不重唱功而以念白的口齿清楚、清脆流利为主。相对来说，丑的表演程式不像其他行当那样严谨，但有自己的风格和规范，如屈膝、蹲裆、踮脚、耸肩等是丑的基本动作。按人物的身份、性格和技术特点，大致可分为文丑和武丑两大类，表演上各有特点。

（二）戏曲表演的四功五法

四功五法是戏曲界经常说的一句术语。四功，就是唱、念、做、打四项基本功，是戏曲舞台上一刻也离不开的表演手段。

唱功是戏曲表演中最重要的表现手法，演唱最基本的要求是字清腔纯，节奏准确，以字生腔，以情带腔。最高标准的唱法是达到说的意境，不是为唱而唱，甚至不要给人以唱的感觉，而是以唱来强化唱词的语气，抒发人物的情感。把节奏、旋律、感情、语气很自然地融为一体，来表达生活中说话一样的情景，切忌耍腔、找味、卖嗓。

念功是与唱功同样重要的表演手段，甚至有"千斤话白四两唱"的说法。一要注意字音的准确；二要掌握吐字发音的正确方法；三要念出白口的抑扬顿挫，要有音乐感和节奏感，并与唱腔一样，要有轻重高低，疾徐长短；四要念出人物个性、情感意境。

做功即身段动作的表演，一举一动都要有规范，有章法，有舞蹈的韵律，有深厚的基本功，要讲究以腰为中枢，从动作规律出发来达到自然、和谐。在这个基础上还要注意把技巧动作与人物的身份、动作目的、情感意境结合起来，给人以真实的感觉。当然，这种真实是艺术的真实，舞蹈化的真实，含蓄的真实，而不是生活的真实。

打功也就是武功,包括翻跟头,打荡子、各种舞蹈和高难度技巧,如起霸、走边、对枪、下场等。在规范、自如地掌握武功技巧的同时,也要以武功来表现人物和剧情,做到技不离戏,就是枪来剑往也要打出情感,打出语言,而不是单纯地卖弄武功。

五法,一般是指口、手、眼、身、步五种基本法,这"五法"虽各有其独立性的法则,但在舞台表演中却必须协调一致、相互依存、密切配合、严丝合缝,要求演员的表演做到"口到、手到、眼到、身到、步到"。在戏曲表演中,四功五法是紧密配合的,如唱功,就要口、手、眼、身、步同时并用缺一不可。因为戏中的唱,不能傻唱或干唱,眼神要与唱词所表达的情感统一,身、手、步也要有机地配合唱词所表达的情绪。也就是说,唱念是表达情感的,就要有动作,要动作也就要有章法。例如:口,要讲四声五呼;眼,要练出眼神,要讲喜、怒、悲、哀、惧、恐、惊,做动作时要眼随手走,身心相合,总之,要让眼睛成为心灵的窗户。身体四肢的动作要讲究未左先右,欲进先退,未高先低,未快先慢,要"梢节起,中节随,根节追",还要达到"六合",即眼与心合、心与气合、气与身合、身与手合、手与脚合、脚与胯合,这样才能使口、手、眼、身、步的表演达到和谐自如的境界。

(三)戏曲艺术的审美特征

中国戏曲艺术,作为戏剧艺术的一个组成部分,既具有戏剧的共同特征,又因其独特的表现手段和独有的审美特征,从而有别于其他戏剧形式。尤其是戏曲艺术深深植根于中华民族传统文化,具有鲜明的民族特色,将表现审美意境作为最高的艺术追求,属于一种表现性的综合艺术,以其特有的艺术风格在世界戏剧艺术中独树一帜。中国戏曲具有自身的审美特征,尤其是表现在综合性、程式化、虚拟性这三个方面。

1.综合性

戏曲是一门综合艺术,中国戏剧有音乐、有舞蹈、有情节、有故事。它的基本表现手段是"唱、念、做、打",称为"四功"。这"四功"在传统戏曲程式的基础上,不断吸收舞蹈、杂技、武术、曲艺以及话剧、电影的表现手法,能够生动传神地表现剧中人物的动作和心理活动。

2.虚拟性

虚拟是戏曲反映生活的基本手段,它是指演员的表演,常用一种变形的方式来比拟现实环境或对象,借以表现生活。戏曲的虚拟性,首先表现在赋予舞台时间、空间以极大的自由,完全打破了西方戏剧"三一律"的结构形式,所谓"三五步行遍天下,六七人百万雄兵""顷刻间千秋事业,方丈地万里江山";其次,在具体反映、表现社会生活的其他方面,戏曲同样采用虚拟的手法,比如以桨代船、以鞭代马等。戏曲脸谱也是一种虚拟方式。中国戏曲的虚拟性,不仅仅是戏曲舞台简陋、舞美技术落后的局限性带来的结果,更主要是追求神似、以形写神的民族传统美学思想积淀的产物。

3.程式性

所谓程式是指对生活动作的规范化、舞蹈化表演,并被重复使用。程式化是戏曲舞台动作最基本的特征,它是在生活的基础上,经过加工、提炼、概括、美化而形成的。它凝聚着古往今来的艺术家们的心血,又成为新一代演员进行艺术再创造的起点,因而戏曲表演艺术才得以代代相传。在程式方面,比如"趟马"就是一个表演程式,又叫"马趟子"。演员右手执鞭,通过圆场、转身、勒马、三打马(表示催马加鞭)等身段动作,配合快速的锣鼓节奏,表示策马疾驰的情景。另外,如"跑圆场""耍下场""劈叉""摔僵尸"以至吃饭、睡觉、喝酒、读书、写字、开门、关门、喜、怒、哀、乐等都有程式。除了表演程式外,戏曲的剧本形式、角色行当、音乐唱腔、化妆服装等各个方面,都有一定的程式。

二、戏剧作品赏析

1.京剧《四郎探母》

图 4-25-1　四郎探母

该剧取材于杨家将的故事,但情节却与《杨家将演义》有所不同。小说中的杨四郎被擒后降辽招亲,是为了伺机报仇。后来果然策应宋军破辽。该剧的作者在原小说的基础上进行了加工改编,有意淡化战争气氛,重点渲染人物之间的人伦亲情。该剧结构严谨,情节顺畅,环环相扣,一气呵成。对人物感情的描写也很有深度,在"人情"二字上做足了文章。综观全剧,对四郎、铁镜公主和其他重要人物的情感刻画都很鲜明生动。正因如此,民族之间的残酷战争对人的正常亲情所造成的巨大伤害,就更让人思索不已。

同时该剧行当配置整齐,唱念安排得当,唱腔丰富优美。比如《坐宫》一场,几乎囊括了西皮唱腔的全部板式,通过板式的变化,多层次地揭示人物的情绪变化。这场戏的开始,四郎思母心切,但老母既近在咫尺,又好似远在天涯。铁镜公主想为丈夫排遣忧闷,便与他闲聊,并猜测他的心事。在这一段戏里,唱腔用的是舒缓柔和的慢板。接下来,四郎对公主讲明了自己的真实来历和想见母亲一面的心情,公主大为意外。这时唱腔随之加快,转上摇板、原板和快板。公主表示愿意帮助四郎,但"怕你一夜不回还";四郎急切地保证信守诺言,以至跪下盟誓。这时唱腔进一步催快,特别是两人间的大段对唱层层递进、一气呵成,淋漓尽致地表达出两人的激动心情。《四郎探母》作为一部情感刻画深刻、唱腔艺术成就也很高的作品,一直以来深受广大观众的喜爱,很多京剧演员也都喜欢演唱《四郎探母》,它还常常成为名家联袂演出的大合作戏。

2.话剧《茶馆》

话剧《茶馆》,最初发表于 1957 年第 7 期的《收获》杂志,是老舍戏剧的代表作,也是中国当代戏剧运动中的杰作之一。该剧以反映历史的深广,北京地方色彩的浓厚,语言技巧的精妙而闻名于世,不仅是当代话剧史上最具代表性的现实主义杰作,也是具有世界性影响的优秀剧作。

该剧以三幕的构制,通过一个普通茶馆与出入该茶馆各色人物的沉浮际遇,深刻展示了从清朝末年到抗战胜利后五十年社会的沧桑变化,颇具史诗的意味。剧本在结构上的创新,是该剧的重要成就之一。它突破了传统话剧套路的束缚,采用粗线条勾勒与细线条描绘相结合的方法,展示了众多的人物和漫长的历史。作品没有扣人心弦的故事情节,也没有集中完整的戏剧冲突,只依靠地点的确定和时间的相对集中,以主要人物为人物联系和剧情发展的纽带,使作品创造出一种独特的戏剧结构。鲜明独特的人物塑造和精妙的语言是该剧的另一重要成就。全剧七十多人，有名有姓的就有四十余人，除少数主要人物外，许多人物都如走马灯一样，只露一下面，台词也很少，但大多都就有独特的个性。这些人物的身份虽然十分复杂，有太监、特务、打手、逃兵、人贩子、恶霸、说书艺人、相面先生、逃荒的、要饭的等，但他们的每一句台词都十分符合自己的身份。如第一幕中常四爷与二德子发生冲突时，二德子、马五爷两人的语言就是一个典型例子。老舍是著名的语言大师，他的话剧语言不仅具有北京口语的地方色彩，也同他的小说语言一样，既生动形象，又符合人物的个性特征，而且具有丰富的"潜台词"。《茶馆》中人物的对话都十分简短，于浓缩的语言中包含丰富的内容，使人们能够通过简短的对话明白事情的前因后果。在第一幕一开始，先通过唐铁嘴想白喝一碗茶而为王利发看手相，自然而然地说出了"今年是光绪二十四年，戊戌。"在剧情的发展中，又通过太监娶老婆、谭嗣同被问斩、常四爷说"大清国要完"等只言片语，烘托出时代的气氛。在作品中，由于一些夸张、诙谐、幽默的语言，特别是反面人物自相矛盾的自我暴露，造成强烈的嘲讽效果，使作品也具有喜剧的特点。

3.歌剧《白毛女》

歌剧《白毛女》由延安鲁迅艺术学院集体创作，剧本由贺敬之、丁毅执笔，马可、张鲁、瞿维、李焕之、向隅、陈紫、刘炽作曲。具有鲜明的斗争精神和民族风格的《白毛女》，成为新歌剧的里程碑。它是最早出现的新歌剧，它以崭新的精神风貌、严谨的艺术结构、大众化的民族形式赢得了极高的声誉，被认为是我国民族新歌剧的奠基石。

《白毛女》讲的是1935年除夕，恶霸地主黄世仁通过地租和高利贷，残酷压榨农民，逼死杨白劳，抢走喜儿并把她奸污后又要害她，后来逼得她逃进深山，过着"鬼"一般的生活。喜儿苦熬三年，头发都变白了。1938年春，在共产党的领导下，打倒了地主阶级，喜儿和广大农民报仇雪恨、翻身解放了，新旧社会两重天。这朵在延安歌剧运动的沃土上绽放的先进文化之花——承载

图 4-25-2　歌剧《白毛女》

的"旧社会把人逼成鬼，新社会把鬼变成人"主题，在我国歌剧史上树立了一座丰碑。

《白毛女》是创造我国民族新歌剧的奠基石。它在艺术上最突出的特点是富有浓郁的民族色彩。它以中国革命为题材，表现了中国农村复杂的斗争生活，反映了民族的风俗、习惯、性格、品德、心理、精神风貌等。同时，它继承了民间歌舞的传统，借鉴了我国古典戏曲和西洋歌剧，在秧歌剧基础上，创造了新的民族形式，为民族新歌剧的建设开辟了一条富有生命力的道路。

在音乐上，《白毛女》采用河北、山西、陕西等地的民歌和地方戏的曲调加以改编和创作，又借鉴了西洋歌剧注重表现人物性格的处理方法，塑造了各有特色的音乐形象。杨白劳躲账回来所唱的"十里风雪一片白"，是根据山西民歌《捡麦根》改编的，曲调深沉低昂，是刻画杨白劳基本性格的音乐主题。刻画喜儿性格的音乐主题主要来自河北民歌《青阳传》和《小白菜》，并贯穿全剧，随着喜儿性格的变化而变化。在歌剧的表演上，《白毛女》借鉴了古典

戏曲的歌唱、吟诵、道白三者有机结合的传统，以此表现人物性格和内心活动，推动剧情发展。如喜儿出场就是用歌唱叙述了戏剧发生的特定情境："北风吹，雪花飘，雪花飘飘年来到。爹出门去躲账整七天，三十晚上还没回还。大婶子给了玉茭子面，我等我的爹爹回家过年。"然后用独白向观众介绍了喜儿的身世和家庭。在语言上，《白毛女》的对白是提炼过的大众化口语，自然、淳朴，常使用民间谚语、俗语或歇后语。如穆仁智说的"穷生奸计，富长良心""吃不了兜着""胳膊抗不过大腿"，就是富有性格的口语，有民族特色。歌词凝练、深刻，一般采用传统戏曲唱段中句句押韵的方式，音韵和谐、铿锵，朗朗上口；同时学习了民歌和传统戏曲中抒情写意的方式，大量使用比兴、对偶、排比、比喻等修辞手法，增强了语言的表现力。

探究思考

1.鉴赏《窦娥冤》戏剧冲突所体现的美学特征。
2.简述喜剧的语言特点。
3.欣赏曹禺的话剧《雷雨》，体会其悲剧的思想内涵。

知识链接

莎士比亚经典语录选

1.一个人思虑太多，就会失去做人的乐趣。
2.爱所有人，信任少数人，不负任何人。
3.适当的悲哀可以表示感情的深切，过度的伤心却可以证明智慧的欠缺。
4.决心不过是记忆的奴隶，它会根据你的记忆随意更改。
5.一个骄傲的人，总是在骄傲里毁灭了自己。
6.没有受过伤的人，才会讥笑别人身上的伤痕。
7.爱情是生命的火花，友谊的升华，心灵的吻合。如果说人类的感情能区分等级，那么爱情该是属于最高的一级。
8.爱的力量是和平，从不顾理性、成规和荣辱，它能使一切恐惧、震惊和痛苦在身受时化作甜蜜。
9.美德是勇敢的，为善永远无所畏惧。
10.道德和才艺是远胜于富贵的资产，堕落的子孙可以把贵显的门第败坏，把巨富的财产荡毁，可是道德和才艺，却可以使一个凡人成为不朽的神明。
11.人世间的煊赫光荣，往往产生在罪恶之中，为了身外的浮名，牺牲自己的良心。
12.当我们胆敢作恶来满足卑下的希冀，我们就迷失了本性，不再是我们自己。
13.疑惑足以败事。一个人往往因为遇事畏缩的缘故，失去了成功的机会。最好的好人，都是犯过错误的过来人；一个人往往因为有一点小小的缺点，更显出他的可爱。
14.不要诬蔑你所不知道的真理，否则你将以生命的危险重重补偿你的过去。
15.倘若没有理智，感情就会把我们弄得精疲力尽，正是为了制止感情的荒唐，才需要理智。

16.对自己忠实,才不会对别人欺诈。习惯简直有一种改变气质的神奇力量,它可以使魔鬼主宰人类的灵魂,也可以把他们从人们的心里驱逐出去。

17.赞美倘从被赞美自己的嘴里发出,是会减去赞美的价值的;从敌人嘴里发出的赞美才是真正的光荣。

18.有一类卑微的工作是用坚苦卓绝的精神忍受着的,最低微的事情往往指向最高大的目标。

19.不要只因一次失败,就放弃你原来决心想达到的目标。

20.虚荣是一件无聊的骗人的东西,得到它的人,未必有什么功德;失去它的人,也未必有什么过失。

教学任务 26　多彩的银屏——中国影视

一、影视艺术概述

影视是以拷贝、磁带、胶片、存储器等为载体,以银幕、屏幕放映为目的,从而实现视觉与听觉综合观赏的艺术形式,是现代艺术的综合形态。它包含电影、电视剧、动画等内容。本章以电影艺术为重点作一些简要介绍。

(一)影视艺术的起源和发展

影视艺术出现和发展的条件,首先是第二次科技革命使人类进入电气化时代。科学技术和生产力的迅猛发展,特别是 19 世纪末电学、光学、化学、机械学等学科技术的发展,为电影的出现奠定了物质基础。其次,社会的巨大变化和人类新的精神需求、商业利润的驱动是影视艺术发展的动力。

1895 年 12 月 28 日,在法国巴黎黎卡普辛 14 号大咖啡馆,里昂的青年实业家路易·卢米埃尔和他的弟弟奥古斯特·卢米埃尔,在咖啡馆的地下室里,连续放映了几部用纪实手法拍摄的很短的电影——《工厂的大门》《火车进站》等,在观众中引起很大的反响,大获成功。此后电影以它独有的风姿,走进世界各地,并以日新月异的发展速度,成为艺术世界一颗熠熠生辉的"明珠"。1895 年 12 月 28 日这天成了电影的"生日",卢米埃尔兄弟也被人们誉为"电影之父"。

继卢米埃尔兄弟之后,无声电影引起了人们的极大兴趣,20 世纪初到 1927 年,无声片(又称"默片")发展并进入全盛时期。这一时期涌现了一批有影响力的人物,如格里菲斯、卓别林和苏联的爱森斯坦等,作品有《一个国家的诞生》《大独裁者》《摩登时代》等经典之作。20 世纪 20—40 年代是电影艺术的成熟期,电影从无声走向有声,从黑白转向彩色,由小规模、低技术制作向大规模、系列化和专业化制作转变。1999 年 6 月 1 日,第一部商业放映的数字电影——《星球大战Ⅰ——幽灵的威胁》在美国的 6 家影院中出现。数字电影的出现,使得电影发展到了一个崭新的高度,许多传统电影制作做不到的镜头借助电脑完成。数字电影提升了电影声音感染力、震撼力,使其达到前所未有的水平。电影的图像效果和色彩更加鲜明、饱满,清晰度大大提高。数字电影营造出极致的虚拟空间和各种匪夷所思的景象,例如,曾经风靡一时的《魔戒》三部曲,就是数字电影的经典代表之作。

电影在中国的发展已有上百年历史。1905 年,中国北京丰泰照相馆的老板任景丰用纪录片的形式拍摄了第一部中国电影《定军山》,记录了京剧艺术家谭鑫培主演的同名京剧的四个片段,中国电影由此诞生。中国电影诞生在北京,发祥于上海。中国第一部故事片是1913 年郑正秋导演的《难夫难妻》,第一部有声片是 1931 年张石川导演的《歌女红牡丹》,第一部彩色片是费穆导演、梅兰芳主演的《生死恨》。

中华人民共和国成立后,中国电影事业的发展进入一个新时期。中华人民共和国电影从 1949 年制作第一部以工人阶级作为解放了的主人翁的影片《桥》开始,在很短的时间,拍摄了《白毛女》《钢铁战士》《新儿女英雄传》《我这一辈子》等优秀故事片。1959 年中国电影形成了一个繁荣时期,拍摄了《林则徐》《聂耳》《万水千山》《青春之歌》《林家铺子》《老兵新传》《五朵金花》等题材风格多样、在思想与艺术上达到了较高统一的影片。到 1965 年,形成中华人民共和国成立以后第二波电影创作高潮,拍摄了《甲午风云》《革命家庭》《红旗谱》《舞台姐妹》《小兵张嘎》《英雄儿女》《白求恩大夫》《早春二月》《杨门女将》等优秀影片,以及优秀美术片《大闹天宫》《小蝌蚪找妈妈》等。

但在 1966 年爆发了"文化大革命",电影界百花凋零,万马齐暗。粉碎"四人帮"后,电影事业获得发展。1977 年电影生产开始复苏,中国电影进入一个蓬勃发展的新时期。这一时期的电影题材广泛,在反映生活中各类矛盾方面有一定的深度和广度,如《天云山传奇》《喜盈门》《人到中年》《高山下的花环》《骆驼祥子》等。同时尊重艺术的客观规律,创造出各种真实生动的银幕形象,塑造了各类人物不同的典型性格,如《南昌起义》《西安事变》《廖仲恺》等影片对革命领导人进行了多角度的刻画,对蒋介石等历史人物能实事求是地按照历史本来面目表现。在风格与样式上趋于多样化。由于题材领域的扩展,使艺术家们可以自由地发挥自己的才能和特长,探索自己最适宜的风格、样式,表现最完美的内容。尤其引人注目的是一批中青年编导拍摄了一批有一定实验意义的探索性影片,如《黄土地》《青春祭》《良家妇女》《黑炮事件》《猎场札撒》《老井》《红高粱》《秋菊打官司》《香魂女》《霸王别姬》等。

进入 21 世纪,中国电影走上了良性循环的轨道,取得了崭新的成就,《卧虎藏龙》《英雄》《天下无贼》等人们喜爱的电影登上银屏。中国电影正在向更深、更广的层次高速发展。

如今,电影已成为具有广泛影响的现代艺术和社会文化现象,涉及自然科学和人文科学等各个领域,电影已经不再是单纯的娱乐品,而是具有极大社会影响的艺术。

(二)电影艺术的分类

由于分类标准和审美角度不同,电影的分类也存在多种差异,而从电影独特的创作手段、叙述特征和审美功能出发,可将电影分为纪实类、故事类(故事片)、动画类和实验类。

1.纪实类电影

纪实类电影将客观地记录真实世界作为自己的终极追求,以真人真事作为表现的对象,从现实生活中选取典型、提炼主题,以一种"非虚构"的方式直接反映生活。纪实类电影提供的信息必须是真实可信的,影片的创作者可以在事件发生时用摄影机将其记录下来,也可以用动画、图表等视觉表现手段,还可以用摆拍、情景再现等方式来重现某些过去的人物和事件。纪实类电影是资格最老的片种。1895年卢米埃尔拍摄的《工厂大门》等就是记录生活实况的短片。

纪实类电影是对社会政治、经济、军事、文化、体育生活作完整、准确实录与报道的影片，它恪守严格的真实性，不容许弄虚作假和无中生有。

纪实类电影可分以下几类：时事报道片，也称新闻纪录片，主要以报道当前国内外重要时事、新闻为内容，如《国际见闻》；文献纪录片，也称文献片，是具备长期保留价值的资料影片，主要介绍文物、考古、历史等方面的知识，如《云冈石窟》；传记纪录片，也称传记片，但不同于故事片种的人物传记片，必须绝对真实，严禁虚构，此类影片专门用来记录历史人物、革命领袖等的生平业绩，如《毛泽东》；风光旅游片，这是一种专门介绍城乡风光、自然景观、古迹名胜、民俗风情等内容的纪录片，具有地理学、历史学、民俗学、旅游学等方面的价值，如《九寨风情》；戏曲片（舞台纪录片），如黄梅戏《天仙配》。

2.故事类电影

故事类电影是电影艺术中数量最大，社会影响最广泛的主要片种，也是衡量一个国家电影水平的主要标志。故事片的基本特征：首先由演员扮演片中人物。这是故事片区别于其他片种的一个显著特征，也是故事片在角色构成上与其他片种的一个重要区别。在美术片里人物并非由活生生的真人来扮演，而是动画人物、剪纸人物、木偶人物等，在纪录片里出现的是真人真事，不存在扮演的问题。其次有完整的故事。这是故事片吸引观众的一个原因，这些故事不论是现实的、历史的或是科幻的，大都具有完整的情节，给人以娱悦、启示、教育。最后，运用蒙太奇思维进行典型化艺术概括。蒙太奇不仅是电影镜头分切组接的一种方法，也是体现电影特性的一种思维方式。故事片创作特别强调运用蒙太奇思维，以便对有关素材进行提炼、概括、加工，最终塑造出典型化程度较高的人物形象。故事片又可分为喜剧片（《摩登时代》）、惊险片（《007系列》）、少儿片（《音乐之声》）、历史传记片（《一个国家的诞生》）、科幻片（《超人》）、武侠片（《少林寺》）等类型。

3.动画类电影

动画类电影是一种特殊形式的电影，中国曾称为美术片，在世界上统称animation。动画类电影最大的特点在于它的拍摄对象并非三维空间的生命体，而是用造型艺术手段制作的假定性形象，它们可以是二维平面上的图画，也可以是三维空间中的物体，还可以是储存的信息。制作动画类电影就是将不具生命形态、相对静止的人或事物，变成有生命的、运动的人或事物。手工绘制、剪纸、制作物体模型、三维物体逐格拍摄、计算机制作动画等是其主要的创作方式。

4.实验类电影

实验类电影是从20世纪30年代开始以美国为首发展起来的，这种电影主要是用16毫米胶片拍摄的短片，没有传统的故事情节，主要表现风格是超现实主义和抽象主义。通常也被称为个人电影、地下电影和先锋电影等，它不以商业营利为目的，是脱离制片人经济约束的非院线电影。其内容涉及反主流社会、反主流道德，拒绝公众趣味，拒绝审片标准，无视习俗，大胆表现疯狂、性爱和裸体，不遵循任何现成的关于主题或摄影技巧的规则。实验电影不仅仅是一种电影现象，还是广阔的社会文化背景下与社会文化互动关系的表达。它反映了电影艺术家的能力，以一种新的视觉语言，扩展观众的意识。它表现了一种无视传统和习

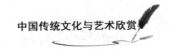

俗、追求新的视觉经验的还原与再现的勇气。它激发了人们的创造力,从更多的角度探寻电影发展的各种可能性。

(三)影视艺术的审美特征

电影是一门综合性的艺术,它是近代科技与艺术相结合的产物,是动态的再现型艺术。它通过塑造鲜活的典型艺术形象展现美感,在更广阔的范围内反映和再现生活的本质。与其他艺术形式相比,电影艺术具有如下一些审美特征。

1.高度的综合性

人们说电影艺术是各种艺术中综合性最强的一门艺术,是因为电影几乎拥有其他艺术的所有表现手段。在它的肌体中有文学、戏剧、舞蹈、音乐、绘画、雕塑等各种因素。这种综合性体现在两个方面:一是多种艺术的综合,集各种艺术元素于一体。它汲取了各种艺术的表现特色,比如,它汲取了绘画对光、影、色、线条、体积的独特处理,如何运用二维平面去创造三维空间的艺术技巧;它汲取了音乐的韵律美、节奏美和音乐独特的听觉艺术元素;它汲取了文学塑造人物形象与典型的方法、故事情节的结构安排、细节的描写等。二是电影艺术与科学技术的综合。电影艺术是各种艺术中科技含量最高的一门艺术,它综合了光学、声学、电子学、计算机科学的最新研究成果。电影从无声片、有声片到现今的彩色片和立体电影,都是与科学技术的发展分不开的。

2.反映现实的逼真性

电影最早被称为"活动的照相"。所谓的照相就是真实地记录生活中的原貌,所呈现出来的画面是静态的。而活动的照相也是真实地记录生活中的原貌,只不过把可见的事物在运动中记录下来,所呈现出来的画面是动态的。因此两者具有一个共同特性——逼真性。照片的逼真在于人物、景物的真实,而电影的逼真性除此之外,还在于能发出物体的声音和人的语言,它与活动的画面结合在一起,使电影具有了更强的逼真性。另外,电影还能够把生活中的颜色和色调逼真地反映在银幕上,使人们直接观赏到色彩艳丽的世界。这样,银幕上的生活由于运动的画面、声音和色彩三者的结合,就更加接近于现实生活了。电影艺术有逼真感还在于有另一个电影的独特表现手段——蒙太奇。蒙太奇虽然来源于建筑学,但它与人们在日常生活中观察事物的经验却有着相似性。人们在观察事物时,总是不断地改变空间范围和视角范围,电影就产生了远景、全景、中景、近景、特写、大特写、平拍、斜拍、仰拍、俯拍等景别以及包括推、拉、摇、移、跟、升、降在内的各种移动镜头,并将各种景别、镜头连接在一起,使观众如同在现实生活中那样去观察反映在银幕上的生活,产生一种接近于现实生活的逼真感受。

3.时空的高度自由性

电影艺术是一种典型的时空综合艺术。它作为一种全新的综合艺术,是在时间与空间上同时展开的。电影艺术的时间是指空间化了的时间,成为具体可闻可见的空间运动;电影艺术的空间是指时间化了的空间,它有一个时间的流动过程。电影既是在空间中展开的时间艺术,也是在时间上延续的空间艺术,它把时间艺术的表现性与空间艺术的造型性有机地结合了起来,而成为拥有时空自由的一门崭新艺术。由于电影艺术的这种特性,它在时空结构上具有了极大的自由性。比如受众对一个时空镜头的感受并不是纯粹用钟表来计算的,它还受到镜头中所包含的信息量的多少以及它的节奏的影响。信息量大，时间感就短；信息量小，时间感就长。节奏变化强烈，时间感就短；节奏变化缓慢，时间感就长。这里还涉及一个电影艺术时空交错的问题。所谓时空交错指的是打破现实时间的自然顺序，将过去、现在和未来的时空场面进行交叉衔接，将联想、回忆、幻觉、梦境同现实融为一体，使时空呈现出跳跃性并获得多层次的展示。电影艺术似乎有一种不受物理空间和自然时间束缚的力量，同其他艺术相比，电影艺术更能摆脱时空的客观规定性，从而获得更大的自由。

二、中国电影名作赏析

（一）《红高粱》

导演：张艺谋
主演：姜文、巩俐
地区：中国
上映年度：1987 年
主要奖项：1988 年第 38 届柏林国际电影节金熊奖

1988 年第 8 届中国电影金鸡奖最佳故事片奖

1988 年第 11 届《大众电影》百花奖最佳故事片

图 4-26-1 电影《红高粱》

1989 年法国第 5 届蒙彼利埃国际电影节熊猫奖
1989 年第 8 届香港电影金像奖，十大华语片之一
剧情简介：

九儿 19 岁时，不得不嫁给十八里坡开烧酒作坊的五十多岁的李大头。按乡规，新娘子要被颠轿的方法折腾一番，但不管轿夫怎样折腾，九儿始终不吭声。九儿到了十八里坡后，与余占鳌发生了感情。不久，李大头死了，众伙计不想再干了，九儿劝住了众伙计，又撑起了烧酒作坊。土匪秃三炮劫走了九儿，罗汉大叔和伙计们凑钱又将九儿赎了回来。但余占鳌看到九儿头发凌乱，非常生气，跑去找秃三炮，将菜刀架在他的脖上，直到秃三炮用脑袋保证没有动九儿，余占鳌才罢休。余占鳌在刚酿好的高粱酒里撒了一泡尿，没想到高粱酒的味道格外好，九儿给它取名叫十八里红。九儿的儿子 9 岁那年，日本鬼子到了青沙口，烧杀抢掠。九儿搬出被日本鬼子杀害的罗汉大叔当年酿的十八里红给伙计们喝，大家斗志昂扬地去打鬼子。九儿挑着做好的饭菜去犒劳余占鳌他们，却被鬼子军车上的机枪给射死。愤怒的余占鳌和大伙抱着火罐、土雷冲向日本军车。尘埃过后，余占鳌拉着儿子的手，挣扎地来到九儿的尸体旁。在日食下，九儿的儿子放声唱起了童谣："娘，上西南，宽宽的大路，长长的宝船。"
影片赏析：

电影《红高粱》由著名作家、诺贝尔文学奖获得者莫言的小说《红高粱》改编而成，影片里鲜活的人物形象、独特的场景气氛、浓烈的色彩与独具质感的音乐交织在一起，使影片取得了空前的成功，树立了中国电影的一个里程碑。整部电影似乎只由黄色和红色组成。黄色自古以来是代表中国的一种颜色,而红色则使电影更加出彩,除了比人高的"红"高粱,还有"我奶奶"的红盖头、红轿子、红鞋子、窗上的红窗花、碗里血红的高粱酒、红彤彤的炉火,还有最后发生日食时那彻底变成红色的世界。这份鲜艳色彩的出现,更能表达出陕北人的热情与豪爽,呈现了中国农民向上的精神状态,浓烈的色彩彰显着生命的魅力。影片中的音乐处理也是极具特色的,唢呐是最适合表现大喜大悲的乐器之一。在广阔的黄土高原上,震天的唢呐声是孤独而又充满力量的,影片有多次情节中的配乐都使用了唢呐。还有影片中两次出现的两首歌曲,没有丝毫的矫情和做作。正是这些独特的音乐,给广大的观众带来了强烈的听觉冲击,展示了其独具匠心的音乐魅力。该片运用了浓烈的色彩,豪放的风格,以对性、对死、对酒的神力的崇拜,表现了对人的本性中最基质的精神源泉——原始的生命欲望、意志即生命本质力量的崇拜,赞颂了中华儿女坚韧不拔、顽强不息的品质,歌颂了不畏世俗、可歌可泣的爱情。这是当今中国影片的一次破天荒的尝试与探索。

(二)《霸王别姬》

导演:陈凯歌

主演:张国荣、张丰毅、巩俐

地区:中国

上映年度:1993年

主要奖项:1993年该片荣获法国戛纳国际电影节最高奖项金棕榈大奖,成为首部获此殊荣的中国影片,金棕榈大奖也是华语电影在国际电影节上赢得的最高荣誉。此外,这部电影还获得了美国金球奖最佳外语片奖、国际影评人联盟大奖等多项国际大奖,并且是唯一同时获得戛纳国际电影节金棕榈大奖、美国金球奖最佳外语片的华语电影。1994年张国荣凭借此片获得第4届中国电影表演艺术学会特别贡献奖。2005年《霸王别姬》入选美国《时代周刊》评出的"全球史上百部最佳电影"。

剧情简介:

演生角的段小楼与演旦角的程蝶衣是自小在一起长大的师兄弟,两人合演的《霸王别姬》誉满京城,他们约定合演一辈子《霸王别姬》。后来段小楼娶了名妓菊仙为妻,依恋着师兄的蝶衣决定不再与小楼演这出戏。在"文化大革命"中,段小楼成了"牛鬼蛇神"。在造反派的威逼下,师兄弟二人相互揭发"罪行"。菊仙承受不了打击,上吊自尽,但未遂。打倒"四人帮"后,师兄弟二人在分离了22年的舞台上最后一次合演《霸王别姬》。蝶衣在师兄小楼的怀中结束了自己的演艺生涯,也结束了这出灿烂的悲剧。

影片赏析:

《霸王别姬》是中国电影人合作拍片最为成功的代表作之一,也是华语影坛艺术成就最高的影片之一。《霸王别姬》集文艺性和观赏性于一身,在保留导演创作理念的同时,也很好地兼顾了观众的审美情趣,是中国电影雅俗共赏的典范作品。电影兼具史诗格局与文化内涵,在底蕴深厚的京剧艺术背景下,极具张力地展示了人在角色错位及面临灾难时的多面性和丰富性,其中蕴含的人性力量和演员们堪称绝妙的表演征服了全世界的众多电影观众。影片影像华丽,剧情细腻,内蕴丰富深广。张国荣的演出是影片表演的最大亮点,他以形神兼备的演出,将程蝶衣这个"不疯魔不成活"的角色演绎得淋漓尽致,使程蝶衣成为难以超越的经典角色,也是《霸王别姬》获得成功的关键因素之一。

探究思考

1.体会电影《泰坦尼克号》里所蕴含的人性美。

2.结合某部奥斯卡获奖影片,列举分析其声画蒙太奇艺术。

3.推荐赏析电影《广岛之恋》,思考其为什么被称为现代电影的开山之作。

知识链接

蒙太奇手法简介

1.基本概念

蒙太奇(法语:Montage)是音译的外来语,原为建筑学术语,意为构成、装配。经常用于三种艺术领域,可解释为一种人为地拼贴有意涵的时空的剪辑手法。最早被引用到电影艺术中,后来逐渐在视觉艺术等衍生领域被广为运用。

2.蒙太奇的主要功能

(1)通过镜头、场面、段落的分切与组接,对素材进行选择和取舍,以使表现内容主次分明,达到高度的概括和集中。

(2)引导观众的注意力,激发观众的联想。每个镜头虽然只表现一定的内容,但组接一定顺序的镜头,能够规范和引导观众的情绪和心理,启迪观众思考。

(3)创造独特的影视时间和空间。每个镜头都是对现实时空的记录,经过剪辑,实现对时空的再造,形成独特的影视时空。

3.基本类型

蒙太奇具有叙事和表意两大功能,据此,我们可以把蒙太奇划分为三种最基本的类型:叙事蒙太奇、表现蒙太奇、理性蒙太奇。前一种是叙事手段,后两种主要用以表意。在此基础上还可以进行第二级划分,具体如下:

(1)叙事蒙太奇。叙事蒙太奇由美国电影大师格里菲斯等人首创,是影视片中最常用的一种叙事方法。它的特征是以交代情节、展示事件为主旨,按照情节发展的时间流程、因果关系来分切组合镜头、场面和段落,从而引导观众理解剧情。这种蒙太奇组接脉络清楚,逻辑连贯,明白易懂。

(2)表现蒙太奇。表现蒙太奇是以镜头对列为基础,通过相连镜头在形式或内容上相互对照、冲击,从而产生单个镜头本身所不具有的丰富含义,以表达某种情绪或思想。其目的在于激发现众的联想,启迪观众的思考。

(3)理性蒙太奇。让·米特里给理性蒙太奇下的定义是:它是通过画面之间的关系,而不是通过单纯的一环接一环的连贯性叙事表情达意。理性蒙太奇与连贯性叙事的区别在于,即使它的画面属于实际经历过的事实,按这种蒙太奇组合在一起的事实总是主观视像。这类蒙太奇是由苏联学派主要代表人物爱森斯坦创立的。

参考文献

[1] 游国恩,王起,萧涤非,等.中国文学史:修订本[M].北京:人民文学出版社,2003.

[2] 刘大杰.中国文学发展史[M].上海:上海古籍出版社,1982.

[3] 金开诚,王岩.千古五言之祖——《古诗十九首》[M].长春:吉林文史出版社,2011.

[4] 韩传达,隋慧娟.中国古代文学基础[M].2版.北京:北京大学出版社,2006.

[5] 张洁,王世红.人文素养[M].天津:天津大学出版社,2012.

[6] 安意如.人生若只如初见[M].北京:人民文学出版社,2013.

[7] 王巍.曹氏父子与建安文学[M].沈阳:辽海出版社,2001.

[8] 韩传达,隋慧娟.中国古代文学基础[M].2版.北京:北京大学出版社,2015.

[9] 余秋雨.山居笔记[M].上海:文汇出版社,1998.

[10] 袁行霈.陶渊明研究[M].修订版.北京:中华书局,2009.

[11] 李长之.陶渊明传论[M].天津:天津人民出版社,2007.

[12] 袁行霈,罗宗强.中国文学史[M].北京:高等教育出版社,2002.

[13] 郁贤皓.中国古代文学作品选(第二卷)[M].北京:高等教育出版社,2003.

[14] 曹道衡.南朝文学与北朝文学研究[M].北京:中国社会科学出版社,2007.

[15] 李学勤.李学勤讲演录[M].长春:长春出版社,2012.

[16] 任国杰.童子问易[M].北京:人民出版社,2013.

[17] 李学勤.初识清华简[M].上海:中西书局,2013.

[18] 杭辛斋.杭氏易学七种:周易杭氏学[M].北京:九州出版社,2005.

[19] 钱穆.中国史学名著[M].北京:生活·读书·新知三联书店,2005.

[20] 方立天.中国佛教与传统文化[M].上海:上海人民出版社,1988.

[21] 葛兆光.古代中国文化讲义(第4至11回)[M].上海:复旦大学出版社,2006.

[22] 张岱年,方克立.中国文化概论[M].北京:北京师范大学出版社,1994.

[23] 刘敬鲁.中国古代医学[M].北京:希望出版社,1999.

[24] 余秋雨.文化苦旅[M].上海:东方出版中心,2003.

[25] 徐珂.清稗类钞[M].北京:中华书局,2003.

[26] 中唐人,李肇.国史补[M].上海:上海古典文学出版社,1957.

[27] 四川泸县地方志编纂委员会.泸县志[M].北京:方志出版社,2006.

[28] 钟明善.书法鉴赏[M].北京:高等教育出版社,2009.

[29] 桑任新.中外美术史[M].沈阳:辽宁美术出版社,2006.

[30] 林茨.中国绘画艺术[M].北京:五洲传播出版社,2006.

[31] 尤汪洋.中国画技法全书[M].郑州:河南美术出版社,2002.

［32］周林.名画欣赏［M］.郑州:中原农民出版社,2009.

［33］颜海强,于薇.中国/外国雕塑欣赏［M］.长春:长春出版社,2011.

［34］盛文林.雕塑艺术欣赏［M］.北京:北京工业大学出版社,2013.

［35］肯拜尔,雷·H.世界雕塑史［M］.钱景长,钱景渊,译.杭州:浙江美术学院出版社,1989.

［36］以群.文学的基本原理［M］.上海:上海文艺出版社,1989.

［37］杨公骥.中国文学［M］.北京:中央广播电视大学出版社,2002.

［38］程时龙,黄巨龙,刘福英.美学与艺术欣赏［M］.北京:中国人民大学出版社,2011.

［39］杨辛,甘霖.美学原理新编［M］.北京:北京大学出版社,2004.

［40］王志敏.现代电影美学基础［M］.北京:中国电影出版社,1996.

［41］王世德.影视审美学［M］.北京:北京广播学院出版社,1999.

［42］袁智忠.影视鉴赏［M］.重庆:重庆大学出版社,2004.

［43］张弘,俞伽.奥斯卡金像奖百部获奖影片［M］.呼和浩特:远方出版社,2006.

［44］陈江平,董金凤.文学艺术鉴赏［M］.重庆:重庆大学出版社,2010.

［45］周素琴.试析紫禁城东西六宫的平面布局［J］.华中建筑,1990(3).